上海社会科学院创新译丛
主编 张道根 于信汇

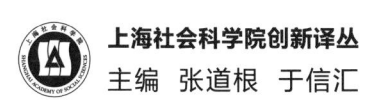

Donald N. Levine
Howard G. Schneiderman (editor)

Dialogical Social Theory

对话社会理论

[美] 唐纳德·N. 莱文 著
[美] 霍华德·G. 施奈德曼 编
陈玲 译

上海社会科学院出版社

丛书编委会

主　　任：张道根　于信汇
副 主 任：王玉梅　朱国宏　王　振　张兆安
　　　　　干春晖　王玉峰
委　　员：（按姓氏笔画排序）
　　　　　王　健　王中美　方松华　叶　斌
　　　　　叶必丰　朱平芳　朱建江　刘　杰
　　　　　汤蕴懿　杨　雄　李宏利　沈开艳
　　　　　沈桂龙　周冯琦　赵蓓文　荣跃明
　　　　　晏可佳　徐清泉　黄凯峰
策划组稿：上海社会科学院创新工程办公室

本丛书的出版得到
上海社会科学院创新工程办公室大力支持

谨以此书献给露丝，我的终身对话伴侣

前言和致谢

毫无疑问,我人生中的最大惊喜发生在2002年6月的一天。那天查尔斯·卡米克(Charles Camic)及汉斯·约阿斯(Hans Joas)在我家吃晚饭,饭后的甜点时间他们递给我一份据说是纪念文集《对话转折》(*The Dialogical Turn*)的内容提纲。我把椅子往后挪了挪,惊讶地抬头看着汉斯、查尔斯和我太太露丝。我的脸上满是不可置信。他们一个个纷纷点头,表示,是的,这是真的,我最尊敬的一群同事们的确瞒着我制作了一本纪念文集来庆祝我即将到来的70岁生日。我一个个地读着这些作者的名字。我从没想过会有这样的荣幸。即便是现在,十三年之后,我依然觉得愧不敢当。并不仅仅因为它是一种荣誉,也因为有了它,才最终有了本书的出版。即便是现在,十三年之后,我还能清晰地回忆起这份荣誉带给我的感动和鞭策。

十分肯定的是,我知道编辑和作者不仅仅是在向我表示祝贺,也是在主张,我在一定程度上应当为社会科学界许多学者研究方向的改变负责。他们实际上在指出,我不仅在学术工作中起到了重要作用，而且是以一种不自知的方式在发挥作用，这种方式是出自我的本心，但我之前却没有意识到。这一提醒让我有了一种责任感，在另一个十年过去之前，我应该付出努力，才能不辜负他们的认可。他们指出，我的工作激励了研究方向的转变，即朝着对话性发展。这一观点在彼时彼地相当于埋下了一颗种子，这才有了如今这本书的出版。

当我开始筹备以何种方式来出版本书时，我想到它可以作为两卷本论文集的第二卷出版，论文集的每一卷都是我某一阶段对某一社会理论研究主题的总结。第一卷用于发表有关我1997年向美国社会学协会理论部所作演讲主题的研究成果，另一卷则用来发表关于对话社会理论思想的研究成果。出版这些文集的所有工作只剩下寻找合适的出版社。

结果却发现，学术出版机构出于商业压力不再出版此类书籍了。尽管如此，我在美国社会学协会2013年年会上仍下定决心把这个想法付诸实施，这一项目的开展也得益于我获得了美国社会学协会终身成就奖。

万分幸运的是，当我参加交易出版社书展时，霍华德·施奈德曼认出了我，并十分热情地将我介绍给了出版社社长玛丽·柯蒂斯，从而启动了《以社会理论为志业》(*Social Thoery as a Vocation*)和《对话社会理论》这两本书的签约出版流程。接下来就是需要寻找一位有能力并尽心尽力的工作人员帮助处理所有必需的工作，而上一本书《以社会理论为志业》的工作人员就在眼前：罗伯特·欧文斯(Robert Owens)、杰克·弗里德曼(Jack Friedman)、斯蒂芬·韦勒(Stephen Weller)，非常感谢你们！因为我的身体状况日渐恶化，我在芝加哥大学社会思想委员会带的优秀研究生乔纳森·巴斯金（Jonathan Baskin）、我的办公室助理乔·克罗宁（Joe Cronin）和我永远忠诚的儿子比尔·莱文（Bill Levine）给了我诸多帮助，一并致谢！

唐纳德·N. 莱文

编者的话

唐纳德·莱文是社会理论界的老前辈，也是上一辈中最杰出的理论家之一，这些杰出理论家还包括罗伯特·默顿（Robert Merton）、塔尔科特·帕森斯（Talcott Parsons）、爱德华·希尔斯（Edward Shils）、罗伯特·奈斯比特（Robert Nisbet）、雷蒙·阿隆（Raymond Aron）、罗伯特·贝拉（Robert Bellah）和刘易斯·科塞（Lewis Coser），等等。唐纳德以其知识渊博和为人慷慨而闻名；他明白社会理论的研究使命已经由新一批学者承担，他在著作中对他们〔例如彼得·巴赫（Peter Baehr）、汉斯·约阿斯、兰德尔·柯林斯（Randall Collins）、查尔斯·卡米克、克雷格·卡尔霍恩（Craig Calhoun）、丹尼尔·西尔弗（Daniel Silver）以及正在社会理论领域辛勤工作的其他学者们〕大为赞赏。

唐纳德是社会理论家传承发展中的重要一环。社会理论家的发展历经了韦伯、涂尔干、齐美尔和库利等开创一代到帕克、帕森斯、希尔斯和默顿等一批重要的社会学家再到现在的这一代。他对开创一代一些社会学家的成果的传承具有重要作用，正是因为有了莱文对齐美尔论文的翻译和收集等保管性工作，有关齐美尔观点的学术研究才进一步增强了活力，得到了丰富和发展。他还写作了大量有关齐美尔的文章，除了极少数人之外，莱文在齐美尔获得现代社会学中心地位中所起的作用是他人难以比肩的。他还不断突破自我，担任芝加哥大学出版社"社会学遗产"（The Heritage of Sociology）丛书的主编，成为一名探索型的社会理论家。这一丛书让几代社会科学家们牢牢记住和深刻理解了最重要的那些理论家们。他也是芝加哥大学社会思想委员会的重要师资之一，担任学院院长多年。2006年，芝加哥大学出版社出版了他的杰出著作《思维的力量：美国通识教育的革新》（*Powers of the Mind：The Reinvention of Liberal Learning in America*），这是对芝加哥大学开展文科学习的支持和分析，也是非常重要的对美国高等教育的社会学分析。

唐纳德不仅仅是社会理论家和一些非常有影响力的书籍〔例如1985年出版的《从模糊到明确：社会和文化理论论文集》（*The Flight from Ambiguity：Essays in Social and Cultural Theory*）和1995年出版的《社会学传统的愿景》（*Visions of the Sociological Tradition*）〕的作者；如果这些都不足以支撑其社会科学理论中流砥柱这一流芳百世的盛誉的话，他还是一个完美的田野工作者。他在埃塞俄比亚从事人种学研究工作，并出版了《石蜡与黄金：埃塞俄比亚文化的传统和创新》（*Wax and Gold：Tradition and Innovation in Ethiopian Culture*）（1960）、《更伟大的埃塞俄比亚：多民族社会的演进》（*Greater Ethiopia：The Evolution of a Multiethnic Society*）（1974）等书。唐纳德的生活多姿多彩，他还是合气道武术大师,并且在其最后的两本著作以及《思维的力量》中将合气道描述为一种思维方式和一种生活方式,并讨论了他在芝加哥大学教授的非常有名的课程"冲突理论和合气道"(Conflict Theory and Aikido)。

在他的研究生涯后期直至其逝世(2015年4月初),唐纳德非常努力地想完成《对话社会理论》这本著作,并将其视为他一生的研究总结。我和他于2013年开始讨论本书,但是差不多在一年半后,即2015年冬去春来之际,我们的邮件和电话讨论才变得阴郁而紧急,因为唐纳德的癌症病情时好时坏,就像过山车一样。到2015年3月,唐纳德感觉到他可能看不到这本书的完成了,他让我帮他完成。现在我对他的承诺已经做到了,我也想与大家分享我对唐纳德和这本书以及本书出版过程中的各种艰辛的一些想法。

正如唐纳德在前言中所述那样,我与本书出版的联系发生在2013年8月,当时我和他在纽约举办的美国社会学协会年会书展上遇到了。我们多年前曾见过面,当时唐纳德受邀在我执教的拉法耶特学院作讲座,我们还交换了彼此当时所写的文稿,他的是关于格奥尔格·齐美尔(Georg Simmel),我的则是关于灵恩运动[①]。因此,我们有一些共同背景,这让我们接下来要走的路更为顺畅:唐纳德有意在交易出版社出版他接下来的两本书,由我担任这两本书的编辑顾问。他在书展上看到交易出版社出版的

[①] 灵恩运动通常指19世纪末、20世纪初兴起的基督教运动。其名来自希腊语charis(恩慈)和mata(礼物),Charismata(灵恩)意为"恩赐","灵"即圣灵。灵恩运动将说方言、医病和预言作为圣灵存在的证据。——译注

一些书后，意向更强了。这些书中很多是社会理论家写的或描写的是社会理论家〔例如罗伯特·默顿、乔治·霍曼斯（George Homans）、塔尔科特·帕森斯和罗伯特·奈斯比特〕，与芝加哥大学有渊源的理论家〔例如爱德华·希尔斯、大卫·里斯曼（David Riesman）、哈罗德·拉斯韦尔（Harold Lasswell）、欧文·戈夫曼（Erving Goffman）和菲利普·里夫（Philip Rieff）〕，以及他的朋友们〔例如彼得·巴赫和玛丽·乔·迪根（Mary Jo Deegan）〕。我把他介绍给交易出版社的社长和出品人玛丽·柯蒂斯·霍洛维茨（Mary Curtis Horowitz），他和我约好下次见面具体商谈他这次提出来的图书出版项目。

当我们再次坐下来讨论他想要出版的书时，我发现唐纳德非常热情，甚至是亢奋；我还记得当唐纳德脱下他的运动外套，解开他的衬衣，穿着 T 恤坐在走廊桌子旁，面前放着他的手提电脑时，我十分惊讶。他看到我脸上惊讶的表情，用他特有的幽默感和我说："工作的时间到了。"在整整一个半小时内，我们讨论了他对《以社会理论为志业》一书和暂时命名为《对话社会理论》一书的想法。这两本书实际上是唐纳德过去研究生涯中写过的论文的选集。他知道现在很多出版商都不再进行此类书籍的出版，所以得知我鼓励交易出版社出版这两本书时，他很高兴。我前面提到的第一本书《以社会理论为志业》及时出版并于 2014 年 8 月在旧金山召开的美国社会学协会年会上展出。这是一部非常重要的著作，记录、反思和升华了唐纳德这样一位美国社会学杰出社会理论家的研究生涯。这本书涵盖了社会理论对理解和阐释如下主题的贡献：模糊性、现代性、理性、自由和矛盾，而唐纳德也正是因对这些主题的研究而闻名于世。

　　唐纳德非常感激交易出版社在我们聚首纽约探讨出版事宜后的一年内就将《以社会理论为志业》一书正式出版了。该书出版的时候是夏天,之后我非常吃惊地收到唐纳德的来信,他说由于他的身体健康状况不佳,他不能参加2014年的美国社会学协会年会了。也是在那时,我才进一步体会到他在交流中透露出的对第二本书《对话社会理论》的急迫之情。唐纳德非常希望可以在病倒之前把这本书完成,但希望的另一面往往就是绝望。在1月或2月初的时候,唐纳德的邮件开始越来越透露出对完成第二本书的焦虑,他直言不讳地谈论他的病情和接受的治疗。

　　作为他的朋友和同事,我自告奋勇地提出我会尽我所能帮助他完成《对话社会理论》一书。在唐纳德变得越来越虚弱后,他接受了我的提议,请我帮助他把这本书完成。唐纳德与他的几个研究生、他的儿子比尔一起狂热地投入工作,提供了一些可供编辑的word版本,这就是后续出版过程中用到的稿件的基础版。唐纳德去世时,留给了我本书的全部章节,除了关于"对话和排斥"的关键一章,这一章他没有时间去写。遗憾的是,唐纳德去世之前没有机会通读一遍这些新扫描和转换的章节,所以他不知道出版这些章节有多少工作要做。当我通读的时候,曾经看起来相对简单的编辑工作开始显得艰难无比。

　　在将原来的文章扫描并转换为word文档的过程中,出现了许多错误、删除、词句换位和其他的问题。我马上意识到,我之前的想法完全不实际,这样的扫描和转换版本根本不能作为出版稿件使用。作为一名学术型的教师和作者,我没有将唐纳德的稿件变为符合出版格式要求所必需的技术性工作的技能和时间,所以我问我在拉法耶特学院的学生、我所知道的文笔最好的本科生之一茱莉亚·A. 迪内拉(Julia A. Dinella)是否可以帮助我。茱莉亚简直是及时雨。没有她的持之以恒和杰出的编辑技巧,这本书不可能完成。在之前我已经对《对话社会理论》一书所作的编辑工作基础上,茱莉亚和我一起检查每一个单词、每一句话、每一个段落、每一页,发现和改正错误,甚至我要重写和补上在转换文档过程中被删除的内容。实际上,有些文本转换过来之后是不可阅读和不可辨认的乱码,还需要四处寻找清晰的原始文本。我描述这些困难并不是在抱怨,而只是在向那些关心唐纳德的朋友们解释为什么这本书的出版耗时如此之长。这是在试图就本书与一位深受爱戴但已过世的作者所进行的工作对话。现在这本书已经完成了,我相信唐纳德会为它自豪的。

当《以社会理论为志业》一书出版时,唐纳德将其看作他一生研究的顶点、一个感叹号,也可以说,是作为一个社会理论家的备受赞誉的职业生涯的收官之作。在唐纳德这一倒数第二本著作中,他开始对其称为"社会学理论工作的各种类型"进行分类。它们包括"保管性工作"或对手头上尚没有的文本进行的恢复。唐纳德自己针对格奥尔格·齐美尔所做的保管性工作无疑是非常重要的。唐纳德还做了许多重要工作以帮助呈现马克斯·韦伯(Max Weber)的重要著作,他将这些著作与罗伯特·帕克、罗伯特·默顿和埃米尔·涂尔干(Emile Durkheim)等人的文稿放在一起。理论工作的另一元理论形式是"启发式的",即这一工作是用来帮助发现和理解社会现象的。正如唐纳德所理解的，启发性工作总是面临着模糊性这一主要障碍，面临着对仔细慎重的定义的关注。一方面，这些定义总是希望可以澄清和消除不确定；另一方面，这些定义又开辟了对旧事物的新的探索空间和新的思维方式。在《以社会理论为志业》的最后一章，唐纳德为他最后一本书——现在摆在你面前的这本《对话社会理论》——作好了铺垫。

如果说《以社会理论为志业》主要是关于理论工作的类型，那么《对话社会理论》则是关于唐纳德·莱文对理论工作可能采纳的不同于现下的其他方式所作的专门探索，这就是对话式工作方式。唐纳德致力于将其理论研究作为一场对话来看待的事实最早得到了查尔斯·卡米克及汉斯·约阿斯的认可，他们在2013年出版了唐纳德纪念文集《对话转折》。唐纳德委婉地提到，他整个一生都在从事对话社会理论研究而不自知，当知道他的理论工作"类型"可以被称为"对话的"时他也非常高兴，听到这我不禁笑了起来。《对话社会理论》的要旨是建立在唐纳德从其芝加哥大学的老师理查德·麦基翁（Richard McKeon）处继承的思想基础之上的。从麦基翁身上，唐纳德领悟到，理论认识会因理论家之间冲突的各种形式而扭曲，例如误解、不信任、对真相的意识形态曲解、批判和揭短。唐纳德收录在《对话社会理论》中的论文旨在例证对话和对话社会理论的意义和重要性。它们来自唐纳德对战争与冲突中的和平的热爱以及他为进一步推动我们对哲学家和社会理论家的理解和认识（尽管会有嫉妒、对理解的任意扭曲等）而付出的努力。

唐纳德·莱文是一位绅士、真正的男人、伟大的社会理论家。《对话社会理论》一书为他一生的研究工作画上了圆满的句号,也巩固了他在当代社会科学领域中的中心地位。

霍华德·G. 施奈德曼

序　言

社会人文学的伟大思想家们的杰出之处各有不同。他们有的专注于一个宏伟的思想,有的则致力于研究许多小小的观点——典型的刺猬策略或狐狸策略①;他们有的是归纳者,有的是演绎者;他们有的思想上热情奔放,有的治学非常严谨。《对话社会理论》是劳特利奇出版社出版的唐纳德·莱文论文选集的第二卷,体现了我们熟悉的上述思想家们所有的杰出之处。它展示了一位在半个多世纪内致力于完善、教授和传播杰出智识的思想家,他主张聚合而不是分裂,他追求学术坦诚而避免意识形态之争。莱文教授的最后一本著作证明了他是美国杰出的社会理论家。

他的成就表现在哪些方面呢?第一,哲学敏感性。大家都知道,除了马克斯·韦伯(他的方法论研究仍然体现了他对哲学论

---

① 古希腊诗人阿基罗库斯(Archilochus)曾写道:"狐狸知晓很多事,但刺猬只专注一件大事。"——译注

证的深刻认识),所有有影响力的欧洲社会学思想家开展研究之前都接受了哲学训练。新康德主义、现象学、存在主义对涂尔干、莫斯(Mauss)、曼海姆、阿隆和布迪厄(Bourdieu)都有着深远的影响,这些社会学家们有的是主动受其影响,有的则是被动受其影响。一旦他们成为社会学家和社会理论家,问题就不在于他们不了解哲学,而是受挫于了解得太少。尽管如此,他们的思维非常严谨,长期充斥着对认识论和存在论问题的反思,这只有通过哲学研究才能做到。唐纳德·莱文的全部作品都融入了哲学研究。我们不仅可以从他对黑格尔、赫尔德、康德、胡塞尔(Husserl)、布伯、杜威和麦金泰尔(MacIntyre)等人的论述中看到这一点,也可以从他研究的主题(例如自由和理性)中看到这一点。他思维上的哲学转折表现得也很明显,从他花费时间和精力自表面相同的现象中找出不同点上即可看出。《对话社会理论》的几乎每一章都将一个主题分为了几种类型和子类型,以此详细地阐明我们经常会混同和混淆的概念。当今的社会学学生——在课程的过度专业化和过度政治化之间左右为难——除了从通识教育课程中学到的内容外,通常对哲学一无所知。《对话社会理论》正好可以用于改变这种制度性的无知。

唐纳德·莱文的社会理论的第二大特征就是它的比较分析。大而化之地谈论"现代"或"文明"是一回事,将这些理念融入对各国以及不同国家文化传统的详实研究是另外一回事。在帮助我们了解埃塞俄比亚方面,没有任何一个美国社会理论家或社会学家比唐纳德·莱文所作的贡献更大。也没有人能通过不同寻常的社会对比,例如本书中日本合气道与美国的法律实践或法国和俄罗斯知识分子之间的对比,给我们更多的惊喜。但是,莱文不仅仅在比较国家和历史经历,伟大的思想家们也在其比较研究的范畴中。本书中他就主持了多场对话,包括但不限于霍布斯和洛克之间的对话、韦伯和弗洛伊德之间的对话、帕森斯和齐美尔之间的对话,以及杜威和哈钦斯之间的对话。对这些作家的对比必须小心处理历史定位的问题,避免成为历史决定论者;莱文认为,伟大思想家们的观点并不仅限于解决他们时代的问题,如果是这样的话,他们就称不上伟大。相反,我们现在还会去关注他们的观点,就是因为他们对那些既关键又不朽的问题进行了广泛的研究并作出了巨大的贡献,例如,有关个体的相反或互补理念,有关人类教化、冲突、互动以及将人类与道德生活联系在一起的一系列观点的相反或互补理念。

社会理论可以是且经常是一个令人困惑的主题。我们会因它的覆盖面广而称赞它,也会因为它的不确定性而批评它。唐纳德是少有的可以清晰而详细地描述这一混合型学术概念本质的学者,这就是唐纳德·莱文研究技能的第三个显著特征。在芝加哥大学,他被认为是重新设计和扩展研究生课程的重要参与人。他的许多著作的读者可以很明显地感受到莱文教授支持通识教育的激情,以及他致力于教授作为通识教育不可分割的一部分的社会理论的热情,这一主题在本书的姊妹卷《以社会理论为志业》中有充分的论述。在那本书中,读者可以找到用来指导任何年纪真正想要了解什么是社会理论以及如何最好地运用社会理论的学生的教学大纲和实习课程。

在本序言第一段,我总结了大部分思想家们确定自己的学术特征时所采取的不同路径。有一种路径没有仔细阐述,即将试图对其研究主题(个体、实践和机制)揭短的社会思想家们与希望在这些主题之间构建联系的社会思想家们进行对比。唐纳德是后一阵营最杰出的代表。揭短的立场在社会学和社会理论界十分常见,它重现了政治和公共话语的两极分化,而人们对这一点则非常失望。人们在将所有社会关系还原为权力的过程中,在要求我们"盘问"或反转论据而不是理解论据的普遍怀疑中,在所有的学者都有义务教育陷入错误意识的普通民众的信念中,在知识分子的正确立场就是反对其所在社会的确信中,都能发现揭短这一现象。雷蒙·阿隆1970年在其法兰西学院就职演说中论述了揭短模式,他指出:

> 我们的习俗和信仰,这些我们视为神圣的东西,社会学则无情地给予"专断"的评价。对于我们那些活生生的体验,社会学用各种指标取代了它们独特的丰富性和难以形容的深度。社会学只关注那些反复实施的、可以或明或暗地归属于某个类别的行为。如果某一行为的特征是独有的,它就成为众多不知名且不令人感兴趣的行为中的一种;如果它坚持将通常情况下各自独立的特征结合起来,它就是边缘的或非典型的。尼采之后,社会学将社会行为者推到台前并揭露其虚伪之处。马克思主义,作为一个千禧年的愿景,可以追溯到那些人们希望通过它们来安慰自己能够赢得正义战争的神话传说。在揭露所有人的虚假意识和强者的良知这方面,马克思主义和心理分析一样,是更属于我们这个时代的东

西。在某种程度上,所有的社会学家都像是马克思主义者,因为他们都倾向于解决除了他们自己以外的其他所有人的问题。

([1970] 1978,76)

唐纳德·莱文的社会理论比阿隆描述的揭短本能更具有启发性和人性化。莱文没有宣扬不同的思想家和学派之间的对立,而是充当他们之间的桥梁;没有指责学者们的不合理之处,而是试图发现他们与有关"社会生活的宏伟和悖论"的大型谈话之间的联系;没有采取对社会的敌对姿态,而是鼓励我们不要谴责,并且要与那些提出的质疑有助于加强我们深度和广度的人进行交流。莱文教授远见之宽广在其作品及其表达作品的语言中随处可见,例如理解、调解、谈判、融合、消除歧义,当然,还有对话。

我们为什么要写作?如果我们诚实以对,我们中的大多数都不确定我们的作品是否会改变我们所处的世界,哪怕是一点点。有可能根本不会有任何改变。我们写作只是去澄清引起我们兴趣或困扰我们的问题。我们写作只是因为写作是我们所做的事。但是也有另外一种写作者,他们的作品流传下来,被一读再读,被反复讨论。他们的作品是其所属类别中的最佳者。唐纳德·莱文就是这一类写作者中的佼佼者。他的书和文章既不是昏暗的灯光,也不是短暂的照明,而是所有重视心灵生命的人以及希望借助智慧师长的帮助以深刻理解我们的社会和道德存在的人的最亮的灯塔。蒙田说:"如果一个人不知道自己要画什么,那么躺在一堆颜料里又有什么用呢?"《对话社会理论》及其姊妹篇《以社会理论为志业》是一个伟大的"画家"的见证。去读它们吧,感受其中敏锐的视角和下笔的稳健;去读它们吧,在其提供的画布之上,轮到我们这些学辈应邀挥毫续写了。

彼得·巴赫

目 录

前言和致谢 / i

编者的话 / iv

序言　彼得·巴赫 / xii

对话、争论、排斥和争议动机　霍华德·G.施奈德曼 / 1

第一部分　从斗争到对话

1　引言:对话思想 / 15

2　对话和人类斗争 / 22

3　对抗性思维的转变:日本武术和美国诉讼 / 39

4　文明、冲突与和谐 / 63

第二部分　有共同目标的对话

5　法国启蒙思想家和俄罗斯知识分子中的普遍主义 / 83

6　帕森斯、齐美尔和默顿作品中的道德社会学 / 129

7　帕森斯和麦基翁的理论与实践 / 148

8　弗洛伊德和植芝盛平：治疗性人类互动的先驱 / 174

9　芝加哥时期的杜威和哈钦斯 / 191

第三部分　犀利交锋的对话

10　霍布斯和洛克 / 211

11　孟德斯鸠和涂尔干 / 232

12　康德和黑格尔 / 256

13　欧美和亚洲社会思潮中的冲突观 / 270

14　一城两说 / 285

15　社会知识的形式和功能 / 292

注释 / 307

参考文献 / 322

对话、争论、排斥和争议动机

霍华德·G. 施奈德曼

最广为人知的对话几乎都可以归因于柏拉图,因此,可以说,对对话这个术语的最佳理解就是将其作为柏拉图式语域的缩影。在柏拉图语域中,艺术术语(dialegesthai)变成了代表哲学对话艺术的术语(dialektike)(Arendt,1978,110-18;Timmerman 和 Schiappa,2010,17-18)。当理查德·麦基翁将对话作为比对抗性的争论和争议(在这种争论和争议中,各方常因不了解、教条主义地坚持意识形态或对权力的渴望而不假思索地无视对方的立场)更为和平、更具有合作性的解决知识分子间争议的方式时,他想到的正是这种合作性的"群体思维"型的对话(McKeon,[1956] 1990)。

麦基翁是唐纳德·莱文在芝加哥大学的导师之一,对其对话社会理论思想的形成产生了决定性的影响。对莱文具有特别重要的影响力的是麦基翁 1956 年发表的奠基性文章《哲学中的对话和争议》(Dialogue and Controversy in Philosophy)(同上),虽然麦基翁关于对话在解决知识分子间的冲突而避免发生不可调和的争议中的作用的思考开始于其1952年发表的文章《爱与哲学分析》(Love and Philosophical Analysis)(McKeon,[1952]1954)。在这篇文章中,麦基翁指出,哲学"是一项长期的对话,过去的见解和过去的错误被遗忘、被重提、被重新解释和被反驳,而新的见解和新的错误为以前的证据和新的证据所支持";参与对话的能力取决于亚里士多德所说的友谊,当"一个问题的解决需要许多种能力和许多种信息:团队的每个成员为此共同任务作出其贡献,问题的解决是一个综合努力的结果"时,这种能力也得到了体现(34-5)。

与争议旨在分出胜负的各种争论形式不同,对话取决于亚里士多德所描述的友谊,其共同目的是"在对智慧的热爱与追求中通过大家共同的思考推动知识的进步"(35)。另一位亚里士多德学派的思想家,汉娜·阿伦特(Hannah Arendt)采纳了这一观点,并进一步提出,思考是一种与自我的对话,正如她所说,"思想的对话只能在朋友之间进行,它的基本标准是不自相矛盾。"(Arendt,1978,189)从亚里士多德到麦基翁再到阿伦特,我们看到了唐纳德·莱文关于对话的主要观点,即对话是一种合作性的话语形式,它与争议和争论等争斗性群体思维相反。

上述内容对莱文想在本章中讨论的内容至关重要,但除了一个提纲,他却没有机会完成本章的写作,所以我将在这里分享他的一些笔记。唐纳德本来想用这一段作为本章的开篇。

> 虽然好斗和排外的倾向是人类固有的经验,但我们看到,人类已经发展出越来越丰富的心理技能和其他技巧来应

对它们。本章探讨了社会科学家们是如何以及为什么常常弃用对话形式,而转而青睐那些充满辛辣讽刺、揭短、贴标签和教条主义方法论的论辩形式。

贝拉克·奥巴马总统在其2015年1月21日的国情咨文中指出,更好的政治不是民主党人放弃他们的议程,或者共和党人简单地拥护我的议程;更好的政治是我们互相启发出彼此的基本正义,而不是引起我们最基本的恐惧。更好的政治是我们进行辩论但不妖魔化彼此,我们谈论问题、价值观、原则和事实,而不是谈论"他人出丑"的瞬间、琐碎的失言或与人们日常生活毫无关系的虚假争议。

鉴于那种话语一直是民主对谈的主要内容,我们可以预期,另一种不同的规范会在社会科学家中盛行,这些社会科学家们有义务遵守诚信、相互尊重和忠于对真理的追寻等学术规范。有人能否认麦基翁半个世纪前写的有关哲学对话的内容在今天的社会科学家中享有更重要的地位吗?正如我的一位同事曾经调侃的那样,如今,两位社会科学家之间唯一能达成共识的就是,其他社会科学家的作品写得不行。[1]

在2016年总统大选即将到来之际,共和党候选人唐纳德·特朗普和民主党候选人希拉里·克林顿之间的竞争无疑是我们记忆中对抗最激烈的竞选。我在此提出这一点是因为这些候选人已经证明,政治就是关于辩论、争议、基本的恐惧以及妖魔化对手。换句话说,政治不是任何言语意义上的对话。后者只有在达成问题解决的合作性方案的意愿大于击败对手的意愿时才能展开。辩论是政治话语的完美形式，对话是智识生活话语的完美形式。唐纳德和我讨论过马克斯·韦伯的《以学术为志业》（Wissenschaft als Beruf），这篇演讲列出了不让政治进入课堂的所有重要原因，我相信他会同意我的这一观点，即对话是教授和政治家之间的根本区别。既然唐纳德赞赏贝拉克·奥巴马更好的政治是建立在不妖魔化的辩论基础上的观点，我不得不认为他会认可政治辩论本质上是哲学对话的对立面。

那么，在学术智识的世界里，什么是参与和脱离的适当形式，它们与充满煽动性的政治世界里的参与形式有什么不同？

我的恩师兼好友菲利普·里夫曾经写道："学术是有礼貌的辩论。"里夫的打趣所言接近于我们所说的对话，后者显然是本章的主要关注点之一。正如我如上所言以及唐纳德在本书中所言，尽管对话是社会学理论建立的重要基础，但它仍然受到其他更具争斗性的话语形式的挑战，这些话语形式带来的是争论而不是合作。

在这些更具对抗性的争论形式中，我们在麦基翁等实用主义哲学家的著作中发现了以下几种：生硬的辩驳、贬损性的贴标签、对方法的拒绝、错误地重述他人的观点、教条地坚持与他人思维不一致的意识形态立场。除了这些哲学上的争论触发点外，从卡尔·曼海姆（Karl Mannheim）到肯尼斯·伯克（Kenneth Burke），再到唐纳德本人等诸多社会学思想家都展示了，对理论的嘲弄、否认、断章取义和片面解读以及对我们不赞同的理论和方法的漠视，是如何会扭曲某一作者的某一作品的本来含义的。最近，彼得·巴赫展示了批判和揭短是如何对社会学理论产生类似的扭曲效果的。

因此，对话是理论家之间共同的努力，而争议更像是我所说的"言辞上"的斗争，此时胜败变得比推导出可行的、可普遍适用的理论框架（类似于伯克所提出的"桥接工具"）更为重要。[2]

如上所述，在这一关于对话社会理论的整本书中，莱文引用了麦基翁著作中的许多观点。麦基翁描写了论证和分析的三种形式：(1)对话；(2)争论；(3)驳斥。但莱文从麦基翁处学到的主要一课是：对话与争论相对立。对麦基翁以及莱文而言，对话只发生在"两个或两个以上的发言者或者两个或两个以上的立场处于同一关系中，并且在这种关系中，每个立场都显然是不完整和非决定性的，除非更高阶层的真理将其吸收"（[1956]1990，106）。

换句话说，对话是关于观点的吸收，而不是对它们的反驳。对此，麦基翁写道："关于基本哲学问题的对话有许多形式，例如：(1)综合对立的观点；(2)吸收分歧意见；(3)存异发展和查验未解决的对立。"（107）

因此，如果说合作式的对话是促进努力发现和论述有关社会运行的各种真理的社会科学家们之间互尊互信的方法，那么当对话沦为争论和争议，当理论家的作品被当场摒弃，当意识形态上的教条主义出现时，对话就会受阻。

在有关这一章的最初计划中，唐纳德打算讨论从对话转向争论的动因，但他只列出了其中的两大因素：病理学原因和激励因素，并且没有给出进一步的评论。因此，我现在要谈谈导致社会理论家们更愿意选择争论而不是对话的动机问题。

社会科学在描述、解释和预测行为动机方面做了很多工作，其中一些可能有助于我们得出个体将对话变成论争的动机。在1940年发表的一篇题为《情景行动与动机语汇》(Situated Action and Vocabularies of Motive)(C. Wright Mills,[1940]1963)的文章中,C. 赖特·米尔斯引人注目地结合了马克斯·韦伯和肯尼斯·伯克的观点,让我们从社会学角度去理解对话是如何分解为各种形式的论争的。米尔斯向我们展示了他和韦伯还有伯克之间发生的关于动机和促进因素的社会学的真正对话。

在《经济与社会》(Economy and Society)一书中,韦伯将动机定义为"主观意义的整体,其在行为者自身或观察者看来构成实施该行为的充分理由"(1968,11)。韦伯和受其影响的米尔斯都将动机看作规范的,而不是完全的个体人格中的个人心理产物。这一观点得到了伯克的支持,他在著作《永恒与变迁》(Permanence and Change)(1965)中对动机进行了不可或缺的社会学分析。

对伯克来说,所有的概念都是简化的,因为它们对所谓的"极其复杂的生活"的界定就是将其简化为"原则、规律、顺序、分类和相关性,简单地说,就是各种抽象或概括"(1945,96)。理论和概念的简化性通过提供公平的社会理论竞争赛场,允许我们相互讨论相同事件和主题(尽管是以不同的术语),使得对话成为可能。然而,也正是这一简化性带来了偶尔争论会压倒对话的显著可能性。

为了理解简化论有时是如何从对话演变成论争的,我们开始关注动机的一种规范语法的观点,在该观点看来,竞争与合作是相对应的;"我"和"你"之间是对立的:批判与理想化相对以峙;一切都被看得太严重的悲剧意识与任何东西都没有得到足够重视的喜剧意识相反。所有这些导致从对话转向争议的动机因素，在某种程度上，都与身份的构建有关。

对职业身份的追求是成为此种或彼种著名理论家的动机，有时会过分狂热，从而引发对立。麦基翁预见到了这一点，他指出："对话探索立场的多元性，并被教条主义转化为争议，因此必须批驳教条主义。"（[1956]1990，104）

在极端情况下，争议有向不稳定状态发展的趋势，变为麦基翁所指出的"一种混乱、精神错乱的症状，并且意在获取权力"（117）。从精神分析的层面上来说，麦基翁似乎把争议看作"被宠坏的儿童综合征"式的倒退和不理智，与更理智和富有成效的各种对话形式正相反，后者具有必要的将论点和证据作为一个整体来考虑的自我克制和意愿，而不是断章取义地仅考虑到符合其思想倾向的零碎内容。正如他所言，"这一复杂的整合过程被打断，于是对话变成了争议。"（107）

为了弄清争议是如何在社会理论家中创造了一种排斥的气氛（他们本可以从与富有创见的思想家们的对话中受益），唐纳德计划对一些因争议而被漠视、被排斥、被忽略、被批判或被揭短的理论家的著作进行再研究。在这些被滥读的理论家中，唐纳德打算提名以下著名的社会科学家并对其遭遇进行描述：索尔斯坦·凡勃伦（Thorstein Veblen）、恩斯特·特勒尔奇（Ernst Troeltsch）、埃米尔·涂尔干、格奥尔格·齐美尔、塔尔科特·帕森斯、雷蒙·阿隆和威廉·格雷厄姆·萨姆纳（William Graham Sumner）。他们的著作在不同时期被"误读、没有得到公正对待、不被承认和不被主流社会思想接受"。

唐纳德的计划是将这些理论家们作为争议的对象而不是作为对话社会理论的中心焦点加以讨论，但我写这篇文章的意图却不是完成这一计划，而是要指出唐纳德本来要在这一关键章节中完成的内容，但这一章他没能写完。我和唐纳德讨论了一些涉及滥读、争论和排斥的例子（包括我曾经写过的两个），即对格奥尔格·齐美尔、恩斯特·特勒尔奇和威廉·格雷厄姆·萨姆纳及其最著名的作品《民俗论》(*Folkways*)的滥读、争论和排斥，所以在本章的最后，我简要地对他们加以阐述，以此为例一窥唐纳德原本要论述的内容。

德国大学内的反犹太主义可能是格奥尔格·齐美尔在他那个时代被排斥的原因，但是齐美尔独特的写作风格（摒弃了对脚注的规范使用）也是导致同行们对他嗤之以鼻的原因，尽管他的写作现在被认为是独创的和新颖的，达到了自成一派、引领先锋的程度。齐美尔好像还受到了人身攻击，比如阿尔贝特·萨洛蒙（Albert Salomon）说他"长相不佳"，说起话来既有趣又令人讨厌。这些刻板的描述进一步助长了对齐美尔的偏见和讽刺文章的发表，而这些偏见和讽刺文章又继续让齐美尔成为一个有争议的人物。由于唐纳德是他那个时代最杰出的研究齐美尔的学者，我们曾希望他能在本章中对齐美尔进行阐述，但我也注意到唐纳德实际上在这本书中一直在讨论同时代以及后世的社会理论家对齐美尔的认可和接受上存在的问题。

片面解读是麦基翁和莱文提到的另一个引起论争的原因，也是恩斯特·特勒尔奇事业发展中的长期困扰，他的研究成果被嘲讽，为学界所排斥。特勒尔奇关于教会和教派等问题的主要思想发表在《基督教社会思想史》(*The Social Teaching of the Christian Churches*)这一鸿篇巨著中。它分为上下两卷,长达1 000多页,在对神学、历史和哲学的学术讨论中也涉及了社会学的概念。如今,特勒尔奇的著作更多地是宗教学研究的学生们在阅读,社会学家们则很少去读。自"教会-教派"二分法从特勒尔奇书里详细的历史和神学论证中脱离出来后,《基督教社会思想史》和《新教与进步》(*Protestantism and Progess*)中的社会学概念大多被作为被讽刺的对象保留下来。我们发现,社会学家总体上是把他看作神学家而不是社会学家,因此对他不屑一提,没有与他进行对话(Schneiderman,2013)。

这本书的其他一些章节中对威廉·格雷厄姆·萨姆纳已有阐述,且我也写过萨姆纳在社会学史上的实至名归的中心地位是如何被取代的,所以我在本章的最后将简要介绍一下当代社会学家对他的排斥。

萨姆纳的《民俗论》一书篇幅极长也极其重要。这一700页左右的百科全书式著作可能会让人望而生畏。在该书中,萨姆纳([1907]2002)介绍了一些沿用至今用来阐述现代社会学的重要概念。请花时间想一想是谁创造和提出了以下术语:"民俗""习俗""道德思想""人种论""内群体""外群体""我群体""种族中心主义""对抗性合作""稳定性张力""保守主义""融合主义""扩散",以及社会变革的两种类型:"立法式"和"渐进式",这些在丹尼尔·贝尔(Daniel Bell)等社会学家后来的著作中都经常出现。但不管这些概念看起来有多么不同,它们都紧密地联系在一起,因为它们构成或受到"世界观"的影响,"世界观"是萨姆纳思想中的另一个概念。萨姆纳帮助建立了我们所说的文化社会学。文化社会学强调事实、价值观和思想在塑造我们的社会行为中的作用,而不再强调社会结构的作用。直到20世纪50年代末和60年代初,美国社会学对萨姆纳有关文化和价值观的思想的依赖程度至少是与对韦伯或马克思的权力和结构思想的依赖程度相当,甚至比后者更大。尽管萨姆纳帮助建立了社会学的主流框架"文化相对主义"——他写道:"习俗可以让任何事情变得正确"——但如今他仍被讽刺为"保守的"社会学家,并受到排斥。

萨姆纳写道,习俗的渐进变迁必须早于制定法的改变。萨姆纳关于渐进变迁的观点(丹尼尔·贝尔认为,这些渐进变革立足于传统习俗,独立而又杂乱地不断发展、不断壮大)导致他被贴上了"顽固的保守主义者"的标签,从而被否定。这种贬义的标签最终掩盖了萨姆纳对这一学科的影响力和重要性。事实上,在他那个时代,萨姆纳是最早看到社会和文化变迁复杂性的社会学家之一,他试图开创一种描述性分类法和分析性框架来理解这一变迁。但正是由于他的变迁理论,萨姆纳最终撞上了美国社会学20世纪60年代以来的思想之墙。

说"习俗具有持续性"是一回事,但像萨姆纳那样,说"立法不能造就习俗"([1907]2002,77)则攻击了最坚定的自由主义口号之一。事实证明,这段关于无前期习俗变革立法则无法影响社会变迁的引文对萨姆纳的声誉产生了关键性的影响。它经常被社会学家们引用以证明萨姆纳的保守主义,甚至是证明他们所认为的萨姆纳卑鄙地不愿意倡导变革。正因为如此,萨姆纳成了一个边缘人物,或者用他自己创造的一个著名术语来说,社会学理论中"被遗忘的人"(forgotten man)。一方面,他因其社会持续理论以及社会学自由主义者们所认为的反对通过立法进行变革而被他们揭短,另一方面,他又因其种族中心主义和道德相对主义的自由理论被一些社会学保守主义者蔑视和贴上贬义的标签。在萨姆纳的例子中,对话显然被对这个人及其作品的滥读引发的争议所淹没(Schneiderman,2015)。

为致敬唐纳德以及他对麦基翁将对话作为社会理论家之间进行讨论的最高形式的思想的吸收,我想引用麦基翁的一句话作为本章的结束语:

> 对话的基本性问题包括:第一,找到方法确保就要讨论的问题是什么达成一致;第二,理解什么是该问题令人满意的答案。如果哲学家们要继续他们的对话,那么在讨论的问题是什么以及令人满意的解决方案需要什么上具有共同的理解是必要的。
>
> ([1956]1990,125)

第一部分　从斗争到对话

1
引言：对话思想

> 遗憾的是，人们沟通时的心理现象很少有人研究。
> ——查尔斯·桑德斯·皮尔斯

1953年9月27日，即其六百万犹太同胞被德国政府纳粹军屠杀之后的第八年，马丁·布伯(Martin Buber)发表了题为"真正的对话与和平的可能性"(Das echte Gespräch und die Möglichkeiten des Friedens)的演讲(Buber, 1957)。[1] 他在彼时彼地是如何鼓起勇气、发挥想象力和超凡的同情心发表这样的一个演讲的，我永远不会知道。然而，我日益确信的是，布伯倡导的这个思想，20世纪20年代他深层播种于现代文化界的思想，即真正的对话，可能是在20世纪杀戮场上幸存下来的最重要的思想。

这个思想的经典表述，是在《我和你》(*I and Thou*)中。此前一段时期，年轻的布伯像他的许多同辈一样，因心醉神迷的个人体验而接受了尼采的自我超越思想。他的观点转变的部分原因在于他跟随格奥尔格·齐美尔的学习。齐美尔发表了有关人际关系意义的演讲,并提出社会互动的形式应由当代社会学予以研究考察。布伯后来回忆道,他年轻的时候就发现路德维希·费尔巴哈的早期著作提到了这个思想,费尔巴哈看到了"我和你"的关系中蕴含着的人类本质。布伯认为从弗里德里希·雅各比(Friedrich Jacobi)到赫尔曼·科恩(Herman Cohen)的许多人都为他的《对话原则的历史》(*History of the Dialogical Principle*)(1965)作出了贡献。布伯在《我和你》(Buber,[1923]2004)以及随后的著作中深入研究了这个主题。它本质上是指将他人视为主体而不是客体,以及从与他人的互动中来理解人类自身。

布伯的重要思想被其后几十年中哲学和神学领域最具有创新思维的一些人以多种方式予以传承和发展。他的同事弗朗兹·罗森茨威格(Franz Rosenzweig)专注于研究对话如何帮助塑造自我,以及参与对话如何服务于产生救赎性整体后果。哲学家伊曼努尔·列维纳斯(Emmanuel Levinas)强调了与彻底不同的"他人"充分沟通所可能带来的挑战和益处。杰出的哲学家、诠释学大师汉斯-格奥尔格·伽达默尔(Hans-Georg Gadamer)批判性地对布伯的思想加以研究。俄国文学理论家米哈伊尔·巴赫金(Mikhail Bakhtin)(他把布伯称为"20世纪最伟大的哲学家")提出了"对话主义"(dialogism)的概念,认为任何人所言都是为了回应之前所言,并期待着对其所言的回应。

布伯的视角从以自我概念为中心向以相互尊重的社会互动为中心的转变,除了受上述因素影响之外,无疑还有其他因素的影响。这种变化最深远的根源正是第一次世界大战。与其大多数同辈精英一样,布伯在战争刚爆发时支持战争,但在战争过程中,战争的恐怖和可怕之处影响了他的思想,使他成为通过真正的沟通来促进和平的终身推动者。

半个世纪前,在另一片大陆上,战争的恐怖改变了一些有影响力的美国思想家的观点。参加过美国南北战争关键战役的英勇老兵奥利弗·温德尔·霍姆斯(Oliver Wendell Holmes)开始质疑对绝对原则的认可,因为这些绝对原则招致了如此多的反对者。对他而言,战争的主要教训就是不容置疑的确信会导致暴力。霍姆斯认为,避免暴力的唯一方法是进行包容性的、平等的语言交流。

在19世纪70年代,霍姆斯和其好友及哈佛同事〔包括查尔斯·桑德斯·皮尔斯(Charles Sanders Peirce)和威廉·詹姆斯(William James)〕参加了一个不认可绝对确定观点的讨论小组。通过他们的讨论,哲学实用主义运动产生了,并由他们年轻的同事约翰·杜威(John Dowey)予以进一步发展,在19世纪90年代后期,该项运动开始广为人知。反过来,杜威在芝加哥又受到简·亚当斯(Jane Addams)的影响。在1893年普尔曼大罢工引发的暴力事件之后,简·亚当斯说服了杜威,即使当各方认为他们有利益冲突时,对抗也是不必要的。杜威花了很多精力来弥合他认为是错误的二分法。

实用主义思想家,包括乔治·赫伯特·米德(George Herbert Mead)和查尔斯·霍顿·库利(Charles Horton Cooley),提出了许多类似观点,这些观点与他们对社会性的重点关注有关:主体交流带来的自我起源;科学民主的话语和形成公共公民社会的进程之间的相似之处。作为总结,约翰·杜威在1925年歌颂道:"沟通是最奇妙的事情"(166)。第二次世界大战之后,有着对话传统的欧洲大陆哲学家提出了与美国实用主义哲学家思想类似的沟通理论。卡尔-奥托·阿佩尔(Karl-Otto Apel)融合了皮尔斯的语言观,提出了他的先验语用观。尤尔根·哈贝马斯(Jürgen Habermas)在接触乔治·赫伯特·米德之后,致力于勾勒出可以消除扭曲并使谈话各方达成共识的"完美的语言情境"的全部要素。

尽管上述和其他哲学研究已经做了许多工作,但对话思想在现代文化中并没有取得突出的地位。除了沟通研究领域的一些重要著作,它在很大程度上没有进入社会科学的话语体系。此外,在哲学论述中,它仍然处于高度抽象的层面。尽管如此,我仍然认为,了解对话及其重要意义对于当代生活的运转是一件极其重要的事情,特别是因为专业人士之间以及国际社会中的不同党派之间的沟通还存在巨大障碍。

因此,本书的任务就是把对话主题引入当代社会学。它的潜在观点是,社会科学家之间的解构性话语冲突模式需要转化为体现对话的话语模式。为了推进有效知识就得这样。作为一种为世界提供具体对话行为模式的教育工具,它也同样重要。社会学家布伯建议,"必须……进行社会学教育"(1957,179);也就是说,必须教育人们如何共同生活,而不仅仅是彼此变得完全一样,以及如何表达和尊重他们之间的差异。

在我看来,就对话与论战这一主题,明智的做法是首先要作两组区分。一方面,正如皮尔斯所言,"两种思想相互沟通"的过程有多种形式。对话与论战这一主题本身要求我们区分不同形式的对话性互动。另一方面,某些对话实际上可能就涉及冲突。因此,我们需要区分路易斯·克里斯伯格(Louis Kriesberg)([1998]2014)等社会学家所提出的建设性冲突和破坏性冲突。这些区分有助于分析不同立场的人在卷入破坏性冲突、建设性冲突和达成共识的多元化时使用的多种话语形式。更具体地说,它慎重考虑了社会科学家话语中的排斥、揭短、讽刺和批判等各种风格。

为了实现这一目标,我考察了促进现代非对抗性沟通模式演进的历史条件(第一部分),并对社会理论中的对话性形式进行了区分分析(第二部分和第三部分)。

第2章通过对话与其对立面(体现人类好斗性的众多现象)的对比来介绍这一主题。它考察了有关好斗性根源的主流学说理论,研究了过去一个世纪内发生的暴力事件,然后回顾了20世纪许多非暴力性事件所取得的成功并分析了这些成功背后的一系列历史发展。第3章通过两个案例对此种长期变化进行了研究。它阐述了人们从美国的对抗性诉讼和日本武术中认识到斗争模式已经过时了。第4章阐释了世界所有文明如何同时蕴含包容性和排他性假设的各种观点,对冷战后的国际社会必然会遇到"文明冲突"(Huntington,1993)这一大家熟知的观点进行了回应。

其余章节的论文展现了社会科学中的不同思想立场可以以非对抗的方式来论述的模式。第二部分介绍了对话的各种形式,在对话中,各方尽管持有不同立场,但具有共同的目标。第5章是一篇1950年发表的旧论文,展示了18世纪法国哲学家和19

世纪俄罗斯知识分子虽然对人性和社会世界有着截然不同的看法，但对国际社会的理解却类似。第 6 章回顾了齐美尔、帕森斯和默顿的著作——尽管他们的观点和要解决的问题明显不同——从中寻找涉及道德社会学这一单一主题的内容。第 7 章，也许是本书中最具有智力挑战性的一章，比较了帕森斯和麦基翁的复杂的概念框架，着眼于寻找让两者的强项能够弥补对方弱点的方法。这三章都将对话的主题定位为对共同问题的补充性贡献。

接下来的章节展示了如何将对彼此知之甚少或一无所知的作者们的思想汇集在一起形成一种新式的对话。第 8 章汇集了奥地利精神分析学家西格蒙德·弗洛伊德（Sigmund Freud）和日本武术家植芝盛平的一些关键思想。顺着时间线，第 9 章考察了约翰·杜威和罗伯特·梅纳德·哈钦斯（Robert Maynard Hutchins）对教育的论述。该章表明，尽管他们有广为人知的不同，但他们在共同主题上可以具有的共同立场更为显著。

第三部分描述了将对立话语美化为富有成效的对话的修辞形式。它涉及两种主要方式，通过这两种方式，展示尖锐对抗的各方可以促进正在进行的对话，从而丰富这一主题的整体话语。第 10 章、第 11 章和第 12 章就是上述方式的例证，对话者分别来自英国、法国和德国哲学界。第 13 章简要论述了有关社会矛盾的外部基础的三种相互排斥的解释，然后又介绍了第四种解释，它提供了将前三种解释有效联系起来的方法。第 14 章讨论了埃塞俄比亚 2005 年全国大选暴力事件所引起的一场政治危机。我作为政府和被监禁的反对派领导人之间的调解人，力求找到弥合似乎不可调和的对立立场的方式。

在最后的第 15 章中,我附上了 1985 年发表的《社会知识的形式和功能》(The Forms and Functions of Social Knowledge)一文,该文提供了一个社会科学家们使用的常见推论话语的延伸范例。

2
对话和人类斗争

对话与人类斗争相反,后者是一个广泛的概念,涵盖了从有组织的战争到人际的暴力,从法律诉讼到充满敌意的交谈。其中,有组织的肉搏引发的批评最多。即使在今天,我们的文化空间也似乎充满了内乱、警察行动和恐怖主义战争的报道。可以理解的是,这些现象不断地督促我们从整体上对人类的好斗性提出解释。

大体而言,我认为,大量文献是从以下三个视角来解释人类的攻击性的:本性、社会与环境、微观社会情境。

本性:天生的攻击性

这也许是最久远的观点,它将攻击倾向理解为本性使然。西方几千年来一直宣称人性本恶。托马斯·霍布斯(Thomas Hobbes)认为,所有人攻击所有人的战争将导致人类的自负不受约束,这一见解非常有名。然而,现代心理学家已经改变了这一说法。威廉·詹姆斯提出,"我们的祖先将好斗精神植入了我们的骨髓,数千年的和平也不会让它从我们身上消失。"([1910]1974,314)在回答阿尔伯特·爱因斯坦向他提出的尖锐问题"为什么有战争"时,西格蒙德·弗洛伊德回答:"人类的本能有两种:保存和统一的本能以及毁灭和杀戮的本能"([1932]1939,90),这一表述构成了有关该问题的现代思想的框架。在思考这两种本能之间的关系时,弗洛伊德补充道:

> 完美的动机常常被用作破坏性骚乱的保护色;有时,正如宗教裁判所的残暴行为,在完美的动机控制了意识时,它们似乎是从深藏在潜意识中的破坏性本能中汲取了力量。
>
> (同上,92)

汉斯·摩根索(Hans Morgenthau)在他具有里程碑意义的"政治现实主义"的阐述中提出,"人性中固有的力量"将不可避免地导致社会群体之间的冲突(1960,4)。

这种观点得到了科学自然学家们的支持,比如动物行为学家康拉德·劳伦兹(Konrad Lorenz),他的研究涉及"人与兽针对同一物种成员的战斗本能"(1966,ix)。劳伦兹论证了,攻击性的驱动力是维持生命构成的本能的重要组成部分。在人类和许多其他物种中,冲突提供了许多明显的适应性便利:平衡生态分布;通过竞争对手之间的争斗选择合适的样本;促成复杂组织的等级顺序排列;甚至为举行加强社会联结的仪式和典礼提供名目。他提出,文明人受到这样一个事实的困扰,即在史前时期有助于生存的种系自带的侵略本能现在却没有找到充分的释放途径。动物行为学家尼可拉斯·廷伯根(Nikolaas Tinbergen)同样认为存在一种普遍的种族内冲突的本能倾向,但他指出:"在数以千计的进行斗争的物种中,人类是唯一实施大屠杀的物种。"(1968,180)灵长类动物学家理查德·兰厄姆(Richard Wrangham)和戴尔·彼得森(Dale Peterson)(1996)论证了一个劳伦兹提到过的观点:他们发现破坏性攻击的本能与性别有关。人类与黑猩猩的基因结构如此接近,意味着人类的"雄性恶魔"(demonic males)具有类似黑猩猩的杀人欲望。

社会和环境:文化上的攻击性

不是所有的进化论生物学家都接受兰厄姆和彼得森的观点。在《类人猿与人类进化》(Apes and Human Evolution)一书中,罗素·H. 塔特尔(Russell H. Tuttle)提出:"我们的祖先经常参与族群内和族群间的杀戮、杀婴、食人或殴打女性的观点没有古人类学上的支持。"(2014,593)塔特尔还给出了理由以支持相反观点,持这一观点的社会科学家们强调人性的可塑性,并认为人类攻击的范围取决于文化模式。人类学家鲁思·本尼迪克特(Ruth Benedict)的文化模式是这一立场的典型代表。本尼迪克特将美洲原住民祖尼人(Zuni)与新几内亚的多布人(Dobu)进行了对比,前者被其描述为有秩序、和平的人,而在后者中"激烈的冲突是道德理想"(1934,170)。沿着这一思路,艾瑞克·弗洛姆(Erich Fromm)(1973)对人类学文献记载中的30个原始社会进行了研究,着眼于确定它们的攻击性或和平程度。他发现一些人——比如阿芝特克人(Aztecs)、多布人和干达人(Ganda)——对本部落的人和对其他部落的人都挑起和实施了大量的攻击和暴力行为。他将这些社会中的生活氛围描述为真正的霍布斯式的、一种持续的恐惧和紧张的状态。另一方面,弗洛姆也发现许多原始社会表现出了恰恰相反的品质。例如,在祖尼普韦布洛(Pueblo)印第安人、山区阿拉佩什人(Arapesh)和姆布蒂人(Mbuti)中,他发现只有很少的敌对和暴力,几乎没有战争,几乎没有犯罪,只有少量的嫉妒和剥削,以及普遍性的合作和友好态度。以精神分析为导向的弗洛姆选择了文化变体中的环境因素,而明确否定了弗洛伊德-劳伦兹关于攻击性本能产生了积压而有待释放的内在力量的观点。

其他社会科学家则从社会结构的各个维度来寻找攻击行为的环境原因。以主张"习俗可以让任何事情变成正确的事并避免对其的任何谴责"([1907] 2002, 521)而闻名的社会学创始人威廉·格雷厄姆·萨姆纳,对此进行了永世流传的概括:社会群体之间的一般性规则就是用来促进群体内部的和谐并与外部群体作斗争的。这种观点的必然结果就是他所论述的特定群体之间的血仇。内群体-外群体的概念是由政治理论家卡尔·施米特(Carl Schmitt)([1927]2006)独立提出来的,他将有组织的群体之间存在的敌意看作所有政治的根本属性。对施米特来说,其他群体是朋友还是敌人的判断是主导人类交往各个方面的主要考量因素。

萨姆纳除了提出了许多关于群体内-群体外斗争(以及他提出的相关概念——种族中心主义)的观点外,还指出,对战争的投入因精英阶层的利益而异,即精英们认为是通过战争还是通过和平能更好地满足自己的利益。在思考精英阶层对于引起战争的重要性时,萨姆纳引入了一个更为广泛的概念,这个概念得到了亚历西斯·德·托克维尔(Alexis de Tocqueville)等更早一批理论家们的认同,他们之前就把好战的动机与贵族阶层联系起来。理安·艾斯勒(Riane Eisler)(1987)进一步发展了这一理念,综合了各学科来论证其观点。她描绘了一个原住民时代,人类认同母系受尊崇者,主张人人平等,爱好和平。艾斯勒在其第一部著作《圣杯与剑》(The Chalice and the Blade)中认为向好战社会的转变是一种"注重点从维持和增强生命的技术转移到……旨在摧毁和统治的技术"(1987,xx)。对艾斯勒来说,这种转变涉及从社会组织的"伙伴关系"模式向"统治者"模式的转变。从历史发展上看,她认为这种转变发生在多个时间段,彼时入侵的牧民战胜了较为不好斗的农业社区,并引入了基于男性统治、等级制度和攻击性的结构。其他分析人士则将好战性归于社会结构性变量,他们并不关注好斗的精英,而是关注受精英压迫的阶层,这一观点为马克思主义学派的许多学者所持有。例如,刘易斯·科塞(1967)指出,次级群体认为他们除了暴力抗议外,没有其他途径可以解决他们的不满。拉尔夫·达伦多夫(Ralf Dahrendorf)(1959)将这一模式概括为包括所有处于次级地位(被统治地位)并认为受权力阶层压迫且倾向于以某种方式反抗的人。

微观社会情境:人际的攻击性

在微观社会层面,社会心理学家已经发现了产生攻击倾向的情境结构。早期支持这种观点的人有约翰·多拉德（John Dollard），他认为敌对冲动的爆发来源于社会情境所导致的挫折感（Dollard等，1939）。托马斯·舍夫（Thomas Scheff）还找出了互动链，在其中羞耻感发挥了重要作用，并得出结论："长期而强烈的仇恨、怨恨和嫉妒都是不被承认的羞耻的产物。"（Scheff，[1994] 2000）以此概念为基础，他提供了一个抓人眼球的关于第一次世界大战起因的解释。一些学生则将研究重点放在家庭中的社会模式引起的攻击行为上。塔尔科特·帕森斯（[1947] 1954）通过指出攻击行为来自对盛行的由母亲来养育男性导致的阳刚性不足的抗议，提出一种新的攻击动力。默里·鲍恩（Murray Bowen）（1978）和亲属家庭系统理论家/治疗师将家庭冲突或类似家庭关系中的冲突与两方当事人之间的激烈感情投入联系起来，这些冲突会导致周期性的爆发，从而使得他们之间疏远，通常也会由于拉拢其他家庭成员并寻找家庭外的盟友而使得冲突升级。在阐述这些动力时，理查德·盖利斯（Richard Gelles）和默里·施特劳斯（Murray Straus）（1979）提出了十五个不同的理论，声称可以解释导致家庭暴力出现的一系列社会因素。

对好战性的解释的概述有两个目的。一方面，我提出来是为了让我们铭记所有用来解释为何暴力和其他形式的斗争会持续存在的有说服力的观点，以及阻碍对话进行并事实上消灭了未来人类社会不存在破坏性冲突的可能性的模式。不管我们喜欢的是哪一种事实阐述和理论观点，我们都必须承认，形式不断发展的斗争和国内对立情绪的存在在不断提醒我们，在当今世界促进更和平的对话面临着种种障碍。

然而,更重要的是,我对有关冲突和攻击的文献的梳理也有助于揭示本书更远大的目标。它提出了方式方法的问题,通过不同的方式方法,理论上的分歧或者通过争论而加剧,或者通过适当形式的对话而有效地相互促进。因此,对人类现象的基因解释和社会文化解释之间的对立体现了一个由来已久的争论。社会文化观点的支持者根据他们主张的是文化因素占据首要地位还是社会结构因素占据主要地位而又可细分为两种对立的观点。一种观点的支持者——以及一篇引人入胜的批评文章的仓促阅读者们——倾向于完全忽略另一种观点的现象经常发生。然而,在对话性的交流中,尽管理论立场不同,他们还是可以发现其他选择的吸引力。引用布伯的一个基本理念:对话让大家连接在一起,但并不强求同一性,因为"真正的谈话以及因此人与人之间关系的实际实现,意味着对相异性的接受"(Buber,1992,65)。

例如,尽管塔特尔尖锐地指出,兰厄姆和彼得森提出的人类雄性好斗论不能从人与黑猩猩具有共同的祖先上得到最终证明,但他的工作仍可以被视为建立了一个对话,完整地保留了人类男性中存在基于本能的攻击动力这一观点。同样,尽管一些批评艾斯勒的人,比如劳伦斯·基利(Lawrence Keeley)(1996),对艾斯勒理论的一个方面(假设原始社会基本上是和平的)提出了尖锐的质疑,但她的视角对其他竞争性的观点来说仍有价值,因为她指出了,在男性领导人通过等级分明的组织来实施统治的社会中,有组织暴力行为大量增加。

2014年9月出刊的《社会学理论》(*Social Theory*)中可以找到一个充满尊重的对话的实例。这期杂志刊登了三篇文章以回应萧建斌(Jiannbin Lee Shiao)2012年发表的《基因组对种族社会建构的挑战》(The Genomic Challenge to the Social Construction of Race)一文。该文认为,尽管强大的社会力量在识别种族和族群方面发挥作用,但存在足够的基因组证据支持不同祖先的人类群体之间存在生物学差异的观点。评论家安·莫宁(Ann Morning)(2014)认为,这些差异可以用社会建构主义的种族理论来解释,而其他人,比如藤村(Fujimura)等人(2014)则质疑该文的实证证据。在举例说明对话话语时,萧同意批评他的人的观点,认为生物学上的差异有时可能并不具有因果意义,但他仍然坚定地认为,被质疑的实证证据是没有任何问题的。萧在回应时对他的批评者的态度依然谦和有礼,在不同意他们一些结论的同时,也指出了他们反对意见中的可取之处。尽管他们有很多分歧,但有一次萧称赞莫宁在其"优秀著作"中"践行了她所宣扬的观点"(2014,253)。

假设我们用这三种观点来回答20世纪世界上的战争为何会出现灾难性增长这一问题,我们可以将其归因为在价值观被侵蚀或破坏性技术被滥用的世界中一种本能驱动的冲动性爆发,或者是暴力思想的后果,或者是男性主宰下等级森严、充满攻击性的制度的扩张。尽管认识到所有这些观点都是从不同角度来研究如何让人类好斗性这一共同主题为有效的对话开辟新的途径,但对任何一种观点的全身心投入往往都会导致对其他所有观点的排斥。我认为,通过探索将不同观点有效联系在一起的各种方案,即将第二部分和第三部分中各章组合在一起的各种方案,将更有助于促进相互理解。

方案 A：对同一问题的互补贡献

方案 B：形成一种新的对话

方案 C：重要发展和逐步转变

方案 D：相互优先式的互补性参与

无论最终选择的是哪一种方案，都将带来更稳健的结果，因为相比其他情况下，这一探索过程已经引入了更多的事实和概念，由此导致的术语上的模棱两可可以被用来引发和完成多个讨论主题。通过这种方式，我们就能更深入地了解导致人类走向斗争的一系列因素，以及明确一个显而易见的事实，即尽管早期人们预计，20世纪会是一个前所未有的和平时期，但结果却恰恰相反。

对攻击的反抗

真的是这样吗？约翰·缪勒（John Mueller）在下文即将要讨论的一本书中，指出尽管表面上看起来不是这样，但实际上战争制度，作为暴力斗争的典型例子，正在走下坡路。无论我们在何种程度上认同他的观点以及他就人类斗争这一主题提出的不同称谓，至少我们必须承认这样一个事实：在过去的一个世纪里，强势但非暴力的思想家和政治领导人创造了非暴力行动的新形式，得到了数百万人的拥护。威廉·詹姆斯（1910）是第一个引入这一理念的学者，他在第一次世界大战前夕提出，有必要采取行动找到"战争的道德等价物"（moral equivalent of war），后来实施的民间资源保护队（Civilian Conservation Corps）等新政计划就是这些行动的展示。第一次世界大战之后,学者们提出了新观点。马丁·布伯的经典著作《我和你》([1923]2004)提出了开放交流并相互尊重的思想体系。用对话概念取代自我的个体主义的独白理念后,布伯(1957a)继续探讨了其国际政治影响,就像在本书第1章《引言》中提到的历史性演讲那样,他描述了人类呼声的传承者与反人类的人之间发生的这场世界性历史性的战争。布伯指出,战争"总是会遇到这样一个对手,他不会直接走出来,但在潜移默化地开展他的工作"(236),正是当代危机的深重使我们产生希望。

作为这种对话精神的体现,莫罕达斯·甘地(Mohandas Gandhi)在20世纪20年代将他在南非萌发的非暴力不合作思想应用到了印度。甘地信奉不杀生、非暴力等耆那教教义,坚信对他人使用暴力相当于让世人不再享有此人对我们共同追求的真理的实际或潜在贡献。众所周知,他将这一原则运用于将印度从殖民统治下解放出来,并最终引领了成千上万的人。事实证明,它非常有效,引起了著名的穆斯林将军拜德沙·汗(Badshah Khan)的注意,他指示10万普什图跟随者放下武器,加入甘地的追随者行列。拜德沙·汗认为,爱在一秒钟内创造出来的比炸弹能在一个世纪内摧毁的都多(Easwaran, 1999)。

同样在20世纪20年代,著名的日本武术家植芝盛平将日本千年来的武术传统革新为非暴力手段。植芝盛平的新"和平武术"的目标是把整个世界变成和谐的人类大家庭(见第3章)。值得注意的是,甘地和植芝盛平因其对非暴力思想的贡献而分别被冠以"圣雄"(Mahatma)和"大先生"(O'Sensei)的称号。

除了这些有影响力的人物,我们也必须认可体现非暴力原则的社会技术方面的显著进步。它们包括马丁·路德·金和他的追随者们在 20 世纪 60 年代发展的非暴力反抗方法,这些方法已经在世界上其他几十个政治热点地区得到采用。金不仅引用了甘地的方式,还引用了基督教的传统,即耶稣和他为人类遭受苦难的精神。最近,非暴力和平组织(Nonviolent Peaceforce)训练了一批志愿者参与解决一些斗争迫在眉睫的情况,他们在菲律宾、斯里兰卡和危地马拉等地都已经成功地完成了任务。合气推广,一个致力于推广合气道原则的组织,召开研讨会,邀请希腊和土耳其、塞尔维亚和波斯尼亚以及以色列和阿拉伯国家等存在历史冲突的国家的国民们参会。此外,在许多其他类似的项目中,还应特别提到由吉恩·夏普(Gene Sharp)博士设立的旨在通过非暴力行动推动自由的阿尔伯特·爱因斯坦研究所(Albert Einstein Institution)。夏普(1990)有关"群众性防卫"的著述被立陶宛、拉脱维亚和爱沙尼亚政府在 1991 年脱离苏联时使用。当时,立陶宛国防部长奥雅思·巴柯维谢思(Audrius Butkevicius)曾表示:"比起拥有核弹我更希望拥有这本书。"(Albert Einstein Institution,2014)

在非肢体的语言互动领域,新的非暴力形式包括将民事诉讼从传统的法律对抗主义转变为一系列调解活动的做法(见第 3 章)。它们还包括马歇尔·卢森堡(Marshall Rosenberg)(2005a,2005b)提出的非暴力沟通,其有关如何进行非暴力沟通的思想影响了 30 多个国家的选民。非暴力沟通提供了一种无害交谈的范例,为谈话者提供了以下准则:以非评判方式进行观察、照顾自身及他人的感受、清晰地表达自己的需求、公开地提出要求。

有利于减少斗争的长期趋势

我们要在什么样的理论和历史背景下去理解这些非暴力形式的发展和取得的成就?一些社会科学家分析了长期的历史趋势:和平的互动模式会取代制度化的侵略。用艾斯勒的话来说,这涉及提升伙伴关系和问题探查协作的组织结构的力量以及她认为的女性价值观的力量的发展。以下分析聚焦于行为的四个不同维度:(1)文化价值观;(2)制度化规范;(3)集体利益;(4)个人习性。

文化价值观

在过去的两个世纪里,越来越多的人认为斗争是一个贬义词。这在很大程度上要归功于参与那些和平运动的人们的努力。奈杰尔·杨(Nigel Young)(1984)列举了其中的十场运动,从自由国际主义和宗教和平主义到社会主义国际主义、女权主义反军国主义和核和平主义。这些运动在第一次世界大战前夕达到顶峰,然后在1921年、1932年、1958年至1960年、1968年和1981年以越来越强的势头呈波浪形发展。与此相对应,在过去的一个世纪里,因信仰而拒服兵役者的地位越来越受到尊重。从加拿大、芬兰和以色列到南非、韩国和马绍尔群岛,越来越多的国家将出于信仰而拒服兵役的行为合法化。第一次世界大战的可怕后果,无疑引发了许多人对战争的厌恶。约翰·缪勒(2004)认为,这主要是因为"一战"前的和平运动成功地提出了在当时很新颖的观点：废除战争。对缪勒来说，好战性的下降是因为文化的转变——人们对战争的理解和评价发生了变化。并且，这种变化越来越大。始于1901年的诺贝尔奖已经变得越来越有声望。它从一开始就常设了和平奖——这个奖项专门颁发给那些"为促进民族和睦和各国团结友好、取消或削减常备军以及举行或宣传和平会议作出巨大贡献"的人。

过去两个世纪西方国家发生的另外两大文化发展事件也造成了好战性的下降。其中一个就是涂尔干所说的"个人宗教"的兴起：社会价值观从集体符号的神圣化转变为个人的神圣化。对于涂尔干来说，这种现代宗教"并非源于自我主义，而是源于对所有人的同情，更广泛层面上对所有苦难的怜悯"（[1898]1973，49）。相应地，从美国的《独立宣言》和法国的《人权宣言》开始，建立《世界人权宣言》的运动在1948年达到了高潮：联合国在这一年通过了《世界人权宣言》。该人权宣言逐渐在全世界人民的心中植入了这一理想。在《人的神圣性：人权的新系谱》(*The Sacredness of the Person: A New Genealogy of Human Rights*)一书中，汉斯·约阿斯（2013）将这两次历史性转变联系在了一起。

走向和平的文化转变不仅发生在思想领域，而且实实在在影响了许多国家数百万人的生活。国际特赦组织——一个致力于人权保护的全球性组织——做的第一件事就是在1961年5月的伦敦《观察家报》(*The Observer*)上公开发表文章。在早期，它起的作用可能有限。然而，在过去的60年里，它在150多个国家发展了300万成员，他们发起运动以消灭世界任何地方发生的严重侵犯人权的行为。国际特赦组织作为一家美国非政府组织。致力于通过媒体报道和与政策制定者的直接交流来确定并公开谴责滥用权力的政府,于1988年与亚洲观察组织、非洲观察组织和中东观察组织合并为国际人权观察组织(Human Rights Watch)。这是一个非常强大的组织,预算超过5亿。在其成立前后,卡特总统领导下的美国国务院,赋予其驻外大使馆一个新的职责:提交所驻国家的人权状况年度报告。

这两大发展都可以被看作斯蒂芬·平克(Steven Pinker)(2011)所称"人道主义革命"的一部分。平克对过去三个世纪的大量资料进行总结,描述了这场革命的涵盖范围,它们包括人类牺牲、巫术和血祭诽谤的消失;对亵渎者、异教徒和叛教者的暴力行为的减少;废除残忍和过分的刑罚;死刑的减少;奴隶制的终结;以及同理心的增强和对人类生命关注的增加。

制度化规范

德国哲学家黑格尔认为,"历史的屠宰台"最终一定会产生法治的民族国家,它将会提供一种可靠的遏制民间暴力的手段。缪勒极力主张类似的观点,他(2004)强调有能力的国内政府在促进国内战争的减少和公众对战争态度的转变上的重要性。缪勒认为,持续不断的内战是非常严重的犯罪或犯罪活动,而不是低强度的战争。所以,在过去的一千年里,"在欧洲,战争已经从一件寻常和常规的事情变成了不寻常和被尽力避免的事情"(24)。

埃米尔·涂尔干在其刑法著作中探讨了政府在缩小攻击行为范围的另一个方面的作用。他最重要的系统阐述是,随着社会从广泛的共同文化所统治的社会演变为现代的、有区别的社会,即所谓的"有机"社会,刑法范围缩小,而民法范围大大扩展,刑罚所涵盖的行为的数量逐渐减少。在他著名的论文《刑罚演变的两个法则》(Two Laws of Penal Evolution)([1899]1973)中,涂尔干通过对两个相关变量的分析进一步发展了这一思想:在演变过程中判处刑罚的数量的减少程度,以及刑罚种类的逐步缓和(即自由的剥夺而不是身体的伤害成为越来越常见的刑罚控制手段)。在解释这些变化时,涂尔干指出了道德演变过程中发生的一个重大改变:国家规定处以刑罚的针对集体——以主权者、宗教形式和神圣符号为代表——的犯罪越来越少,而规定处以刑罚的针对个人的犯罪越来越多。早期刑罚的报应性和严酷性体现了"攻击者对价值远大于他的人实施暴行"(179)所引起的情感爆发,而更现代的刑罚机制则催生更冷静、更具反思性的情绪,因为这一情绪是由平等者之间发生的犯罪行为而引发的。在现代社会,我们更容易包容针对代表集体的对象所实施的犯罪,比如冒犯君主罪——换句话说,历史上与暴力报复相关的那些犯罪。

集体利益

19世纪社会学的三位奠基人——奥古斯特·孔德(Auguste Comte)、赫伯特·斯宾塞(Herbert Spencer)和威廉·格雷厄姆·萨姆纳——虽然各自持有的理由不同,但都一致认为,西方工业社会正在从战争性结构向和平的商业性结构而演变。对孔德来说,历史上社会的"积极"功能包括生成和利用军事手段,而现代科学的发展将带来其普遍积极功能为工业生产的社会。同样,斯宾塞认为,"军事"社会经过长期演变会成为"工业"社会,在这一过程中,好战的方式方法将被有益于生产和交换的合作习惯所取代,类似军队的组织将转变为体现"自发形成的接受其选举代表治理的公民组合"的组织(Spencer,1972,162)。萨姆纳对表达这一思想的许多观点进行了总结,他写道,伟大的发明和发现、农业和商业的新手段以及货币和金融工具的引入,造就了以下局面:

> 工业利益取代军事和君主利益,成为国家旨在服务的主要对象,这不是因为任何"进步"的潮流,而是因为工业化给予统治者更大、更多样化的满足感。……和平是必要的,因为没有和平,他们就不能享有权力。
>
> ([1907] 2002,49)

支持这种观点的当代学者中有迈克尔·霍华德(Michael Howard),他认为工业化"最终会造就非常不好战的、致力于创造物质福利而不是英雄事迹的社会"(1991,176)。

个人习性

许多分析家已经讨论过了现代世界中表现十分明显的个人倾向上的普遍改变。这些个人习性上的改变有一个共同点,就是增强了对攻击性冲动的控制。马克斯·韦伯可能是第一个,通过他那本广受好评的著作,主张现代理性资本主义的各项制度需要大家在自律方面作出一种根本的改变,以适应工业生产的迫切需要的人。菲利普·戈尔斯基(Philip Gorski)(2003)通过展示他所称的"规训革命"(disciplinary revolution)发生在经济以外的领域(最明显的是官僚机构)而进一步发展了这一思想。其中最著名的学者也许是诺贝特·埃利亚斯(Norbert Elias),他的《文明的进程》(*The Civilizing Process*)([1939] 2000)论述了有关耻辱和憎恶的日渐变高的社会门槛如何逐渐将欧洲人际暴力和外部冲突的标准转变为对自我克制的期望。现代教育机构的发展和普及也可以说是这一习性改变的原因。从小学开始,越来越多的人被教育要控制自己的脾气、尊重他人意见、参与到合作学习情境中去。

从历史上看,与战争概念有关的价值观的变化包括个人崇拜的增长和对普遍人权观念的日益接受、政治组织化社会中暴力控制的政治机构权威的日益扩大,刑罚中暴力手段的减少,以及建立在和平条件基础上的商业利益的发展。另外,文明进程中的各种变化导致的对攻击性冲动的克制、规训革命、对井然有序的工作习性的需求以及教育的扩张,是与上述非暴力形式的突破性进展有关的一些更广泛的历史变革。

几乎所有这些变化都是逐渐发生的。它们往往是由某种社会学家很少注意到的因素,即充满希望的态度,引导人们去作出的。有时,人们甚至可以从斗争形式到体现对话精神的互动形式的转变中直接找到某些突破性进展。这就是我将在下一章讨论的美国民事诉讼和日本武术领域内发生的转变。

3
对抗性思维的转变：日本武术和美国诉讼

在人类进化的过程中，人们花了大量的时间来思考和大量的精力来改进利益相对各方之间冲突解决的手段。这些改进中最引人注目的部分就是战斗工具：从石头到铁制的刀和矛、从普通箭头到有毒箭头、从弹弓到枪支、从步枪到火炮、从人力轰炸机到自动无人驾驶机、从弹道导弹到化学弹和原子弹。战斗人员的组织也有所改进：从同族部落到游牧部落、从临时的战斗者到训练有素的战士、从封建军团到大型部队。

冲突通过言词方式加以解决也在不断发展。文字出现之前的许多社会就已经形成了惯例，通过一定的程序来管辖争议，这些程序导致了各种形式的诉讼的产生。然而，在现代，管辖对立方之间争端的这些程序已经变得越来越复杂和高度规范化。

有利于双方的和谐往来为什么可以替代对抗关系以及如何替代？日本武术和英美法律实践的部分流派已经各自发展出了实现这种转变的方法。两者都秉持提高所有利益相关者的福祉和自主权这一理念，并以此取代了胜败的概念。

日本文化中的武术

武术在日本的演变可以追溯到两千多年前。它们在有关日本武士的作品中得以体现,日本武士是在平安时代晚期(公元10世纪到12世纪)出现的军事专业人士阶层。武士逐渐取代了之前几个世纪的职业战士阶层——他们似乎是来自不同种族的人,最初是猎人,表现出一种极端的原始暴力。其他日本人通常把他们看作野蛮人或野兽。然而,武士训练文化的种子可以在8世纪的日本经典文学作品《古事记》中找到。在此之前,只有宫廷才研究关于剑术的深奥学问。

武士(家臣)的最初定位是为宫廷贵族服务。随着时间的推移,他们凭借自身实力获得了权力,开始了对农业用地的统治,并建立了他们自己的等级分明的政治组织。12世纪晚期,他们建立了半中央集权的军事政权——幕府,达到了权力的顶峰。武士政治组织建立在军事统领和家臣之间形成的、为严格的荣誉准则所保障的强烈情感纽带之上(Ikegami,1995)。至16世纪,武士精神发展成为大家熟悉的武士道精神,它由七种武士美德组成:诚信、正直、勇敢、仁慈、荣誉、忠诚和尊重。[1]

除了良好的行为举止之外,人们还期待武士在许多非武术领域,即新儒家理念中的个人文化领域,表现娴熟。这种联系表现为通过复合短语"文武"(bu-bun)将它们合并在一起的理念。其中一种艺术形式是充满个人风格的诗歌创作,最著名的是俳句。另外一种则是书法:"文武"体现在钢笔和毛笔的练习方式上,即大方自然、直截了当、无所畏惧。幕府将军德川家康直言,毛笔和剑是一体的。

然而,武士道的核心美德是在战斗中无所畏惧地斗争和随时准备杀死其认定的敌人或被其认定的敌人所杀死。用武士加藤清正(1562—1611)的话来说:

> [通过]阅读中国诗歌……一个人如果记住了这些优雅化和精致化的知识,他一定会变得追逐女色。生为战士,他的追求应该是紧握住长剑和短剑,然后死去。
>
> (引自Wilson,1982,131)[2]

但是握剑并不是自动就会的,它需要在专门学校〔流派(ryu),兴盛于中世纪末期〕中进行多年的训练。这包括掌握一种或多种格斗技术,学校已经为格斗技术制定了复杂的指导课程表。[3]在德川幕府统治下的这一段较长的和平时期,格斗技巧很少能在战场上使用。即便如此,它们的培养仍然很受重视。领主的地位通常取决于他们手下武术高手的数量和质量。竞争的精神,即便是为了荣誉,也滋养了战胜对手的野心,而这往往意味着会导致死亡。在德川治世的一大段时期,战斗的技艺变得"非战化",然而,不同府邸和学校(流派)之间的竞争也仍然同样激烈。据说,在德川时期,武士思想几乎成为国家层面的道德准则,因为即使是商人阶级也变得"武士化"了(Bellah,1957,98)。

随着封建领主(幕府将军)统治被推翻,日本武术体系面临重大挑战。西方文化和商业精神的出现去除了斗争必须分出胜败这一武士理念的霸权地位。1868年明治维新后不久,日本著名教育家嘉纳治五郎开始重新审视武术训练的宗旨。嘉纳治五郎先生在东京的佛教寺庙里建立了一个道场(训练场),它成为他所称的"柔道"的发展所在地。通过这一努力,他试图将训练的目标从打败敌人转变为纯粹的教育:促进个人品格和社会参与度的发展。他将教育目标重新命名为"shushin-ho",即"智慧与美德的培养,以及在日常生活中学习和应用柔道原则"〔Jigoro Kano,见《合气新闻》(*Aiki News*),1990〕。正如他后来阐述的那样,"柔道训练的最终目标是作为一种自我完善的手段,从而对社会作出积极贡献。"(Murata,2005,147-8)

嘉纳提出的武道训练论在20世纪的日本受到越来越多的关注。"二战"后尤其如此——"二战"是武士道化国家复兴所能导致的最大灾难,嘉纳反对"二战"。至20世纪80年代,日本武道协会非常认真地考虑了如何确定其宗旨的问题,他们花了数年时间来讨论这个问题,并在1987年颁布的章程中宣告:

> 武道,日本武术招式起源于日本古老的武术精神。经过几个世纪的历史和社会变革,这些传统文化表现形式从战斗技巧演变成自我发展的手段。从业人员在学习技能的同时,努力实现思想、技术和身体的统一;培养[他们的]性格;增强他们的道德感;培养尊重他人和礼貌的举止。人类精神的提升将有助于社会的繁荣与和谐。

即便如此,古老的日本武术精神与道德发展和社会和谐的和平宗旨之间仍然有矛盾之处。尽管嘉纳先生信奉自我超越和社会进步的理想,柔道还是保留了传统武术在战斗中追求胜利的目标。将柔道列入奥运会比赛项目重新激活了这种求胜精神。1964年,日本建造了一座武道馆用来举办柔道奥运会,该馆后来也继续用来举办全国性的各种武术比赛,包括空手道、剑道、日本少林拳法、弓道、薙刀和柔道。除了这些比赛所激发的以自我为中心的竞争精神之外,柔道的求胜目标也让参赛者采取任何他们愿意的方法,例如"投掷、掐脖子……折弯或扭曲对手的胳膊或腿"(Kano,1932,58)。认识到这一矛盾,日本武道协会认为有必要对"最近由于过分求胜而更加迷恋技术能力的趋势"(Nippon Budokan,1987)表示关注。

植芝盛平完成了武道的改革并解决了这一矛盾。这涉及对训练课程的设置,通过训练课程体现消除竞争和运动应避免造成痛苦以及促进和平的基本原则。得益于传统武术招式的高质量训练以及对新的日本普及性宗教的投入,植芝盛平的合气道事业在1925年他42岁时经由顿悟发生了一个新的转折。在一次特别强烈的冥想过程中,他感到自己的身体笼罩在闪烁的金光下,他突然对武道有了新的认识。在那一刻,他说,他意识到

> 武道的精神不是用我们的力量来打败对手,也不是把它作为借助武器摧毁世界的工具。追随真正的武道,就是……维护世界的和平,恰当地繁育、保护和培养自然界的一切生物。
>
> (引自Saotome,[1986] 1993,10)

植芝盛平在整个20世纪30年代都在继续发展新的武术技艺。他试图阻止日本对美国的攻击，但没有成功。战争期间，他流亡到岩间，并于1942年在那儿将他的武术改名为合气道。在战后的岁月里，广岛和长崎的灾难以及一名参加了解放希特勒集中营的日本士兵所作的揭露，促使他作出了另一个改变。1948年，他邀请了一位旧门徒引土道雄先生和他一起推广"新的武道"，一种明确致力于促进世界和平的武道。植芝盛平先生在接下来的日子里一直继续完善合气道，直至1969年过世。

当植芝盛平开始规划他的武道目标时，这个目标不是战胜他人，而是战胜自己（最大的胜利就是战胜自己）。他创造的武术并不依赖于任何形式的痛苦或身体力量，而是对攻击能量的迎合，改变攻击的方向，并照顾到攻击者。战斗的架势最终变为友好的动作交流。这一理念的时代已到。在20世纪50年代早期，合气道武术学校首先在法国和美国建立，然后在英国、德国和澳大利亚也相继建立。目前，超过一百万的练习者在全球六大洲进行合气道训练。

欧美文化中的诉讼

日本武术从斗争到非暴力的转变似乎是受到了教育、公民和精神层面的影响。相比之下，法律界从法律对抗主义向专业性调解的转变则主要是出于经济和政治方面的考虑。

与日本武术一样，西方的诉讼技艺经历了几千年的演变，从以暴力解决纠纷到民事诉讼，再到通过社会调解化解对立，再到寻求双方自愿达成一致的程序。从受害方之间没有约束的斗殴到根据一定的规则在证人见证之下开展正式的决斗是演变的起点。美国从欧洲大陆和英国继承了这些转变的根基。

在日耳曼人中,比武审判——有时也被称为司法决斗——出现在中世纪早期。一份公元8世纪的文件规定了有土地边界争议的两个家庭如何进行比武审判:比武者用剑指着土地,发誓他们的权利主张是合法的;失败者将放弃对土地权利的主张并支付罚款。通过比武审判解决的其他事宜则涉及王朝权力。在诺曼底人征服英国之后,"决斗断讼法"成为英国普通法中的一部分。在文艺复兴时期的意大利和法国,为解决荣誉而非物质利益方面的冲突出台了正式决斗的规则。类似的规则也出现在欧洲其他地方,特别是在斯堪的纳维亚〔格斗联赛(Holmgang)〕和爱尔兰〔决斗守则(code duello)〕。所有这些都是强权即公理的表现形式,除非有社会规范和司法规范来规制对抗交锋。在美国,暴力(虽然是超过法律规定之外的)的冲突解决方式,比如决斗,在建国之后的几十年内一直存续,也产生了一些非常出名的决斗事件,比如阿伦·伯尔(Aaron Burr)亲手射杀亚历山大·汉密尔顿(Alexander Hamilton)。

在16世纪和17世纪,比武审判开始慢慢消失,最初是由于基督教会的反对,然后立法予以禁止。[4]与之相对应,民事纠纷几乎全部是通过律师的辩论和证人的证词在法院解决的。现代欧洲民事诉讼始于拿破仑时代1806年法国《民法典》的通过,该法旨在规范民事诉讼程序。它促进了以平等当事人之间的公开的口头辩论为特点的法院体系的发展。口头辩论加强了法庭审判中法律冲突的戏剧性展示。在美国，由于工业时代的社会和经济冲突，以及随之而来的法院系统的扩张，这个年轻国家的诉讼意识日益增强。这些变化共同促成了一种制度，一个多世纪前格奥尔格·齐美尔曾经分析过，认为职业律师进行的对抗行为"使争议同所有与之无关的人身关系完全分离"，这使它成为"最不留情面的辩论类型，因为它完全不涉及仁慈与残忍的主观对比"（Simmel，[1908] 1971，85）。罗伯特·卡根（Robert Kagan）恰如其分地将这一制度描述为"'法律对抗主义'——这种决策和争端解决方法具有两个明显的特征：正式的法律辩论［和］诉讼行动主义"（2001，9）。法律对抗主义原则有助于指导法学院课程的建设。从学校毕业之后，新手律师很快就学会了遵守这一原则的日常方法；例如，让争议各方只与他们的律师交谈，而不是彼此交谈。

随着时间的推移，批评家们开始将矛头指向这一制度的社会性功能失调。林肯总统建议美国人"尽量不要提起诉讼"并鼓励他们去思考"名义上的赢家往往也输掉了费用、支出和时间成本"（Steiner，1995，2）。爱德华·贝拉米（Edward Bellamy）呼吁废除"作为一门专门科学的法律"，认为"那些在法庭上主持庭审和进行辩论的吹毛求疵的专家们毫无用处"（引自 Hensler，2003，169）。奥地利法学家弗朗茨·克莱因（Franz Klein）在 19 世纪末提出的观点在半个世纪后才获得关注，他认为，"诉讼各方应当合作，以促成判决"，而不是在零和对决中歪曲事实和法律（引自 Van Rhee，2005，12）。20 世纪，随着家庭成员、合同各方和企业之间的冲突变得更加复杂，人口膨胀，法律法规数量增加，诉讼费用上升,对好讼行为的反对声浪日益高涨。

20世纪中叶,诉讼已经达到美国日常生活的饱和点,民事诉讼案件数量达到历史最高水平,法院超负荷运转。为缓解这一情况,采取的一个措施是让专业的法院管理人员协助法官制定日程表和管理案件流程(Hensler,2003,174);另一个措施则是继续依赖传统仲裁,这已经是美国法律体系代代相传的一个特点了。乔治·华盛顿本人在参加独立战争前就是仲裁员,事实证明仲裁比法院效率更高。美国律师协会为应对人们日益增长的好讼心起草了《联邦仲裁法》(Federal Arbitration Act)草案,1925年,美国国会通过该法,由此赋予了仲裁法律效力。强有力的仲裁体系为传统诉讼提供了成熟的替代方案。然而,它没有足够的灵活性来解决各种不同的争端,因此后续出现了其他一些冲突解决方式来解决这些争端。

在社会转型的20世纪60年代,社区和争议各方开始倾向于采用争端解决替代方式,包括调解。20世纪60年代末和70年代初的社区司法运动也越来越支持调解,因为参与者认为美国的诉讼制度过分保护精英阶层的利益,而忽视了社会经济弱势群体的需要。子女监护权的争议各方和离婚者逐渐认识到臃肿的民事诉讼体系过于僵化和敌对,无法根据家庭和个人纠纷的具体情况作出恰如其分的判决。企业也发现,调解在处理具体行业纠纷方面能够做得更好,调解的纠纷解决方式更符合日益快速发展的商业世界。对非诉争端解决方式(ADR)态度的转变是1962年至2002年间联邦民事案件审理数量下降84%的一个重要原因(Stipanowich,2010,4)。《非诉争端解决法》(Alternative

Dispute Resolution Act)的通过使得非诉争端解决方式在美国法律界的重要地位得到进一步确认。根据1998年颁布的法律,联邦法院应当提供"某种非诉争端解决方式",许多州法院也开始主动作出规定,提供非诉争端解决方式(Hensler,2003,167)。其他国家也纷纷效仿。例如,2001年,哥伦比亚政府规定,所有民事和商业纠纷在提交法院之前必须经过调解程序。

表3.1 从赤裸裸的斗争到协商解决冲突的演变

演变阶段	日本武术	欧美诉讼
1. 赤裸裸的肉搏	暴力搏斗	暴力搏斗
2. 遵守规则的肉搏	武士道搏斗:武术	比武审判
3. 受规制的言辞争论	—	民事诉讼
4. 冲突服从于社会目标	经社会改进后的武术形式:柔道	仲裁
5. 协商一致达成解决方案	通过非争斗性的互动来解决冲突:合气道	调解

事实上,正是这种文化上的转变为对抗性不那么强的争端解决方式创造了存在空间。也正是这一转变为武术中的合气道教学造就了火热的市场。在经济、政治和文化问题上,几十年来美国一直依赖对抗性的冲突解决方案,之后美国人开始渴望找到尊重自主性和共识的替代方案。

合气道的方法论

为了简要论述合气道方法论是如何用于解决社会冲突的,我在下面列出了一组大家认为会促进冲突发生和升级的因素,并探讨了合气道是如何应对每一个因素的。这绝不是一个穷尽的清单,深奥的大部头著作和成千上万的论文已经对冲突、恶化和暴力的一系列内部和系统变量进行了调查和研究。[5]我选择的那些变量描述了我在几十年教授《冲突理论和合气道》课程中认为特别恰当且与参与合气道练习相关的因素。[6]

表3.2 合气道减少冲突并促进相互尊重的要素

产生和加剧冲突的因素	合气道消除冲突因素的应对
攻击引发还击	化解攻击;避开攻击;重新界定攻击;允许攻击者发泄其精力
反应性加剧了战斗或逃跑反应	放松并气沉丹田
敌对情绪激化了斗争	常怀感激之情;理解他人,与他人沟通交流
自我没有安全感,不能忍受失败的羞辱	将挫折或"失败"当作成长的机会
之前冲突的记忆对回应的影响	专注当下意识
美化战争和大男子主义攻击性的象征	和平和人道主义的象征
无效的道德权威	建立受人尊重的权威
拉帮结派加剧了冲突	自省以消除争议

冲突的经典理论确定了社会互动中固有的、对当事人而言属于内在的许多因素:(1)生物-心理-社会文化上的攻击倾向;(2)情绪反应;(3)当事人之间的敌对情绪;(4)低自尊;(5)对之前冲突的记忆。社会科学还找到了社会和文化环境中的类似因素,包

括：(6)有关冲突和暴力的文化信仰；(7)抑制冲突的社会控制手段；(8)帮助当事人追求冲突的盟友的存在。

人类个性中的攻击性倾向源于一系列生化、心理、社会和文化因素的影响(Levine，2006a，2006b)。合气道论认为，人类会受到来自他人的攻击是一件理所当然的事。因此，作为一种促进和谐行动的武术，合气道诉诸的方法是使攻击不会招致反击，相反它教授人们如何去化解即将到来的攻击。事实上，化解他人的攻击，是合气道训练的核心。这涉及认知和触觉反应。一个重大的认知转变是把攻击者重新定义为训练伙伴，而不是敌人；把攻击本身重新定义为不是威胁，而仅仅是一种能量的冲击，甚至是一种"礼物"。五月女贡先生在许多研讨会上都说过，"当有人抓住你的手腕，这并不意味着战斗的开始，而是对话的开始。"这种重新定义可以扩展应用到认知运作上，即不再认为批评是一个人对他人看法的扭曲(Eidelson 和 Eidelson，2008)。

从肌肉的触觉上来说，化解攻击者的攻击，需要一系列的动作。这意味着通过移动避免攻击伤害到身体或被攻击者的感情，这就是所谓的"避开攻击"。与此同时，这意味着让攻击的能量充分表达自己，而不是"切断"攻击者的"气"。相反，它意味着与攻击者能量的结合，并以一种双方都不会受到伤害的方式将它导出。并且，它并不是要引导攻击者改变他们的招式，而是通过倾听他们，与他们保持一致，事实上甚至是关心他们，来达到这一目的。例如，如果有人向你出拳，你不阻挡或反击，而是巧妙地避开攻击，与攻击和谐相处，将攻击者的能量转向非暴力性的化解。

无论以何种方式来定义攻击者，还是会存在一个心理上的问题,即被攻击者在多大程度上准备好了去体验战斗或逃跑反应。经济学家肯尼思·博尔丁(Kenneth Boulding)在其关于冲突的经典著作中,创造了"反应系数"(coefficient of reactivity)一词,用来表示当事人一方对另一方的负面行为的反应程度,博尔丁将其描述为当事人的"敏感性"(touchiness)([1962]1988,25-7)。合气道非常重视学习如何对攻击进行反应而不是反击。这方面的训练包括学习如何通过连续不断的呼吸保持平静,放松肌肉组织,以及保持住"气沉丹田"———一种注意力集中在下腹部的状态。

另一个被博尔丁认定为导致冲突升级的因素是一方或双方最初表现出的敌意程度这一变量。显然,更容易滋生敌对情绪和采取敌对姿态的人很可能会煽动攻击并进行反击。合气道训练人们用许多方法来控制他们的敌对冲动。他们让自己习惯于经常表达感激之情。他们学会持续地关注自己的身体状况,检查自己的动机,以便压制激发攻击姿态的利己性冲动。

在一篇关于社区冲突的经典论文中,詹姆斯·S. 科尔曼(James S. Coleman)(1957)将冲突双方以前是否曾有过冲突作为其社会冲突原因清单上的第一项。对以前冲突的记忆可以很快地被唤醒,从而重新激活带有创伤记忆的神经元。合气道最大限度地减少这个因素影响的一个方法是训练人们活在当下,努力避免把先前的伤害或受伤的情绪带到当前的事务中。

除了相互影响的当事人之间自身具有的这些因素外,合气道练习中的其他要素则致力于用和谐来代替外部条件激发的冲突。比较文化研究表明,各国文化对冲突和暴力是持积极价值观还是消极价值观的差异很大(Fromm,1973)。合气道的意识形态强有力地让人们倾向于避开或消解攻击性文化倾向。合气道这个词包含了和谐与爱的元素。[7]它的创始人曾经说过,"我不是在教你如何移动你的脚,我是在教你如何移动你的脑袋,从思想上走向非暴力。"

合气道的通常训练方式包含了理论家们已经证明对冲突有抑制作用的各种要素。科尔曼(1957)指出,当对抗者共同效忠于某种在冲突之后出现的、使他们能够超越他们自身冲突的权威和/或象征,以及共同服从于第三方对他们互动的控制时,社会冲突更容易得到控制。合气道练习的开始和结尾总是伴随着向其创始人以及寓意和谐互动的日本汉字的礼节性鞠躬。在垫子上,当学生们的动作有任何一丝丝的攻击性时,教练就会不知疲倦地介入,对他们进行检查。但一些理论学家指出,队员们有通过招募体系中的其他人为盟友的方式使冲突升级的倾向(Kerr, 1988)。因此,武术馆礼仪要求搭档们自己解决自己的问题,且只有当他们无法以其他任何非引战性方式解决问题时才可以寻求帮助。

从各方面而言,合气道致力于减少(如果说不能消除的话)被认为会产生冲突性互动的各种因素,因此,合气道的练习者就顺利地用增进双方福祉和自主权这一理念取代了胜负的概念。

调解的方法论

尽管管理冲突的合气道方式是在不断地非战化武术招式的历史进程中形成的(从最残酷的战斗到先进的武器,再到无害行为的良性互动),但司法诉讼的历史表明,在经济和政治危机迫使其转向替代性争端解决办法之前,情况已经有了实质性的好转。社会学家格奥尔格·齐美尔是最早注意到以下现象的学者之一,即当个人之间的争议提交法院管辖时,他们在内容上毫不妥协,在执行上十分残酷。在一段值得大引特引的文字中,他写道:

> 在司法纠纷中……双方的诉求都是以纯粹的客观性和通过利用一切允许的手段来主张的,不受个人或任何其他无关因素的影响或减损。……在其他地方,即使是在最激烈的战斗中,一些主观的东西,一点点运气上的转变,或者来自第三方的一定干预至少是可能的。然而,在法律争议中,所有这类因素都被纯粹的客观事实排除在外,因此除了公平的战斗之外绝对没有其他事情会继续往下推进。在演进更为充分的社会中,法律诉讼的进行将使争议从所有无关的人身关系中完全解脱出来。当奥托大帝命令通过比武(格斗)审判来解决某一特定的法律争议时,只有最基本的方式——格斗和取胜的过程——才是整个利益冲突之外的东西。
>
> (Simmel,[1908]1992,305-6;笔者翻译)

本着这种精神,现代法律体系中的法学院训练律师处理冲突的方法是,通过一系列技能在策略上战胜对手,这些技能旨在说服陪审团或法官作出维护其自身利益的判决,而不是考虑争议双方的最佳利益,当然也不会考虑第三方和整个社会的最佳利益。丹尼尔·温斯坦(Daniel Weinstein)(2004)——他曾经是一名诉

讼律师和法官,后来成为一名专业的调解员——曾说过:

> 说服司法机关这一目标是通过一系列技巧的运用得以实现的,包括质询、取证和辩护,这些技巧旨在影响决策者而不是"对手"。其结果是以你赢了多少来衡量的,就像洛奇站在台阶上,举起双臂庆祝胜利。对于任何进入调解领域的诉讼律师来说,抛弃这种战斗者的行为是困难的,也非顺其自然可以达到的。通过强加给对方的判决获得胜利,是深深根植于我们体系的一部分,以至于为了吸引律师接受调解培训,我曾经不得不把我教过的一门课程的名称从"有效的调解辩护"改为"如何在调解中获胜",多么矛盾!

因此,和合气道练习者必须忘记所有与武士追求打败敌人有关的东西一样,那些真正想从事调解工作的律师也必须学习一套全新的、在法学院的课程中很少见到的技能。正如温斯坦所言:

> 当事人代理律师的调解技能与诉讼律师的技能有很大不同,后者并不能从法庭走向调解桌。用不会激怒对方的语言陈述自己的主张,同时又能涵盖当事人的重要利益,是一种需要学习才能掌握的技能,而非可以自动获得。将对手的恐惧、弱点和焦虑转化为自己的优势,让他们分享成果,从而创造双赢的解决方案,对战斗型诉讼律师来说,是一个全新的领域。

最初，调解技能和规范是由家庭咨询和冲突解决教育领域的从业人员编写的。但直到1981年《谈判力》(Getting to Yes)一书的出版才极大地推动了调解运动，这本书是哈佛大学谈判研究项目的成果(Fisher等，1991，第2版)。作者们建议采取的行为与齐美尔在论述法律冲突时阐述的律师的典型行为正好相反。他们提倡从完全排除个人情感和偏见的胜负心态转向彼此开诚布公、认可和理解彼此的情感、重视倾听彼此的意见。此外，要实事求是地评估参与者真正需要和真正想要的，以找到双方都能获益的解决方案，并就公平的标准和公平的程序达成一致。

20世纪80年代，越来越多的律师和法官为调解解决争议建言献策，形成了一套日益完善的思想和技能。在《调解：非诉讼冲突解决的综合指南》(*Mediation*：*A Comprehensive Guide to Resolving Conflicts Without Litigation*)一书中，福尔伯格和泰勒为我们简要介绍了这一领域的有关情况，非常实用。他们为调解下了一个简洁的定义：

> 暴力、自救或诉讼的替代措施，也不同于咨询、谈判和仲裁等程序。可以将其定义为，参与者在一位或多位中立人士的帮助下，有次序地把争议问题找出来，以便提供若干选项，对各种可选项进行考量，并经协商一致达成满足其需求的解决措施。调解强调参与者的自我担责，即对自己作出的影响自身生活的决定承担责任，因此，它是一种自我赋权的程序。
>
> (1984，7-8)

该书提供了有关调解过程各阶段的资料,相关技能,冲突调解的不同方式,调解作为一种职业所涉及的教育、道德伦理及实务内容,以及大量的参考书目。[8]

尽管相对来说,法学院将调解纳入争端解决方法的进程较慢,但自2000年以来,它们已经加快了步伐。目前,许多学校都引进了有关调解的课程,甚至是项目。现在几乎所有的美国法学院都开设了调解课程;事实上,许多法学院都开展了一系列有关调解的课程项目、学习班项目和证书性项目。在这一过程中,大量的传统法学教材开始补充增加了有关合同、侵权和审判实践领域内进行调解的一些内容。

如果有人比照前文合气道部分的列表格式为调解员起草一份训练要点,它可能就是表3.3这样的。

表3.3 基于相互尊重促进达成协议的调解的要素

加剧好讼风气的因素	调解者抵消该因素的应对
刺激性的攻击	律师和当事人不得相互攻击
反应性	维持冷静和友好的氛围
敌对情绪	发现一致点并在此基础上开展工作
自我没有安全感	对开放心态和创新意愿大加赞赏
之前的冲突历史	关注当下需求和未来目标
支持冲突的意识形态	呼吁和谐的普遍价值观
不存在超越参与者的控制	调解者负责控制冲突的升级,提出权威性的共同价值观
存在结盟者	将同盟者视为顺利完成调解进程的其他人

相互的关联性

在一个竞争性个人主义风气盛行的社会和时代——商业世界主宰着公众的想象力并以竞技运动的形象及其激励予以滋养,美国梦是由个人的"不断前行"构成的,对英雄的赞美也是根据他们是如何取得胜利和面对失败的——合气道和调解代表着前沿的反主流文化的行动,其主旨包括双赢的结果、利己的抑制、坦诚的交流、学会信任和建立共识。这就是我们所看到的,尽管它们都脱胎于传统,脱胎于几个世纪以来都充斥着殊死搏斗影响的传统,但它们的核心已经发生了改变。

因为这些做法具有当代价值,弄明白它们能以何种方式相互巩固,以及它们如何相互加强和促进可能会有所帮助。两者都融入了一些其他的以非对抗姿态的做法明确替代好斗性程序的方式。它们包括伴侣疗法、非暴力沟通(Rosenberg,2005a)、大量的替代性争端解决策略,以及原则性谈判(Fisher等,1991)。

合气道对调解的帮助

合气道练习似乎与调解员发挥作用的所有三个方面都有关:
1. 调解员对争议当事人及其律师的行为的影响;
2. 调解员对调解活动的互动情境的影响;
3. 调解员自身的性格因素。

合气道和诉讼律师

调解过程所需要的与受过传统训练的律师及其客户所愿意做的恰恰相反。一位经验丰富的调解员,安东尼奥·皮耶萨(Antonio Piazza)(2004)曾经说过:

> 诉讼律师倾向于将自己看作战士。通常他们一进入调解就强硬地告诉对方:你们(a)就是错了;(b)可能太愚蠢而不知道自己错了;(c)很可能太见利忘义而不在乎自己错没错;(d)如果你们不和解,将会在法庭上输得一败涂地。

尽管有关参与者都明白,调解的目标是达成双方自愿签署的和解协议,但这种适得其反的处置方式是基于攻击性的本能与推崇攻击和大男子主义态度的文化的"自然"反应。

合气道式的解决方法并不是改变别人的行为,而是改变自己。这首先要从调解员做起。也就是说,调解员要抛弃通常所采用的方法,即运用技巧引导或教导他人的沟通不要那么具有攻击性或防备性,调解员首先要自己去敞开心扉地进行非命令式的、非控制式的沟通。因此,皮耶萨说道:

> 对调解员来说,调解的过程不是置身争议之外并适用熟练的技能,而是全心全意地参与到争议中,但同时并不将其他潜在的个人偏见(及其伴随的恐惧和欲望)带入已经发生改变的现状中。举个例子:调解理论可能会告诉你,让带着

情绪的争议者发泄他们的情感以及倾听他们的经历是非常重要的。但是如果"主动的倾听"是作为一种排除障碍的技能来实施的话,那么争议者的感官体验很可能是"有人在控制我",其概率与"有人在倾听我"的概率一样大。神奇的是,合气道则会让你的行动填补你和正准备马上发表攻击性言论的争议者之间的距离,填补得是如此彻底以至于他永远不会开始攻击。虽然这听起来很冷酷,但感官体验却是富有温情的。这之间的差别在于,你是在"训练"与你互动的人,还是向与你互动的人敞开心扉。

合气道和互动情景

练习合气道的人走进武术馆,带着生活的压力、挫折、气恼和不平。他们应该把这些东西留在门口,就像埃塞俄比亚人按照传统在进入教堂或清真寺前把武器留在门口一样。他们在进入武术馆前、开始和结束训练时鞠躬,这是练习者都履行的程序。因此,大家都很清楚练习者在武术馆应如何表现。

对调解人来说,让大家注重协商的环境仪式感可能会有效。另一个建议是事先分发一份在调解过程中应注意的礼仪要点表,就像许多合气道组织向新来者分发武术馆礼仪的信息资料。合气道练习者从表达感激中体验到的情感力量可以时不时发挥作用。同样重要的是,提醒参与者不断重新定义其工作环境:从战斗情势到有机会在解决问题的对话中成为更自由和更有创造力的伙伴。一位经验丰富的调解员最近提出一种观点,通过更主动地参与调解的预备性基础工作和在调解结束时以感恩的话感谢双方协商一致取得的成果，可以推进调解的进程。合气道则是通过身体动作上每次练习前的集中注意力，以及练习开始和结束时的鞠躬感谢来达成这一目标。

合气道和调解员的性格

熟练的合气道练习者可能比调解员本人更了解其处境，因为他们被训练得在面对一大群围着他们转的攻击者时可以专注在自己的身体和情感作出的反应上。在这一点上，经验丰富的合气道练习者暨调解员史蒂芬·科特夫（Stephen Kotev）（2001）认为，调解从业人员的培训方面存在严重差距：

> 作为调解员和冲突解决者，我们的身体教育被忽视了。调解员开始意识到他们的肢体语言传达的信息往往比他们认为的更多。一个紧绷的下巴、一个愤怒的眼神，可以说出比你意图传达的更多的东西。你的压力可能会导致你说一些或做一些你以后会后悔的事情。如果能够注意到你身体的哪部分感受到压力并且能够将其释放出来，不是很好吗？如果我们能在用语言表达的同时用姿态表达我们的中立态度，不是很好吗？了解你的身体将帮助你成为一个能起更大作用的冲突解决者。

调解员需要保持中立，这需要情感的发展达到一定境界，这是不容易实现的。合气道提供了各种各样的技巧和训练以帮助达到"气沉丹田"的状态，在这种状态下，潜意识里好讼背景下的紧张推力和拉力可以被巧劲化解。事实上,学习在压力下集中注意力,是合气道训练的核心部分。注意力集中可以提高人们感知和理解紧张局势并在困境中找到突破口和解决方法的能力。除此之外,当调解员展现出一种开放式的和充满爱的积极状态,让诉讼参与人能够接触到并照着做时,调解人的工作效果会达到最佳。一个与之特别相关的训练是自由对摔练习,在这种训练中,被一群攻击者包围着的人有意识地进行不断的移动,以便有效地应对他们。

调解可以如何丰富合气道的练习?

这一问题把我们带入了一个十分陌生的领域。我最多能做的就是提出若干建议。首先,调解员的工作让大家更多地意识到了,在抵消攻击性和协调能量中涉及的人际动力,尤其是那些像家庭或伴侣治疗师一类的调解员,他们主要关注的是作为他们工作对象的当事人的情感状况。

其次,是将合气道练习者的注意力转移到三方互动的整个领域。几乎所有的合气道训练都是关于当一方被另一方攻击时该怎么做的。到目前为止,合气道的练习除了作用于每个个体对负面情绪的潜在反应之外,在展示如何停止争斗、如何将他人之间的争斗转化为对话,以及如何获得和平等方面几乎没有任何作为。在当今世界,这是不够的。

所有上述分析都让我们意识到,我们在这些新的交流方式上仍然是初学者。我们仍需拭目以待——这一提议值得考虑——

如果让一些调解员和合气道练习者聚在一起,互相分享他们已经开展的活动,这会让他们对各自的行业产生什么样的新的理解和看法呢?我希望这些想法可以激发其他人将这一对话继续进行下去。

4
文明、冲突与和谐

已故的塞缪尔·亨廷顿(Samuel Huntington)于1993年提出一种观点,认为20世纪后期的两极化世界必将被不同文明之间的冲突所取代。这一警告让许多社会科学家们感到惊讶。因为在20世纪90年代早期,学界的观点仍然受到苏联解体的影响,它传递的认知是自由民主和资本主义背后存在的世界共识使得未来不会有意识形态方面的冲突。许多历史文化不同的社会最终会融合为一个共同的现代社会这一观点——这是社会学在最初两个世纪所坚守的主要信条——似乎得到了确认。

什穆埃尔·N. 艾森斯塔特(Shmuel N. Eisenstadt)在那些长期挑战融合理论的人中占有显著地位。他著名的"多元现代性"(muttiple modernities)(Eisenstadt,2003)概念似乎指向了一个总体文化差异将持续存在的未来世界,如果说这个未来世界与现在有什么不同的话,就是在未来这种冲突会变得剧烈。因此,他的判断可以被看作一种先验,其提出的主张与亨廷顿文章的主要观点相一致。然而,本文将论证,鉴于艾森斯塔特支持另外两种观点——

历史文明的复杂性和对话的潜力——这一看法必须受到质疑。

自20世纪90年代初以来的全球发展,可以说证实了亨廷顿的主张。关于这一主张的粗略体现,我们可以看看约翰·J.米尔斯海默(John J. Mearsheimer)最近所作的总结:冷战结束后的最初几年,许多美国人对国际政治的未来表现出极大的乐观;但自1989年以来,美国每三年就有两年处于战争状态,这一数字是非常令人震惊的,而且看不到任何结束的迹象,公众心境已经转变为痛苦的悲观情绪(Mearsheimer,2011)。可以肯定的是,从冷战后国际冲突频繁发生的事实到文明冲突论的观点,是一个巨大的飞跃。当代社会之间的斗争源于许多方面:对日益稀缺的资源,如土地、能源和水资源的日益激烈的竞争;对政治控制和经济霸权的争取;以及对经济不安全和快速社会变革的敌意反应。对这些冲突的管理在很大程度上取决于政治家的克制、政治利益相关各方之间的谈判及其追随者的态度。

即便如此,这些争议因素的存在并不能排除更深层次上的文明冲突论。这一重要主张应该得到与其自身理论深度相匹配的宣讲。

亨廷顿文明冲突论的依据

亨廷顿文明冲突论认为,不同文明的标志是各自的核心象征统一体,而这些核心象征统一体终将面临不可调和的矛盾。这种观点有以下三个方面的事实依据:

第一,自从威廉·格雷厄姆·萨姆纳([1907]2002)创造了

"种族中心主义"(ethnocentrism)这个词以来,社会科学家们已经证实所有的人类群体都表现出了"种族中心主义"。它的典型症状是对群体自身美德的夸大;对他人的贬低;群体内部成员之间形成秩序、法律和产业关系;以及对外群体的掠夺关系。与之相联系的是夸大内群体和外群体之间差异的倾向。这种模式的普遍性可以部分归因于它同时满足了人类的两种最强大的需求:对抱团的需求和对差异化的需求。[1]

第二,正如对这个问题的系统性研究所显示的,一个社会越复杂,技术越进步,其民族中心主义的程度可能就越强(Levine 和 Campbell,1972)。

第三,种族中心主义理念在与强烈的文化使命相互交织时变得更加坚定。其中一些使命是由精英们定义的,他们为重建世事关系提出了超然性理想,关于这些理想的详细阐述可以在对轴心文明的论述中找到(Eisenstadt,2003,Ⅰ,chaps. 1, 7)。

因此,伟大的文明往往会通过各种被吹捧的种族中心主义行为,包括征服、改变和同化其他文明,来保卫和扩展它们自己的领域。例如,在希腊-罗马文明中,古希腊人故意贬低那些不懂希腊语言和文明的外来者,认为他们是失礼和粗鲁的。将他们称为"野蛮人"(barbaroi)有助于鼓励希腊人去征服、奴役和殖民那些在文化上被认为是低等的人。这种自负一直延续到罗马时代,罗马公民通过强迫外来人民使用拉丁语和接受他们的宗教信仰来正当化他们对"外国人"(barbari)实施的大范围的征服行为。就欧洲文明而言,这种模式带来的结果就是文明殖民,借此意大利的飞机向手持长矛的赤脚阿比西尼亚农民喷洒毒气,纳粹军队试图在整个欧洲传播他们德国文化高人一等的理念。希腊人/野蛮人的这种划分模式也存在于其他主要文明中。因此,它的无所不在为文明冲突论的合理性提供了基础。

除了古希腊人所作的希腊人与野蛮人的区分外,与伟大的文明联系在一起的歧视性区分还包括印度教教徒/蔑戾车、犹太人("上帝的选民")/异邦人、基督教/异教徒、乌玛/托钵僧,以及日本人/外国人的划分。每一种对立的划分都源于各自文明中的某些核心价值观,这些价值观所带来的评判标准正是用来正当化那些即便不是对他人的攻击也是对他人的贬损的行为。事实上,如果那些价值观代表了自认为比其文明中所有的信仰和规范都高人一等的霸权理念,那么确实存在为亨廷顿的世界观提供理论支持的依据。

对亨廷顿文明冲突论的质疑

然而,当亨廷顿文明冲突论的两个关键点都受到质疑时,它就很容易被推翻。第一,所有的文明被看作整体性的构成,围绕着各种活跃的信仰和价值观的一贯核心而组建。第二,严重分歧倾向于以斗争的方式进行公开表达,这才是最有可能的互动形式。这两点都经不住批判性的考察,但很少有思想家拥有像艾森斯塔特那样的博学和想象力,为那些批判提供如此多的实质内容。

第一个提出批判的是爱德华·萨义德(Edward Said)(2001),他不认可亨廷顿将文明看作关闭的、封闭的实体的观点,因为它否定了推动人类历史发展的无数潮流和反潮流,而正是这些潮流和反潮流使得几个世纪以来人类历史不仅发生了宗教和帝国主义征服所引发的战争,而且也同样存在交流、相互促进和分享。

在阐明所有文明的巨大复杂性上,尤其是发现体制结构和文化情结内部及其相互之间的紧张关系上,很少有学者能像艾森斯塔特做得那么好。根据他的理论,每个文明都发展出了内部相互矛盾的分支。尽管每个文明都包含一个核心价值(而正是这一核心价值观将某类值得尊敬的人与诋毁他人的人区分开来),但它也都包含有利于更具包容性发展的元素。所有文明中都存在那些有助于对陌生人热情好客的习俗。它们蕴含可以用来鼓励包容多样性的元素,它们蕴含培育理解和同情的教义。这些是种子,可以成长为人际对话所需的资源。人际对话是一种开放交流的形式,可以激发各种减少当代文明之间冲突的方法。事实上,艾森斯塔特在去世前不久的一次访谈中强调,他相信所有文明都包含普遍主义元素(Weil, 2010)。

第二点被批判的是该理论中暗含的有关于整个人类好斗性的观点。解决分歧最可能采用的互动形式是斗争这一理念受到了质疑。可以肯定的是,由康拉德·劳伦兹、尼可拉斯·廷伯根、理查德·兰厄姆和戴尔·彼得森博士等生物学家们所做的许多研究,都证实了人类天生具有攻击性的观点;一些思想家也将这一引战性原则视为合理的人类本相。然而,越来越多的神经生理学研究却表明,人类本质上是由社区和社会和谐的需求所驱动——这些主张与就开放式沟通和协商一致的价值进行哲学争论的悠久传统是一致的。这直接催生了哈贝马斯式框架,该框架规定了理想的谈话条件,在这种条件下,可以期待有关各方最终取得共识。

与将开放式沟通视为互相攻击或协商一致的理念相反,对话指的是一种双方轮流带着尊重倾听并真诚地回应彼此表达的话语。实际上,前述提到的人类倾向,即对抱团和差异化的需求,也证明了人类对对话的追求。用对话倡导者马丁·布伯的话来说,这暗示着"对相异性的接受"(1992,65)。对抱团和差异化的同时渴求构成了布伯对自己在柏林的老师格奥尔格·齐美尔的社会心理学分析的中心主题。

艾森斯塔特是从他在希伯来大学的教授布伯处借来的那些书中开始学习社会学的,这是比较特殊的情况,也正是因为如此,他很早就熟悉了对话的理念。事实上,在后来的自传体式的反思中,他承认了布伯的学说对他有深刻影响,并且他为"社会学遗产"丛书编辑了一本布伯的著作。更重要的是,在写作《社会学传统的愿景》的过程中,我逐渐意识到艾森斯塔特在《社会学形式:范式和危机》(*The Form of Sociology: Paradigms and Crises*)中的叙事并不像我之前认为的那样是严格意义上的多元化,而是采取了对话叙事的形式:它将社会学的不同方法视为偶尔为彼此提供对话的开端,这一理解在与艾森斯塔特的一次个人交流中得到他的亲口证实(Levine, 1995, 96)。

从文明的冲突到文明的连接：以古希腊-罗马为例

如果我们将艾森斯塔特对对话原则的推崇与他对文明比较研究的热情结合起来，我们可能会要问：每一个根植于完全排他原则之上的历史文明如何能够发展到它们中的一些要素可以用来支持对话原则的程度？换言之，世界上的每一个主要文明是如何能够产生如下发展的：激活真正的传统象征，以此提高开放性和包容性的水平？

为了说明我头脑中所想的转变模式，让我从希腊-罗马文明的进程这一典型例子开始。自然本性（天性）的概念构成了希腊-罗马世界观的中心理念。这个概念定义了天性，其不是在后牛顿意义上的、引导世界的内在力量，而是指物质宇宙中事物的本质。古希腊哲学家从无机体和有机体的性质的问题转移到可以作为伦理学基础的天性的概念。柏拉图和亚里士多德的著作为以寻找天性中的善（与仅仅是传统或习俗中的善不同）取代传统的道德观念打下了基础(Levine, 1995)。

然而，与此同时，天性的概念又为将人划分为三六九等提供了依据，因为上天赋予了人们不同的特征。这种不同被用来强化希腊人/野蛮人的区分，因为所有的野蛮人都被当作天生的奴隶。在《政治学》一书中，亚里士多德引用了诗人们的一句话："希腊人统治野蛮人是合适的"，并评论道："这种观点是认为野蛮人就是天生的奴隶"(1984, Book 1, chaps. 2, 36)。

然而，在其他古希腊思想家的头脑中，天性的概念是通过将整个世界设想为一个单一的城邦从而被用来克服这种政治对立的。例如,犬儒学派的第欧根尼提出了世界国(国际都市)理论,在世界国内,所有人都是公民。这成为斯多葛学派的中心学说,其基本观点为,所有人天生都拥有同样的"神圣火花"(apospasma)。因此,斯多葛哲学弱化了之前基于种族、阶级和性别的区分。这些思想被爱比克泰德(Epictetus)和马卡斯·奥里欧斯(Marcus Aurelius)等罗马人发扬光大,他们进一步发展了人文主义的世界主义学说。他们的观点借鉴了希腊-罗马文明中最核心的对于天性的理想化表达,以阐述共同的人类天性这一理念,以此超越文明/野蛮二分法的支持者所提倡的对外来者的贬损态度。

印度和日本

在印度文明中,纯洁的概念是作为一个象征(信条)主题的中心出现的。没有任何杂质,也没有物质的肮脏来玷污灵魂,纯洁是与人类在看到和显现神性后即可被净化的信仰联系在一起的。根据这种本体论,印度教根据人们的纯洁/不纯的程度将他们分成不同的类别(种姓)。历史上,第一个被归类的群体是婆罗门。虽然婆罗门的地位是基于出身,但要成为一个完全合格的婆罗门,还必须学习吠陀经文,学习特定的仪式习俗,并获得圣线。他应该教人识字、履行祭司的职责和实施一些咒法,靠献礼养活自己,而不是靠挣工资。婆罗门应当在以下几个方面表现出基于纯洁的美德,包括身体的纯洁、思想的纯洁、心灵的纯洁以及避免接触不纯洁的物和人。

致力于对纯洁的追求产生了大家都知道的排他性和破坏性后果,包括内部后果和外部后果。在印度社会中,还有一类人是被称为不可接触者的一群人。这些人被认为是不纯洁且不可救药的,因此不享有拥有土地和举行某些仪式的权利。此外,印度教教义认为,那些不遵守其宗教传统的人也是不纯的。不尊重吠陀仪式和不得杀害特定动物的禁令的群体被称为蔑戾车或外来者,这个词语通常意味着不纯。蔑戾车和不可接触者经常被认为属于类似或统一的类别。因此,对穆斯林的敌意,在意识形态的一定程度上,是基于他们被认为是不纯的。

另一方面,印度文化的高度异质性,以及强制信教政治压力的缺失和印度教文化中主张的平等主义,是印度文化具有广为人知的融合的特点以及宗教战争的显著缺失的原因(Eisenstadt,1996,410)。在这样的背景下,莫罕达斯·甘地持有极端平均主义和包容性的立场,投身于克服那些著名的针锋相对的仇恨。他奋力为不可接触者争取平等的权利,甚至为他们改名为哈里真人,即"神的子民"。他还一直致力于促进印度教教众和穆斯林之间的团结,致力于推广所有印度国民在同一个公民社会中共同生活的理念。他试图阻止印度独立后一个单独的伊斯兰国家随之创立,但穆罕默德·阿里·真纳(Muhammed Ali Jinnah)领导下的伊斯兰联盟还是建立了一个"纯洁的国家"巴基斯坦。

甘地通过对印度传统其他方面的借鉴创造了让印度教教徒超越根深蒂固的文化信念所带来的顽固仇恨的方式。他通过寻求诸如非暴力(取自耆那教传统)和追求真理这样的经典信条的帮助来达到这一目的。最重要的是,甘地在他所称的寻求真理的过程中找到了纯洁。他绝对排除了暴力的使用,理由是这阻碍了对真理的追求,因为没有人能够掌握全部的真理。在甘地的理论中,利用非暴力不合作运动来克服不公正,需要相当的训练和信心。训练包括通过定期冥想来理解和控制自己不纯洁的思想,因为非暴力不合作运动需要这种思想上的纯洁去改变对手的思想。

在甘地改变印度观念的同一时间前后,日本也出现了类似的突破,致力于重新定位日本武士文化的继承者。对于日本文明来说,这里要考虑的核心信条是诚。诚通常被误译为"真诚",实际上,它表示一种性格,以绝对的忠诚履行自己的社会义务,同时压制个人的功利性目标。诚被认为是日本英雄的最高美德,它意味着无论在什么情况下都能采取冷静的行动。[2] 尽管诚的重点在不同的历史时期有所不同,但一个永恒的主题是为了他人的福祉而以谦逊的方式行事的性格。

艾森斯塔特(1996)明确指出,日本文明的终极目标不在于某种超然的引领世俗行为的价值观,而在于这个世界的权威人物,诚的行动是代表他们而实施的。从中世纪开始,武士们就被期待言行如一地展示这种风范。武士传统服装是一种类似裙子的裤子,叫作剑道袴,它上面的七片裙摆寓意了诚的组成要素:忠诚、荣誉、尊重、热爱和真诚(信)。日本社会弥漫着武士精神,经济企业家甚至以有利于日本经济现代化的方式重新定义了武士的概念(Bellah,1957)。这种精神在明治维新之后,被政治现代化主义者进一步利用,他们将其引导为对天皇(日本国的象征)的狂热忠诚。

众所周知,这种象征主义把日本推向了向外毁灭的方向:它助长了训练有素的武术家们之间频繁的暴力斗争,并最终造就了帝国主义野心,导致日本开启了裕仁天皇治下的残酷征服之路。

然而,同样是那些助长了暴力的武士精神,却将日本传统武术转向了相反的方向。这种转变是从教育家嘉纳治五郎开始的,他将传统的柔术(可致命的空手搏斗)教学改造成仅用来培养性格的柔道练习。这导致了植芝盛平的合气道理论的产生,他重新定位了武术训练,将其从竞争性的各种形式的搏斗转变为旨在产生尊重所有生命的态度及作为"全人类走向和平与和谐的桥梁"的练习(Ueshiba,1984,120)。植芝盛平未能说服日本军国主义者停止对美国发动战争,正如甘地未能阻止印巴的分治一样。尽管如此,正如甘地的理念在南非和印度激励了后来的政治领导者,比如马丁·路德·金和纳尔逊·曼德拉(Nelson Mandela),使他们以尊重的、非暴力的方式与政治对手相处,植芝盛平的理念,通过他创立的合气道,激励了全世界数以百万计的人去接纳促进不同文明间对话的方式。

亚伯拉罕文明

基督教建立在博爱的理想之上。通过希腊语"agape"这个词,耶稣的教义倡导无私和仁慈关爱他人的美德。其教义的普及性,在传道皈依者保罗的话中得到了经典的表述,他自己也受到了斯多葛学说的影响,他宣称:"你们不分犹太人或希腊人、奴隶或自由人、男人或女人,凡跟基督耶稣联合的,就都是一体的了。"(《加拉太书》,3:28)在一个又一个社会中,这些教义抑制了暴力,提升了慷慨的精神。

另一方面,从康斯坦丁开始,基督徒残害了大量来自其他文化的人,包括数以百万计的美洲原住民、非洲人和澳大利亚原住民,更不用说来自他们自己的成员中的大量异教徒和"巫师们"了。西方基督教创造了一种坚固的反犹太主义模式,正如已故教皇约翰·保罗二世的声明中所承认的那样,这一模式在摧毁欧洲大陆的犹太人文明中发挥了重要作用。虽然基督徒时不时会支持对耶稣精神和早期基督教信仰的回归,但他们几乎没有人在事情发生的当下明确地提出用基督教的基本论述来反对针对犹太人发起的迫害的浪潮(Carroll,2001)。

一个都没有,直到牧师迪特里希·朋霍费尔(Dietrich Bonhoeffer)的出现。他于20世纪30年代初在纽约联合神学院(Union Theological Seminary)攻读博士后的一年时间里帮助过哈勒姆(Harlem)的阿比西尼亚浸礼会,受其社会积极行动主义的启发,他回到德国,与马丁·尼莫拉(Martin Niemoeller)一起投入认信教会的事业中,这是新教徒抵抗纳粹的中心。1935年,他负责指挥认信教会其中一个地下神学院。纳粹关闭神学院后,他继续从事帮助犹太人逃脱的地下活动,并参与了刺杀希特勒的计划。他在抵抗纳粹运动过程中制定的神学和伦理声明,成为基督徒一个新类型的基准。为了证明牧师对纳粹的压迫进行的勇敢干预是正当的,他在一个不讲道德的世界里为政治积极行动主义找到了理由,这个理由是基于"责任的冒险"这一理念的:"做坏了事总比做坏事好",他是这样认为的。他的神学创造力被描述为塑造了一种"在及龄的世界里对《圣经》概念进行无宗教的解释"

(Bonhoeffer，1963，5)。由此，朋霍费尔为更具包容性的和解铺平了道路，许多德国基督徒从战争开始就表现出这种和解倾向，因此他被认为是领导未来几代基督徒的关键神学家。

对于伊斯兰教来说，核心的象征性概念显然是 Islam，即"顺从"。这意味着一种谦卑地接受神的律法，并在外在行动上予以遵守的姿态。这个词来源于阿拉伯语的 'aslama，意思是投降或听任，而 'aslama 又来源于古叙利亚语的 'âslem，意思是讲和。伊斯兰传统聚焦于《古兰经》中规定的、由穆斯林神职人员颁布的一系列律法，这些律法涵盖了从家庭关系、民事协议到刑事规范的方方面面。

在使得穆斯林服从的那些理念中，没有什么比追随"圣战"的命令更具有推动力了。这个词在伊斯兰文明中获得了各种不同的含义，没有什么比这更能证明文明走向不同方向的能力了。一方面，"圣战"是指对不信教者的攻击，通过合法的、强制性的和集体的努力来扩张穆斯林统治的领土。另一方面，"圣战"被解释为提高个人道德，也就是更加遵守伊斯兰教法而付出的努力。因此，用与植芝盛平对其武术形式的表述相类似的语言来说就是，没有敌人，最大的胜利就是战胜自己。11世纪的神学家艾布-哈米德·安萨里（Abu Hamid al-Ghazali）主张，灵魂是与人们作斗争的敌人，必须与它作斗争，这种对灵魂的"圣战"是"更伟大的'圣战'"（1995，56）。

从这个词语的后一种含义上来说，它超越了战胜卑劣的本能，延伸到了为社会正义而斗争。如此理解的话，它可以被看作一个命令，要求与所有人和平共处，与所有具有各种信仰的人合作,以寻求社会改革。这一关于"圣战"的立场,已经被几乎所有的苏菲派神学家所接受。这与伊斯兰教没有任何享有特殊恩宠的重点族群是相一致的,除了阿拉伯语享有神圣的语言的地位(Eisenstadt,1992,41)。事实上,直到最近,在许多当代社会,包括埃塞俄比亚和印度,公开展示穆斯林和其他宗教团体之间的团结友好都是常态。

对于犹太文明来说,一个核心的象征性概念是"誓约"(berith)。这指的是《圣经》中对上帝和犹太人之间订立的誓约的记载:上帝为以色列人民提供庇护,犹太人忠诚于上帝并服从上帝的道德指令。因此,按照艾森斯塔特所作的深刻描述,犹太文明的一个核心特征,就是与神(更高力量)的半契约关系,而在其他轴心文明中超然象征享有的是绝对地位。

随着时间的推移,就像《圣经》里所讲述的,上帝的应许内容也在改变。对亚伯拉罕来说,它与以色列地有关。对大卫来说,它与使血统的政权合法化有关。但是犹太文明神圣誓约的核心,记录在《出埃及记》的中心章节中:上帝承诺将犹太人视为上帝的选民,犹太人遵守章节中所列举的所有戒律。

"上帝的选民"这一特质建立了一种容易不断引起反感的与其他人的对比,对其他人的称呼在后来也成为依地语中的一个贬义的词汇,即"外邦人"(goyyim)。这种两分法并没有带来征占或侵略,虽然公元6世纪阿拉伯半岛南部的国王祖努瓦斯(Dhu Nuwaas)皈依犹太教后开始迫害基督徒(从而导致阿克苏姆的埃塞俄比亚基督徒皇帝派遣军队越过红海将他推翻)。然而,这种对于"天选"的自傲有时会导致对外来者的傲慢态度,贬低他们的价值。

另一方面,"天选"二字所明显包含的意思,正如《出埃及记》第19—24章中所记载的,表明了犹太人对一整套行为准则的遵守,这套行为准则规定了与各种各样的人相处时所要遵守的道德行为。其中最重要的就是关心陌生人这一戒条。无论在亚伯拉罕之约或之后的大卫王之约中,誓约是因什么恰好的、崇拜的或特殊恩宠的理由而订立的,这些在犹太教历史上都远不如道德准则重要。犹太教历史本身就是这种核心象征主义的重要组成部分。犹太文明的中心文本采取了历史叙事的形式,而不是直接列出一长串绝对指令或神话故事。它在历史进程中逐步远离原始的膜拜仪式并走向普及性的道德层面。这种转变本身就是神圣经文中关注的主题,就像上帝责备那些仅仅是遵循禁食的古老仪式规定的人,他们只是低下头,在身下铺上粗麻布并撒上灰烬:"这不是我所拣选的禁食?要松开邪恶的绳,卸下沉重的负担,使被欺压的得自由吗?"(《以赛亚书》,58:6)

即便如此,特殊恩宠论从未被完全超越;人民和土地永远受到赞美。当大回归的时刻到来时,有人用最早的誓约条款将其神圣化。对他们来说,重新占用古老的土地,就等于重拾最早的契约。对有些人而言,这将促使他们致力于收回领土,在要害的、有争议的地区建立定居点,这对与他们共享这片土地的人们来说,是一种持续的挑衅。

对未来的挑战

如果那些坚持"圣战"攻击性一面的穆斯林继续壮大,那么下一代可能会发生某种文明冲突。犹太人也在延续文明排他主义者间的冲突中起到了一定的作用,他们中的一些狂热分子利用古老的《圣经》象征来正当化对约旦河西岸的这种占领行为。

表4.1 部分文明中的排他性和包容性概念

文明	关键理念	良性结果	排斥性框架	扩展的包容性概念	代表人物/创始人
希腊-罗马	自然	理性伦理	文明/野蛮	世界大同主义	斯多葛学派
印度	纯洁	婆罗门获得道德领导地位	纯洁/不纯	非暴力不合作	甘地
日本	诚	社会秩序快速现代化	日本人/外国人	合气道	植芝盛平
西方基督教	无私的爱	家庭和睦	信徒/异教徒	认信教会	尼莫拉和朋霍费尔
伊斯兰教	服从	家庭和睦	乌玛/托钵僧	和平"圣战"?	拜德沙·汗
犹太	契约	道德法规的出台	犹太人/外邦人	神圣土地上的共居者?	布伯

然而,指出这些特别的担忧并不是要把原教旨主义的危险限定在那些有明确或传统宗教信仰的人身上。在20世纪的整个过程中,非宗教的原教旨主义(例如各种民族主义,甚至最近美国对中东地区国家建设的军事关注)与任何宗教中的极端分子群体至少一样暴力和排他。因此,考虑到传统宗教在美国和欧洲的持续衰落,我们应该预料到,新型的极端主义和原教旨主义也可能会出现在非宗教的意识形态中。

这些象征可以被重塑的一种方式,就是出现一个有领导力的领袖或团体,他/它本身富含传统象征意义,将伊斯兰教与其最深的根源联系在一起，以走向包容性准则。在伊斯兰传统中，汗·阿卜杜尔·加法尔·汗（Khan Abdul Ghaffar Khan）（1890—1988）——又名拜德沙·汗——一名来自阿富汗的帕坦（普什图）穆斯林，展示了"圣战"向非暴力、包容性方向转变的可能性。拜德沙·汗将伊斯兰教定义为一种信仰，信仰每个人都有能力对心灵法则作出回应以及爱拥有改变人间事的力量。以此为本，拜德沙·汗组建了一支大约10万名帕坦战士组成的"非暴力"军队，并与甘地密切合作，使用非暴力手段来促进社会正义和独立（Easwaran, 1999）。本着同样的精神，当代伊斯兰教发言人发表了反对伊斯兰教恐怖主义的强烈声明，例如阿卜杜勒-哈基姆·穆拉德（Abdal-Hakim Murad）认为夺取无辜平民的生命在逊尼派伊斯兰教中是不可想象的；哈姆扎·尤瑟夫（Hamza Yusuf），一位受欢迎的美国穆斯林发言人，公开表明穆斯林的"真正'圣战'"就是要消除伊斯兰教中的恐怖分子。

和伊斯兰教一样，犹太教也非常有可能推翻这种排外性主张。最近，艾伦·利希滕斯坦（Aaron Lichtenstein）在《诺亚七律》（*The Seven Laws of Noah*）（1981）中引用了《塔木德经》中的传统，以主张对诺亚法的遵守就足以将非犹太人纳入神灵认可的共同体。约瑟夫·阿比利尔等人以极有说服力的语言公开表达了非暴力的、普遍主义的立场，犹太人和平运动（Oz ve Shalom）等组织的参与者也是如此。世界上很大一部分犹太人认为，要用《出埃及记》的道德誓约去取代亚伯拉罕之约中的领土誓约。

要开展这些新的事业并不需要一个白手起家的纯粹主义者。所需的有领导力的创新者完全可以具有传统背景，就像我上面描述的例子一样。甘地最初是一个精英主义者,他和南非白人一样蔑视黑人。植芝盛平1904年正自豪地在日本军队服役,1941年前都在为日本军事学院训练军官。尼莫拉,"一战"时期担任潜艇指挥官,支持国家社会主义党直到1933年该党上台执政。朋霍费尔起初是一个传统型的德国人,拒绝在1930年为他的兄弟和犹太女人的婚礼主持仪式。他们的共同点是各自都有很深的传统背景,这为他们赢得了信赖,然后使其产生了一股强大的冲动要打破他们的精英主义/种族中心主义模式,以回应当今世界形势的道德诉求。

艾森斯塔特的导师马丁·布伯在写于第一次世界大战后的一篇文章《未来要怎么做?》(What Is To Be Done?)中,借助于不知名的同志们的口说出了我们这个时代的困境:

> 有些人说,文明必须通过"征服"来保护。没有文明要保护,也就不存在征服了!但是从洪水中冒出来的东西是什么,将取决于你们是否将自己作为真正社区的种子投入其中。排斥不能建立王国,只有包容才能。
>
> [……]世界静静地等待着这种精神。
>
> (1957c,111)

第二部分　有共同目标的对话

5
法国启蒙思想家和俄罗斯知识分子中的普遍主义

> 人生来是且始终是自由的,在权利方面一律平等。
> ——法国《人权宣言》(1789)

> 壁垒倒塌了,圣火熔化了镣铐
> 新生活的永恒晨光
> 在所有人的心中升起,所有人团结一心
> ——引自弗拉基米尔·索洛维约夫的诗

一、普遍主义观

保卫自己的洞穴,为自己的群体而战,厌恶野蛮人、奴隶和"外来者"构成历史的主要组成部分。人类的本土需求是鲜明的,他们对本土的依恋是强烈的。维护自己的这些需求和依恋而反对外来者的那些需求和依恋,通常会带来物质上的收益和令人满足的群体优越性的安全感。它也创造了许多色彩、崇高思想和哀婉动人的情感。

然而,不时地会出现另一种不同的声音。全人类都是兄弟姐妹作为一个生动的理念被用来指明新行动的方向、新思想的种类以及在历史形势下新理想的发展。我们将这种观点称为"普遍主义":人们对祖国的基本依恋转移到整个世界,整个世界或者被视为一个巨大的实体(世界共和国、世界教会),或者被视为一个抽象的"人类"〔柏格森(Bergson)的"开放社会"〕,或者被视为任何地方的任何人。

心理上倾向于成为国际社会的成员之一,无论如何去理解这一点,都是一种对全人类存在某种内在的共同点的认可。这可能是指大家都是同一个神灵所创造的或信奉同样的神灵;可能是指大家共同参与一个具有历史意义或非常重要的任务;可能是指大家拥有共同的人类天性。以这样或那样的方式,在普遍主义者的观点里,每个个体的价值,以及表达某个特定个人或群体的普遍性的任务的一部分,就是去研究对个人这一概念的理解。

该项任务还涉及对周围智力环境的理解。当以与之相对应的本体主义以及其背后的一般世界观来考量普遍主义观时,其意义更丰富了。孤立地对这样一个具有自己本质特性的价值观术语进行研究是不明智的,特别是当这个术语并没有明确地为个人提供一种符号。

区分普遍主义的两种形式,即"抽象的"和"具体的",是非常有用的。[1]前者我们称之为"世界主义",它认为个人和整个人类之间是紧密联系在一起的。它源于对每个个体的共同天性和价值观的强调。有利于其发展的条件包括离开故土、与外国人交往以及流动性——产生的作用在于消除个人与其本来所属群体之间的联系。(通常,世界主义者本身这种小范围的抱团的精神力量也会持续存在,从而产生某种矛盾心理。)艺术、科学和哲学超越边界线,发展了世界主义观。

具体的普遍主义涉及个人和人类之间结合的代理机构。在现代,这主要是指国际主义,它将世界理解为不同的国民社会,这些国民社会以各自的方式为世界社会作贡献。它不像世界主义那样寻求忽视国家间的差异,而是积极地利用这些差异。它是世界联邦主义哲学的基础,世界联邦主义寻求一个超国家政府来处理国际事务,同时各国政府保留积极自治权。在现代,诱发国际主义的一个主要因素是涂尔干享誉世界的"精神密度"论,这是沟通交流和文化独立性增强的结果。

最早记载的有关普遍主义设想的表述是埃及帝国法老埃赫纳顿(Ikhnaton)于公元前1375年所作。他颠覆了许多传统,包括持续了两千年的、十分严重的埃及沙文主义,他宣布了适用全体的一神论,并认为自己对所有人负有同样的责任,不论种族或国籍。他向唯一的(太阳)神阿顿敬献赞美诗,就是向积极主动关心其所有生灵,即使是最卑鄙生灵的仁慈的父亲敬献赞美诗。[2]

希腊人开创了普遍主义的重要传统,这种传统一直延续到罗马帝国,并通过斯多葛主义成为罗马法的一部分。据说,苏格拉底声明过其支持"世界都市",亚历山大大帝试图将市民的城邦理想与东方的世界帝国构想相融合。那些进入希腊世界的外国人中有很多人(犬儒主义者和斯多葛主义者)和他持有同样的想法,他们呼吁开放的世界国,反对城邦的封闭文化。大家认为,犬儒学派的第欧根尼曾经说过"世界国是唯一应该存在的国家"(Boehm,1931)。

世界主义是斯多葛学派的一个核心理论,源于所有人都拥有同样的神圣火花的观点。斯多葛主义并不重视基于种族、阶级和性别的差异。蒲鲁塔克(Plutarch)提到芝诺(Zeno)时说"他的理念是不应该有不同的城邦……所有的人都应该是同胞"(Barker,1934)。希腊的世界主义在整个希腊罗马时期基本上没有发生变化:反对以国家为基础的多神论和地方爱国主义,将有文化有修养的人团结起来,这为信奉特殊恩宠论的政治和军事力量所反对。

早期基督教称颂每个人的价值,认为每个人都有获得救赎的希望。圣保罗自己受到斯多葛学说的影响,宣称:"你们不分犹太人或希腊人、奴隶或自由人、男人或女人,凡跟基督耶稣联合的,就都是一体的了。"(《迦拉太书》,3:28)犹太教自身早已超越了其部落之神的概念,正致力于宣扬它当下的信条:唯一的神创造了我们,所有的人都是兄弟姐妹。

普遍主义的元素出现在中世纪,但其普遍主义精神不是那么彻底。但丁寻求一个世界帝国,实现政治上和精神上的世界一体化。大学里许多人的观点、旅行艺术家和商人的观点,以及十字军中一些骑士团的观点都是世界主义的。但直到法国启蒙运动时期,普遍主义者的呼声才像斯多葛学派的那样响亮清晰。

这种回顾性探究的目的是在更广泛的启蒙运动背景下来阐述普遍主义,并将其与同样强劲的发展——下个世纪俄罗斯知识分子的普遍主义——进行对比。我们将寻找启蒙运动价值观在凯瑟琳二世和亚历山大一世统治期间传入俄罗斯后对俄罗斯思想的直接影响，然后研究之后的19世纪里俄罗斯知识分子的普遍主义价值观。

充分考察正逐渐西化的知识分子的思想超出了本文的研究范围；我们将简单地关注一下在俄罗斯社会主义思想发展的关键节点上出现过的普遍主义的因素。我们对俄罗斯的主要关注，就像这篇文章的主要关注一样，放在虔诚的普遍主义者身上：彼得·恰达耶夫（Peter Chaadaev），俄罗斯第一位原创社会思想家，以及他的传人，令人叹服的三人组，陀思妥耶夫斯基、索洛维约夫和托尔斯泰。

二、法国启蒙运动中的普遍主义

尽管在方法和重点上有很大的个体差异，法国启蒙运动的文人们或者说启蒙思想家们，带着大家可以共享的那些思想和价值观从传统的黑暗森林中走出来。他们一致认为，新的理性之光是给全人类的礼物，他们将自己视为世界的公民，是自由的。他们的语言为其他国家的智者所使用。他们尊重理性、自然和进步，其结果是：到1789年，自由、平等、博爱成为人民津津乐道的话题。在这种价值观背景下，充满活力的普遍主义得以发展。我们将通过少数杰出的启蒙运动人物的宗教、文化和政治态度来简要介绍普遍主义的表现。

对于启蒙思想家来说，宗教的完整内容要由每个人在理解上帝的存在和整体的道德秩序中去发现。已经揭示的教义不能让人增加知识也减缓了进步;一些启蒙思想家,例如狄德罗,将他们的反抗推到了无神论的地步。卢梭在很多方面与他同时代的人不同,他在《爱弥儿》一书的《神父的信仰告白》部分中,极有说服力地阐明了这种新的"自然宗教"。卢梭自己只承认"自然法则、正义法则和理性法则,以及自然宗教的那些法则,它们是纯洁[和]神圣的……已经被人类所污染了"([1782]1861,book 8,295);对他来说,宗教的形式是次要的,应该根据人们所生活的国家来采用。

大多数启蒙思想家,在攻击教会的传统形式时,比这更声势浩大。在批评宗教机构的时候,他们发展出了一种宗教的观点,使他们与世界各地的人都融为一体。由耶稣会会士转变为有神论者的圣-皮埃尔神父(Abbé de Saint-Pierre)提出了一个新的信条:

> 我信仰上帝,大自然和人类的共同之父,所有人都是他的孩子,都是平等的……他给了他们同样的道德准则,当他们反思时,他们能感觉到,除了罪恶和美德的区别,他对他的孩子没有作任何其他区分。我相信,在上帝面前,正直仁慈的中国人比一个傲慢的、吹毛求疵的欧洲医生更珍贵。
>
> (引自 Voltaire, 1935,I, 216)

伏尔泰解释说,有神论者不属于任何一个教派,所有的教派间都互相矛盾。有神论者"说的是所有人都能理解的语言,而这些人彼此之间却不能互相理解。他的兄弟遍布全球,从北京到卡宴,他把所有的智者都当作自己的兄弟"(Ⅱ,264)。伏尔泰是最坦率直言的新人文主义宗教运动参与者之一,他清楚地表明了其信条的普遍主义特性:"我通过自然宗教理解了人类共通的道德原则。"(Euvres,XXⅢ,引自 Becker,1932,44)

启蒙思想家们通过其文化活动在艺术和科学中明确了世界主义精神,这种精神在不同程度上延续至今。得益于他们的翻译,外国作品(尤其是英文作品)在 18 世纪 40 年代广受欢迎。"世界主义的"(cosmopolitan)这个词开始流行,并出现在文学作品的标题中。[3] 启蒙思想家们宣称他们效忠于整个人类,正如格里姆(Grimm)所言,他们希望成为"那些凭借自己的才智和作品很好地回馈整个人类的一小部分人"〔《文学通讯》(*Correspondance Littéraire*),Ⅳ,引自 Becker,1932,34〕。在他的《论人类不平等的起源和基础》(简称"二论")一书的引言中,卢梭写道:

> 因为我所谈论的主题涉及的是一般人,我将尽量使用一种适合所有国家的风格。
>
> [……]啊,人们,不管你们是哪个国家哪个省的人,不管你们的观点是什么,看看你们的历史……你们这一类人的生活。
>
> ([1752] 2005,24-5)

启蒙思想家的普遍主义从人的自然权利学说中发展而来,人的自然权利对他们来说是一个有意义且确定的道德命题,独立于对上帝的信仰。伏尔泰坚持人的不可侵犯性、良心的自由、平等；他敦促尊重人性的共同本质，尽管人们之间存在种族差异。"记住人的尊严"是他对每个人的告诫(Voltaire，1935，Ⅱ，127)。

贝克尔(Becker)基于早期启蒙思想中的矛盾来解释经常出现的这种对人的本质加以抽象的现象。对自然秩序的神化引出了令人反感的命题，即存在的都是对的，因为它天生就是如此。因此，有社会意识的启蒙思想家们被引导着去寻找一个永恒和普遍的人的本性，并以此来衡量当地的习俗和体制，但其他研究例如孟德斯鸠《论法的精神》则提出了道德相对论。

这个问题是削弱传统宗教及其绝对道德价值观的当然结果。他们提出的解决方案蕴含了相应的后果。如果自然赋予所有人生命、自由、幸福和平等的权利，那么因阶级、宗教、种族或国家而产生的优越性就是错误的。那样，就没有酷刑和战争的正当理由了。那么，世界才是人们的祖国。

这些是大多数启蒙思想家粗糙的对理想的抽象概念。卢梭将任何形式的战争称为"对人性的侮辱"，而伏尔泰的聪明才智在揭示其荒谬性时表现得淋漓尽致。在启蒙运动的鼎盛时期，孔多塞描绘了一幅未来和平进步、充满阳光的图画，以此作为启蒙思想家们留给人类的遗嘱。他对"第十个时代"，即未来的希望，是他普遍主义观点的有力证明(Condorcet，1802)。随着科学和教育的进步，欧洲人将会学着去启蒙和帮助，而不是剥削亚洲人和非洲人。国家将寻求安全，而不是权力；他们将组成联盟，将丢掉他们的商业偏见，并将邀请外国人到他们的国家去分享他们的利益。战争，这种最可怕的罪行将消失；人类的目标将是"人类的共同福利"(同上)。所有这些以及世界通用语言也是如此。4

除了驳斥所有交战者主张的优越性之外,伏尔泰还对祖国的迷思进行了仔细的审视。他指出"渴望国家的伟大,就是希望邻国受到伤害。那些希望自己的祖国永远不会变得更伟大、更渺小、更富裕、更贫穷的人,才是宇宙的公民"(Voltaire 1935,Ⅱ,176),并得出结论,"祖国就是你安适之所在",这一观点让人想起美国启蒙思想家本·富兰克林(Ben Franklin)的那句话:"哪里有自由,哪里就是我的祖国。"

汤姆·潘恩(Tom Paine)所作的反驳,"哪里没有自由,哪里就是我的祖国",表明了其革命普遍主义的一面。1789年法国国民议会起草的"人类自然的、不可让渡的与神圣的权利"向全世界发出了呼喊。在其1793年4月向雅各宾派政府提交的《人权和公民权宣言》中,罗伯斯庇尔提出:

> 所有国家的人民都是兄弟,各国人民应该互相帮助……就像同一国家的公民一样。
>
> 压迫任何一个国家的人都是所有人的敌人。
>
> (引自 Blanc,1847,Ⅸ,29)

正如德·托克维尔所言,法国大革命"寻求的不仅是法国公民的特定权利,还包括所有人的共同政治权利和义务……[它]似乎更关心人类的复兴,而不仅仅是法国的变革"〔《旧制度与大革命》(*L'ancien Régime et la Revolution*),引自 Becker,1932,154〕。

这只是故事的一半:法国大革命具有双重性,一方面将法国建立为一个真正的民族国家,另一方面宣告了人类的共同权利。整个18世纪,法国的民族意识大增。在反对君权神授之王权、天主教会、阶级和地方特权的同时,启蒙思想家们顺带削弱了阻碍民族精神发展的历史障碍。法国大革命废除了基于阶级或地区的差别待遇,把教会置于国家的框架内,并设计了一些符号来激发人们对新共和国的爱国忠诚。

卢梭的作品是新民族主义的灵感来源。在《论波兰政府》(*Considerations on the Government of Poland*)(Rousseau,[1772]1947)一书中,他敦促社会机构培养健康的爱国主义精神。卢梭认为"没有那种使人超越自我的爱国热情,自由只是一个空洞的名字,而法律也只是一个幻想"(引自Becker,1932,55)。这种观点源于他对建立在简单的人的自然美德基础上的社会、受泛欧文明的影响最少的社会的渴望。只有当一个国家像个人一样充分表现自己的自然个性——其普遍主义观背后的同样的个人主义,这种美德才能最大化。这些思想立即为19世纪早期的浪漫主义民族主义和为保留各个民族的多彩特色而寻求和平的国际主义开辟了道路。其他启蒙思想家的观点则更抽象、更世界主义。

团结各国的计划吸引了一些启蒙思想家。早在1713年,圣-皮埃尔神父,从格劳秀斯(Grotius)对自然法和国际法的编纂中得到启示,撰写了他的《争取欧洲永久和平方案》(*Projet pour Rendre la Paix Perpétuelleen Europe*)。这引发了卢梭的热情,他在1756年写出了《圣-皮埃尔〈永久和平方案〉批判》(*Paix Perpétuelle*),这本书是对圣-皮埃尔《争取欧洲永久和平方案》的介绍以及他自己的一些犀利评论。

卢梭强烈谴责的一点就是,加入一个特定的群体就等于宣告自己是整个人类的敌人。他认为战争起源于存在国家但不存在国家间政府所引起的矛盾。与圣-皮埃尔神父一样,他也认为唯一的解决办法是建立联邦,"在法律的权威下,……通过类似于将其个人成员团结在一起的纽带"将国家团结起来(Rousseau,1917,38)。这样建立起来的联邦将设有立法机构,享有强制力,成员由欧洲各国元首的使者担任。

与神父期望欧洲各国的王子们出于基督徒内心的善意而结成联邦不同,卢梭诉之于各国元首的自身利益,提出诱人的条件,即在臣民叛乱时利用联邦权力来维护他们的权威。"尽管如此,"他说,"如果联邦这一方案仍然没有实现,那不是因为它是乌托邦,而是因为人类是疯狂的,因为在一个疯子的世界里保持理智本身就是一种疯狂。"(91)卢梭对他的同胞了如指掌,知道这些贵族们只会追求表面的而非其真正的自我利益。在《圣-皮埃尔〈永久和平方案〉批判》的结尾,他对建立这样一个联邦感到绝望,除非使用武力,而他又认为武力是不正当的。

直到伊曼努尔·康德(Immanuel Kant)接受了启蒙运动思想,有美国和法国共和国的例子在先,才提出建立一个包括整个世界并基于全世界人民同意,而不是专制君主同意基础上的联邦。总体上,启蒙思想家们更关心的是建立全体人类间的权利和相互关系的抽象原则,而不是为他们的有机联合制定具体方案。

三、俄罗斯土壤中的启蒙运动普遍主义

彼得大帝用来浇灌干旱的俄国文明的洪流,在接下来的世纪里,变为稳定地释放法国影响的涓涓细流。俄国人在彼得引进德国官僚后不久就开始不满,反感这些"上级"对他们的不尊重,因此,当18世纪30年代和40年代,似乎无处不在的法国文化,通过法国和俄罗斯的旅行者和学生进入俄国时,大受欢迎。它在欧洲的盛行恰好迎合了俄国人要求最大程度地欧化的强烈愿望,而俄罗斯贵族阶级则被法国的典雅和丰富文学所吸引。两国人民之间非常有共鸣。"德国人和任何人都不像,"一个在法国旅行的俄国人指出,"法国人不那么可敬,但他们和我们很像。"(Haumant,1913,520)

到了凯瑟琳二世时期(1762—1796),俄罗斯"社会"中大部分的思想、志向、礼仪和品味都来源于法国。在她统治期间,随着启蒙运动社会哲学在俄罗斯图书界的出现,研究兴趣从美学转向了社会问题。孟德斯鸠、狄德罗特别是伏尔泰的作品被广泛阅读。凯瑟琳本人非常崇拜伏尔泰,多年来与他和其他启蒙思想家们都有书信往来。

然而,贵族阶级对启蒙运动价值观的吸收,是不深刻的(是比较浅薄的)。他们践行这些价值观的典型例子就是政治经济学自由学会(Free Society for Political Economy)。该学会由凯瑟琳根据法国模式设立,其成员大谈社会和经济平等,但从未做过任何事。尽管凯瑟琳热衷于自由,但在她的统治下,地主们的特权增

加了,农奴制枷锁的压迫比以往更厉害。凯瑟琳和许多的伏尔泰派人不介意接受新思想,只要他们的地位不受侵犯。凯瑟琳的改革建议书《圣谕》(Nakaz)将自然权利原则与绝对沙皇主义原则并列;当她的顾问们收紧改革措施的自由度时,她很轻易地就同意了。当涉及实质性的社会改革时,这些伏尔泰派人更倾向于把它留给"时间和光阴的慢慢演进"。

凯瑟琳领导下的军事胜利,开始激起民族自豪感。这位在德国出生但希望被认为是一个真正的俄罗斯人的沙皇,迎合了这种民族自豪感。受她器重的宫廷官员中没有德国人,她还鼓励宫廷诗人书写爱国悲剧。她试图俄罗斯化她的非俄罗斯色彩,尽管她对伏尔泰宽容原则的坚持,使她的行事谨慎而有节制。

在俄罗斯受启蒙运动影响的第一阶段,对政治价值观的论述就像是对法国戏剧服饰的论述一样热烈。赫尔岑恰如其分地将贵族阶级的自由主义风潮称为"头脑游戏"。他注意到"在我们中间,伏尔泰思想体系没有提供任何替代旧信仰、道德义务和传统的东西……刚刚接触文明的人只能理解享乐主义的吸引力"〔Hertzen,《论俄国革命思想的发展》(Le Développement des Idées Révolutionmaires),引自 Haumant,1913〕。

他们没有从伏尔泰那里吸取所有人都是兄弟、社会地位一律平等的观念,也没有吸取通过理性训练所有人就能掌握的积极自然神论。[5]出于对法国方式的赞赏以及对"属于"欧洲高等文化的渴望,他们认可那些打破传统约束的启蒙思想,却没有真正支持其基本价值观。在俄罗斯,这些价值观主要转变成了同情和博爱。他们的世界主义停留在文化层面;他们不可能支持"所有人都享有自然权利"，而这正是启蒙运动普遍主义的基石。

然而，也有少数知识分子对价值观的妥协以及道德的堕落感到不满。斯格巴托夫（Scerbatov）是启蒙运动理性主义的狂热支持者，他为贵族阶级的政治自由辩护，并批评他们放纵于"享乐主义的吸引力"。更为激进的是讽刺作家诺维科夫（Novikov），他对自由的拥护包括对农奴制的严厉抨击以及对全面"法治"的追求。

然而，他们的取向主要是民族主义。在谴责当代道德品行时，斯格巴托夫将其与旧俄罗斯的美德——下个世纪斯拉夫派的原型进行了对比。诺维科夫把大部分精力投入共济会运动中，以唤起公众对俄罗斯的荣耀及其过去的兴趣。

法国大革命降低了俄国人对启蒙思想家的好感。虽然一开始它在俄国很受欢迎，但它对民主的热情和随后过度的政治行为引起了贵族阶级的普遍抗拒。它抑制了凯瑟琳的自由主义：她开始压制政治批评和此时变得危险的作品（《百科全书》，卢梭甚至伏尔泰的作品）。诺维科夫被监禁了。启蒙运动的表象正慢慢消失。

但是凯瑟琳并没有像她想象的那样得到公众舆论的支持（Haumant，1913，178）。许多年轻人的理想被光荣的自由革命所激发，尽管自由革命也有很多缺点。他们对自由主义思想的支持和赞同直到亚历山大一世（1801—1825）上台放松了政府的严格审查才变得广为人知。亚历山大·拉季舍夫（Alexander Radishchev）敢于用文学表达他们的理想，被放逐到西伯利亚。18世纪60年代末，拉季舍夫曾在德国学习，但很快就在启蒙思想家们的著作中找到了他的灯塔。他的文学作品可能是对启蒙运动价值观的最全面的表达。作为下个世纪自由主义知识分子的典型代表，他宣称："我的灵魂由于人类的苦难而受伤。"（引自Berdyaev，[1937] 1960，22）根据他《从彼得堡到莫斯科的航行》(*Voyage from Petersburg to Moscow*)一书的记载，他是第一个致力于解放农奴和结束专制的人。

19世纪早期，自由主义思想受到亚历山大一世的鼓励，大家对他的即位抱有很高的社会期许。拉季舍夫被从西伯利亚放回到朝堂。法国流亡者（担任教师和神父）是法国文化重新渗透到俄罗斯的桥梁。他们带来的影响中某些是反动的和天主教的，但大部分还是在启蒙思想家们反宗教和推崇自由主义的模式中。大多数人是支持伏尔泰思想的。伏尔泰派自由主义，如果说因为革命的风暴而变得黯淡无光的话，在俄国的此种情况下，又重新兴起了。随着对法国发生的恐怖事迹的慢慢忘却，崇拜法国的俄罗斯人逐渐增加。

这些情况是俄罗斯知识分子间长达一个多世纪的冲突（斯拉夫派与西化派，斯大林派与托洛茨基派）的根源。由于热衷于俄罗斯的历史和对外开拓，为俄国的法式礼仪和缺乏民族自豪感而焦虑不安，卡拉姆津（Karamzin）等著作家寻求激发俄罗斯人的爱国主义。格林卡（S. N. Glinka）在他的评论性杂志《俄罗斯信使》(*Rousski Vestnik*)中详细阐述了他的一整套俄罗斯民族主义哲学，即沙文主义的和排外的。格林卡称赞俄罗斯的过去：

> 那是一个快乐的时代，我们的祖先生活在对上帝的敬畏中，他们的道德观念都来自他们父辈的言传身教和圣书，他

们并不讨论人类的自然状态或者知识和人类理性的不断发展,而仅仅致力于履行他们作为人类、公民和基督徒的职责。

(Koyré,1929,20,作者译)[6]

这种民族主义倾向成为一场反对所有西方文明的保守派斗争,代表着东正教信仰传统方式的回归。对彼得大帝成就的态度成为判断一个人整个意识形态的标准。卡拉姆津对革新者的厌恶是显而易见的;他追随彼得,写道,"我们成为世界公民,但在某些方面不再是俄罗斯公民。"(Mazour,1937,30)

普遍主义在自由主义者和西化派阵营中表现更好吗?亚历山大一世是一位博爱者——他能够谈论关于各种类型或各个国家的观点。他和罗伯特·欧文(Robert Owen)谈论社会新结构,他和贵格会教徒一起做礼拜。然而他对启蒙运动价值观的诠释,比凯瑟琳的版本更为弱化。他的自由主义从来没有强大到能够反对他的保守派大臣们的意愿,在组建神圣同盟(Holy Alliance)①这一不可思议的回应中,自由主义则完全消失不见。这种权力同盟的国际主义,当然不是启蒙思想家们提倡的普遍主义。

1812年战争(俄法战争)推动了自由主义西化派运动的发展。在法国作战的俄国军官们吸取了共和主义思想,而俄国士兵也被他们在法国所见到的更多的自由以及对人类尊严的更大的尊重所吸引。但是回国后,俄罗斯人恶劣的生活条件让他们感到

---

① 1815年俄罗斯、普鲁士、奥地利三国君主订立的同盟。——译注

震惊:俄国解放欧洲是为了保留奴隶制吗?

此外,尽管在战争期间爱国主义全面爆发,法国战俘还是受到俄罗斯平民的善待,战后无论是敌是友都对此非常赞赏和支持。就在1815年之后,法国文化,主要是伏尔泰和卢梭,其受欢迎程度达到了一个新高度。沙龙讨论的主题是废除农奴制和建立宪政;1789年的《人权宣言》被再次关注。正是这些被灌输了启蒙思想和知晓法国先例的官员和贵族精英,成立了秘密社团(以共济会为模板)推动自由主义改革。第一个秘密社团救国同盟(Union of Salvation)成立于1816年前,领导1825年悲壮的十二月党人起义的核心人物就是其成员。根据马祖尔(Mazour)的记载,该同盟的目标是"带有强烈民族主义色彩的社会改革和建立一个适度的宪政政府"(Mazour,1937,68)。

一开始他们希望依法进行改革,但随着他们越来越坚定,政府则变得越来越保守。1816年以后,政府严厉打击伏尔泰、卢梭和康德等人的著作。到了1820年,十二月党人运动的成员坚信,政府不可能配合,革命是必需的。

尽管十二月党人从启蒙思想家们的著作中、从国外游历中获得了巨大的改革鼓舞,但他们和恐法者一样,充满了爱国主义和对俄罗斯未来的希望。正如其中一位十二月党人的幸存者所言,十二月党人从未打算"将法国移植到俄国"(Mazour,1937,57)。其中一些十二月党人认为,救国同盟应当帮助俄国摆脱外国人和外来的影响(68)。斯拉夫联合公会(Society of United Slavs)是十二月党人社团中民族主义倾向最轻的一个组织,其宗旨在于建立一个自由的斯拉夫联邦。然而,当它与十二月党人南方协会

(Decembrist Southern Society)合并时,后者说服其成员,俄罗斯的问题是第一位的。

因此,受"人人自由且平等"的思想激励而在俄国开展的第一次重大的政治行动,在很大程度上还是带有极重的爱国主义和民族主义色彩;有必要通过革命来履行俄罗斯的使命。

四、俄罗斯式的普遍主义

有句谚语叫作,普希金的诞生就是俄国人民对彼得改革的回应。事实上,他们以19世纪俄罗斯的整个发展予了回应,即创造了世界历史上最丰富的文学之一以及最令人钦佩的社会和宗教思想体系之一。

民族主义-普遍主义的问题是19世纪思想界的主要议题之一,普遍主义在俄国的表现形式和它们对"社会问题"的反应一样多种多样和引人入胜。俄罗斯知识分子以其具有俄罗斯特色的关注度和二元论应对普遍主义。除了对全世界人民都是兄弟姐妹的强烈呼吁外,人们在19世纪俄国思想中还经常能发现俄国注定要完成世界上独一无二的使命的观点。有时这会导致矛盾,但别尔嘉耶夫认为"俄罗斯和俄罗斯人民的唯一特征就是矛盾"(Berdyaev,[1937] 1960,14)。

然而,对俄罗斯使命的确信在矛盾的知识分子合理化地图上俄罗斯的存在之前就盛行已久。这种救世主思想可以追溯到1439年,当时君士坦丁堡的东正教会,与以教皇为最高权威的西方罗马教会再次联合,给予了沙皇伊凡三世成为"唯一的基督教统治者"的机会。俄罗斯成为"神圣的民族",莫斯科公国成为第三罗马,也是最后的罗马。这个神圣历史使命的信念从未从俄罗斯人的灵魂中消失。[7]

俄罗斯思想中的普遍主义主题有更近的起源。它来自觉醒的知识分子(推崇兄弟姐妹情谊)对俄罗斯长期孤立以及与世隔绝的抗议。他们的世界人民都是兄弟姐妹的坚定理念来源于他们坚信地球上都是上帝的国的观点。

19世纪初的前几十年中,一些人转向信仰天主教,对他们而言,民族问题会产生最严重的实际后果。他们对另一种信仰的践行通常意味着法律上和文化上的去民族化。这些精神上的流亡者中的一些人满足于新的精神家园,不再去想俄罗斯的问题,但他们中的大多数人,对俄罗斯事务仍保持着浓厚的兴趣,并深受怀旧情绪所扰。弗拉基米尔·佩切林(Vladimir Petcherin)是这些怀旧者中的一员,他改信了天主教和乌托邦社会主义。他写了一首诗,开头是"憎恨自己的祖国,等待它的毁灭是多么甜蜜的一件事"。他对俄罗斯压迫性政权的憎恨掩盖了他对祖国的热爱,他认为只有普及天主教/蕴含普遍性的天主教/天主教中蕴含的普遍性才能救他的祖国(参见 Iswolsky, 1943, chap. X)。

米哈伊尔·鲁宁(Michael Lunin)与佩切林一起共同表达了大多数俄罗斯天主教徒的社会理想。他是圣西门的追随者,坚决反对独裁和农奴制。改信天主教后,他回到俄罗斯,参加了十二月党人活动。受超国家/民族宗教的影响,鲁宁持普遍主义观点,称自己为"世界公民"。

天主教在俄国的流行既不广泛也不长久,正如当代人所写,它是"大海中的一滴水"(Haumant,1913,240)。现在我们来看看俄罗斯社会思想的主流。

斯拉夫派-西化派长期斗争的正式爆发与俄罗斯普遍主义的首次明确提出同时发生。1836年,彼得·恰达耶夫突然出版《哲学书简》(Lettres Sur Le Philosophie d'Histoire)。在这些信件中,恰达耶夫指责,俄罗斯没有过去、没有未来、没有她自己的性格;她没有为理性和人性的进步作出任何贡献,她歪曲了她所复制的所有事物(Chaadaev,1913)。他把这种文化上的贫瘠归因于俄罗斯与东方和西方的隔绝:"人类的通识教育还没有到达我们这里。"(77,作者译)恰达耶夫的建议是,俄罗斯重新加入普遍主义的基督教运动,因为天主教教义是积极的、统一的,是基督教的社会形态。

> 基于统一性的最高原则的教义蕴含在源源不断的牧师直接传播的真理里,是最符合宗教的真正精神的,因为它可以归结为把世界上所有道德力量融合成一种思想、一种情感,并逐步建立一种社会制度或教会,以在人类中确立真理的统治地位。
>
> (同上,75)

很明显,吸引恰达耶夫转向天主教教义的是天主教的全面统一性,而不是其仪式或神学,因为他从未成为天主教徒。他认为当一个人的信念直接来自所有信仰的源头时,他可以放弃传统的仪式。对他而言,天主教义和东正教教义都只是基督教精神的形式,相比之下,他更倾向于形成自己的原则。"我的宗教信仰,"他在写给屠格涅夫的信中说,"准确地说,并不是神学家概念中的宗教信仰……但它是人类思想最深处的宗教信仰……并且……有一天会成为人类的永恒信仰和整个生命。"(Koyré,1927,600)

恰达耶夫深受德国形而上学和神秘主义的影响,认为宗教和它的思想决定了存在的本质,因此要追问历史以使人们意识到它的"思想"和它的使命。如果各国人民能够从历史中了解他们民族真正的贡献,他们就会"团结起来得到一个普世的、和谐的结果,人们也许会看到各国人民为了人类的普遍利益而伸出他们的手,人类的普遍利益正是每个国家人民的明智的利益"(Chaadaev,1913,102)。

恰达耶夫通过他的思想、行动和观点对历史进行了追问。在他的《一个疯子的辩护》(Apologie d'un Fou)一书中,他再一次描述了俄罗斯贫瘠的过去,但预言了一个辉煌的未来(同上)。他极力主张俄罗斯应兼收并蓄西方文化,认为这是俄罗斯完成其使命的准备工作。但是俄罗斯的时代终将到来,他说:"我们被召唤去解决社会秩序的大部分问题,去完善产生于旧社会的大部分思想,去回答困扰人类的最严重的问题。"(230)

根据恰达耶夫的说法,这种普遍的和谐不会来自哲学研究和先贤们设想的"文明进步"(像孔多塞在半个世纪前所生动描绘的和平进步)。智力活动涉及针对个体存在、国家(道德存在体)及人民的各自利益的态度和观点;这种情感构成了人类集体的自我。通往世界进步的道路在于从自己国家的过去中了解其命运,并在未来更强有力地去实现它。[8]

恰达耶夫认为,他比任何一个斯拉夫派人都更爱他的祖国;盲目地爱国不是真正的爱国;"我们没有必要在历史中扼杀自己,像西方人民一样,把自己拖入地方化思想的狭窄之路,而承受民族偏见引发的混乱。"(223)

《哲学书简》引发了对社会问题的强烈关注,以及救世主义和乌托邦主义倾向,这种倾向成为19世纪知识分子的标签。就如同他的许多追随者一样,恰达耶夫在精神焦虑状态中写道,"当我过分执着于我生活中的恼人现实时,我就会躲进我对人类未来必定幸福快乐的美好信念中,我感到有必要呼吸更纯净的空气,看到更明朗的天空。"(93)面对俄国的无望现实,这是所有知识分子以各种各样的、不同寻常的形式所寻求的避难所。

恰达耶夫的《哲学书简》一发表就引起了声势日益壮大的斯拉夫派的强烈抗议。他们憎恨他对西方和天主教教义的肯定。借助宗教决定一个民族发展的理想主义观点(借用自谢林),以及他提出的俄罗斯的发展脱离了西方文明的观点,他们论证了俄罗斯建立在东正教教义基础上的独立文化是最好的文化。

斯拉夫派人的嘲笑对应的就是西方派的掌声,后者奉恰达耶夫为领袖,尽管他倾向于罗马天主教教义。赫尔岑称这些书简是"在黑夜发出的一声枪响",激进分子把它们看作推翻尼古拉斯暴政的号召(Iswolsky,1943,124)。恰达耶夫从此发动了双向斗争,既反对极端的西化派,也反对乌托邦式的沙文主义。他不赞成激进主义,也反对奴隶制和压迫,因为它们会导致革命(Chaadaev,1913,122)。

5 法国启蒙思想家和俄罗斯知识分子中的普遍主义

有了恰达耶夫,俄罗斯思想才发展成熟并自成一派。然而,他的神秘的普遍主义理念和他的天主教倾向一样也仅仅是得到接受而已,并没有真正得到认同。斯拉夫派秉承着其神秘主义理念,却得出了与其完全不同的结论,对俄罗斯孤立而独特的历史产生了日渐沙尔文式的自豪感。而那些响应其向西方学习号召的人则通常无视他的历史和宗教理念以及他的形而上学理论。这其中包括西化派的"德国圈",他们对现状(和有关十二月党人命运的记忆)予以黑格尔式的合理化,从而置身政治之外,直至他们对社会正义的追求超越了黑格尔思想,并为法国社会党人铺平了道路。德国圈的领袖人物别林斯基(Belinsky)是这一逆转的先锋,他从彻底的保守主义转向:

> 对人格自由和独立的狂热的爱……这可能只有在建立于权利和骑士精神之上的社会里才会有……我现在已经进入一个新的极致领域——社会主义思想……我逐渐成为世界公民。
>
> (引自 Berdyaev,1948,76)

西化派必然会从西方引入比恰达耶夫所期望的更多的东西;如果他们现在考虑世界和谐,就必须用实证主义的社会主义术语。

俄罗斯社会主义思想在其乌托邦、民粹主义和马克思主义三个发展阶段中都蕴含了普遍主义要素。19世纪40年代,乌托邦社会主义者声名鹊起,彼时圣西门和傅立叶的思想被浪漫的理想主义者誉为治愈尼古拉斯治下社会罪恶的良药。彼特舍夫斯基

(Petrashevsky)属于俄罗斯地主阶层,深受傅立叶〔《宇宙统一论》(*Théorie de L'unité Universelle*)的作者〕影响,特立独行地宣称:"我在男人和女人身上都找不到任何值得我坚持的东西,因此我转而投身于为人类服务。"(引自 Berdyaev,[1937] 1960,32)他在圣彼得堡的家里召开社会主义讨论会,直到警察突袭才不再继续召开。他圈子里最著名的成员就是陀思妥耶夫斯基。陀思妥耶夫斯基以其对这些乌托邦社会主义者的记忆创造出了《群魔》中的若干角色([1872]1936):维尔金斯基,其家族追随最新的进步思想,被称为"具有普遍人性的人";利普京,在斯塔夫罗金嘲笑他的傅立叶主义思想来源于法语时,反驳道:"这一词语来源于人类的通用语言而不仅仅来源于法语。让我告诉你,它是来自世界社会共和国的语言、来自人类和谐的语言!"(51)

乌托邦社会主义者的普遍主义是建立在对普遍人性的乐观看法之上的。它从社会效用与和谐的角度构筑了手足情谊这一概念/设计了兄弟会这一组织;随着社会机构/制度的理性和自愿构建,经济不平等和民族偏见等不理性因素将消失。这是对孔多塞关于下个世纪的设想的继续展望。

亚历山大·赫尔岑(Alexander Hertzen)是这些乌托邦社会主义者的第一批成员之一。1848年欧洲革命失败后,他对西方社会主义的幻灭,让他的思想发生了一个新的转折。俄罗斯是西方文明最后的希望:只有它才能解决社会问题。赫尔岑推崇人民群众(平民,主要是农民)和"米尔"(乡村公社),并为俄罗斯在避免走资本主义道路上的特殊历史发展而感到自豪。他对斯拉夫派和西化派理想的融合,成为民粹(热爱人民群众的人)社会主义者最重要的意识形态,即以米尔为基础的农业社会主义。它是俄罗斯社会主义中普遍主义因素最少的一种。

在19世纪50年代和60年代,社会主义者的心境也在发生改变。《群魔》中斯捷潘和彼得·维尔霍文斯基的对比非常生动地显示了这种变化,当然这种对比有可能是不公平的。新社会主义者更"现实",对人民群众更感兴趣,更倾向于反抗。其中一些人把对西方的仇恨和对俄罗斯人民群众的热爱,转化为民族主义情绪,而其他人则朝着国际革命的方向前进。巴枯宁和拉夫罗夫是后者中的两位杰出人物。

米哈伊尔·巴枯宁(Michael Bakunin),国际无政府主义的倡导者(对他而言,国际无政府主义意味着分散的民主),开展了20多年的革命活动以发展民族主义事业。[9]他称颂俄罗斯农民的革命美德,延续了救世主思想,在1845年预言:"了解[俄罗斯]后,我们完全确信,这个世界有一个伟大的使命等着它去完成。"(引自 Hecht,1947,75)

直到1863年波兰起义失败后,巴枯宁才开始积极投身于国际(革命)事业。几年后,他在那不勒斯成立了"国际兄弟同盟",旨在通过世界革命来结束一切形式的剥削。它的《革命者教义问答》(*Revolutionary Catechism*)(巴枯宁编写)①拒绝任何基于爱国主义和国家竞争的政策:"目前存在的所有政治和专制国家……将在自由农业和工业协会的统一联盟中消失。"(Nomad,[1939]

---

① 有学者认为,这本小册子是涅恰耶夫编写的,也有学者认为是涅恰耶夫和巴枯宁合写的。——译注

1961,185)

巴枯宁认为爱国主义是"对人类平等和团结的否定",并通过普通无产阶级者的意识看到了爱国主义的衰落(引自 Hecht,1947,75)。他从来不是一个马克思主义者,但他预言了欧洲乃至全世界会组成无产阶级联盟。

彼得·拉夫罗夫(Peter Lavrov)提出的巴枯宁起义者计划的替代方案,在很大程度上启发了19世纪70年代中期知识分子的"走向人民群众运动",当时成千上万的民粹主义者/民粹派人士去和"平民"一起生活,以提高他们的教育和经济水平。像所有马克思主义出现之前的俄国社会主义者一样,拉夫罗夫的社会主义是农业的、是有产阶级的。然而他的社会思想是世界性的。他强调无产阶级在西欧和美国革命运动中的首要地位,并敦促社会主义者将工人运动发展为"有组织的无产阶级……反对其剥削者的一次国际斗争",认识到其"没有民族和种族差异"(引自 Hecht,1947,180)。拉夫罗夫希望每个民族都作出自己的贡献来实现"现实和文学中"的国际主义。

拉夫罗夫的言论体现了马克思主义的精神,以及我们离得并不远。民粹社会主义者在19世纪70年代(对农民的了解)的失败提示人们需要寻找更恰当的理论和更有效的技术。19世纪80年代,通过普列汉诺夫(Plekhanov)对马克思主义的系统阐述,马克思主义社会主义吸引了许多的知识分子。政治斗争取代了社会斗争的首要地位,从而使普遍主义成为有组织的有阶级意识的无产阶级的普遍主义,而无产阶级则注定要成为新的一类人。

俄罗斯知识分子中最严重的反普遍主义趋势,就是斯拉夫派运动。然而，它是由熟悉和喜爱欧洲文化的人发动的。阿克萨柯夫（Aksakov）甚至提到过"普遍的人类文化"。早期的斯拉夫派仅希望，俄罗斯对世界文化的贡献是原创的，而不是对西方的廉价复制。

在其首席发言人亚历克西斯·霍米亚科夫（Alexis Khomiakov）之后，斯拉夫派开始追求狭隘的民族主义，并支持许多反动/反对改革/保守的政府政策。在19世纪30年代和40年代，霍米亚科夫发展了一些概念，这些概念对陀思妥耶夫斯基和索洛维约夫产生了一定的影响，从而与我们此处讨论的问题也有所相关。

霍米亚科夫重新使用并完善了"公教"（sobornost）的概念，或者说"公理主义"，这是东正教信仰的产物，即人的精神是赐予会众的天赋，而不是属于个人的。公教理论认为，真理存在于会众不断发展的共识中。用霍米亚科夫的话来说：

> 真理的最高知识是思想孤立的人所无法掌握的；只有因爱团结在一起的人组成的社会团体才有可能掌握。真理看起来好像是少数人的成就，但实际上它是所有人创造和占有的。
>
> （引自 Lampert，1947，105）

对霍米亚科夫而言，东正教会的思想和"实际情况"是公教的原型。他写道，东正教会是团结统一的，却没有罗马的专政（因为它的团结统一是建立在互敬互爱的基础上的），也没有新教教义的叛逆性(因为它的成员必须做到互敬互爱的谦卑)。[10]他称赞以公教和米尔为表现形式的社会是完美的基督教社会。[11]

除了教会、公教和米尔,霍米亚科夫还推崇宗教无政府主义,这一特质也是他在人民群众中发现的(托尔斯泰晚年也极力推崇这一点)。这种无政府主义反对国家机构,并认为特权暴力是授予沙皇的,他为所有人承担了这份恶。东正教信徒不需要主人,他们有公教。在精神秩序上,自治是必需的,自由教会应该高于国家。这样的观点,不用说,国家认为它是颠覆性的,因此早期的斯拉夫派和西化派一样,为政府所猜忌。

在抵御西化攻击的过程中,斯拉夫派的这些观点得到了支持,独裁和农奴制的罪恶让费奥多尔·陀思妥耶夫斯基(Fyodor Dostoevski)等年轻人加入了默默反抗的行列。然而,陀思妥耶夫斯基留在社会主义阵营的时期并不长。他因革命活动而被流放,这导致他的思想发生了深刻的转变,从社会理想主义转向笃信基督教之爱。他通过耶稣基督的教导、东正教的戒律以及无数"伟大的人"的榜样,在西伯利亚找到了"生存之道"。苦难、罪恶、赎罪、博爱的俄罗斯人民群众成为他新的思想体系/意识形态。

他于1861年在其出版的《时代》(Vremya)杂志中,将这一思想体系公之于众。该杂志认为,斯拉夫派和西化派的目标是相同的——振兴俄罗斯,所以其宗旨是敦促这两派人在人民群众中去寻找真正的民族精神和对俄罗斯的救赎。它强调了俄罗斯与西方的不同,高度评价俄罗斯的使命和俄罗斯人民的独特性格。"我们相信",陀思妥耶夫斯基在《时代》杂志中写道,"俄罗斯民族具有所有人类历史上不曾有过的特质。……在[俄罗斯人的性格]中……有一种高度融合的能力、一种取得普遍和解的能力以及具备普遍人性的能力。"(引自Simmons，1940，98)这一理念反映了陀思妥耶夫斯基的普遍主义，并表明了他同样强烈的民族主义。陀思妥耶夫斯基在俄罗斯人民发展四海同胞的能力中发现了俄罗斯的美德和使命，可以说，他既是民族的又是世界的。这种两极性一直伴随着他的余生。

随着陀思妥耶夫斯基与西欧和社会主义接触的增加，他的观点也变得越来越强硬。他开始厌恶西方资产阶级的物质主义和个人主义的自私自利，高度赞扬俄罗斯优秀的历史发展和民族精神的纯洁。消除资本主义的罪恶不能依赖于人类的理性的利己主义。陀思妥耶夫斯基在他欧洲之行的一些随笔中强调，人类无法遵守理性的、机械的社会生活规则。他批评通过理性论证对那些爱的奉献进行立法，爱的奉献只能来自内心、来自信念和耶稣基督之爱。忽视这一点，其后果是危险的。在《罪与罚》和《白痴》这两本书中，他展示了当时激进一代的忧虑恐慌及其对信仰的缺乏。

通过《白痴》中的梅诗金公爵之口，陀思妥耶夫斯基表明，有两种方式可以将社会团结成一个和谐的整体：通过权威或者通过服务。前者，运用理性和武力，是天主教和社会主义（陀思妥耶夫斯基往往将它们并列为一对邪恶的力量）采取的方式。后者是东正教信仰（公教）的方式，通过顺从和互爱达到普遍和谐。"顺从，"陀思妥耶夫斯基在《白痴》的注释中写道，"是世界上最可怕的力量"，它必须反对暴力的方式（引自Simmons，1940，218）。公爵的宗教信仰呼吁与最高综合度的生命的快乐统一，而当他完全压抑自我时,他做到了这一点。(它类似于陀思妥耶夫斯基癫痫发作前的欢喜时刻——他最欢喜的时刻。)这种热情的神秘的爱的联盟是陀思妥耶夫斯基坚定的信仰,正是它驱散了他间或出现的对宗教的怀疑。正是这种情感唤起了他晚年对世界和谐的种种憧憬。

这样的憧憬出现在《群魔》里斯塔夫罗金的忏悔中,并在《少年》里韦尔西洛夫(Versilov)的梦中再次出现。它描绘了人们生活的天堂,他们无穷无尽的爱和幸福来自"活生生的生活",与反思的生活相反的通过人的情感所组成的整个完整的生活。我们在《一个荒唐人的梦》这一故事中又再次看见了这一憧憬。其主题又是爱和幸福,人们生活在"与整个世界的日常即时交流中",生活在互相的博爱中。这个荒唐人把反思和文明引入了这个乌托邦,从而导致其转向科学和对理性利己主义的崇拜。其和谐被打破;社会以沦入几近虚无主义的痛苦而告终。

教训是显而易见的。这个荒唐人发誓醒来要与"对生命的认识优于生命"的观点作斗争;我们再次注意到陀思妥耶夫斯基对理性主义的厌恶,以及他对基于信仰而拥抱一切的爱的热忱。

在当时的世界形势下,这种对未来世界和谐的渴望,呈现了陀思妥耶夫斯基普遍主义的另一面。但是在他看来,只有坚持基督教思想,才能拯救战争中的文明。

这一主题思想在分期连载的《作家日记》中以新闻报道的方式进一步发展的:天主教借助罗马帝国的力量来实现精神上的统一,扭曲了基督教的思想。经历资产阶级和社会主义者的暴力,西方注定要自我毁灭。欧洲的命运取决于俄罗斯人,他们将通过温柔谦恭、遵循服务世界的原则,带来世界和谐——只有俄国人才是所有人民的同胞。

这一观点是1880年他在莫斯科普希金雕像落成典礼上所作的著名演讲的核心。演讲中,他称赞普希金是一位伟大的民族诗人,因为他体现了俄罗斯民族的一个重要能力——博爱——它的普遍敏感性,以及它的"包容一切的人性":

> 成为一个真正的俄罗斯人意味着……要在俄罗斯人的心中,在"世界人"和大联合的人的心中,为化解欧洲的痛苦指明出路,用兄弟般的爱拥抱我们所有的兄弟们,以及最后,也许还要说一说遵守基督福音的所有国家形成的兄弟般的伟大和谐世界的最美好的话语。
>
> (Dostoevski,1949,980)

知识分子如果能认可这种精神,斯拉夫派和西化派之间的矛盾冲突将被化解。后者认为,俄罗斯的使命不可能通过照搬/盲目效仿欧洲的社会秩序来实现,前者认为,俄罗斯人渴望与欧洲建立兄弟般的关系,并分享其文化遗产。陀思妥耶夫斯基再次呼吁双方和解,规劝两个阵营在使命的完成过程中开展合作,向人民作出解释说明,正如他早期所写到的:

> 我们迫切希望为人类提供普遍服务,有时甚至会损害我们自己重大而直接的利益。这是我们与他们的理想中的文明认知和理由的和解,尽管这些和我们的并不一致;这是我

们习得的能力,在每一个欧洲文明中发现和揭示……其真理,尽管有很多是我们不可能赞成的。

(同上,361)

这是陀思妥耶夫斯基普遍主义中最崇高的部分。然而,与此相对应的是,那些对犹太人、波兰人和法国人的攻击,它揭示了最基本的沙文主义。然而,他会说,陀思妥耶夫斯基的斯拉夫主义,并不是狭隘的民族主义者所秉持的斯拉夫主义。他最在意的是俄罗斯对世界的使命,在那个框架下,他的二元论是合理的。

在那个框架下,他确实为战争——这一几乎与他对暴力的否定完全矛盾的事物——找到了正当理由。陀思妥耶夫斯基认为,俄罗斯,作为真正的基督教的唯一承载者,应通过向世界说出"她的崭新的、理智的、迄今为止闻所未闻的口号……",以此服务全人类,让"全体人类组成一个崭新的、兄弟般的、普遍的联盟,实现有效的、真正的统一"(780)。但是在天国,服务所有人的人级别是最高的,这种精神上的优先权,赋予了俄罗斯发动战争的权利,以此来传播这个新的口号,并促进人类的团结。因此陀思妥耶夫斯基拒绝为了政治或经济利益而发动战争,但一直坚持"君士坦丁堡必须是我们的",并赞成1877年俄国对土耳其的战争:"随着战争和胜利,这一新的口号将被唱响,新的生活也将开始。"(662)这场战争是解放斯拉夫人、建立以俄罗斯为首的斯拉夫人联盟的手段,是迈向人类统一的重要一步。如果这让人想起帝国主义,那也是一种倒退的帝国主义;因为他坚信俄罗斯对服务全人类的渴望,并不是为了获得全人类的崇拜。奖励不是政治上的，而是精神上的。

陀思妥耶夫斯基关于世界将团结于东正教下的天启式预言，绝不是现在这样的战士们压抑着的冷静画面。他的那个新世界是充满活力的爱的场景，苦难带来救赎，所有人互相积极承担责任。他的个人行为准则和社会的万能之计是统一的：个人的宗教自我完善是社会改革的手段。他对经济不公感到厌恶，他提出的改变经济不平等的补救措施"只能通过人的精神尊严达成。如果我们是兄弟，就会有兄弟情谊；但是没有兄弟情谊，人们永远不会在财富分配上达成一致"（引自 Maynard，1946，211）。伊凡·卡拉马佐夫（Ivan Karamazov）讲述的宗教大法官的传奇故事是陀思妥耶夫斯基作品中引发社会争议最多的：人类应该拒绝被立法规制的物质和幸福，应享有天赋的自由，寻求达到新的精神高度。不证自明的是，他无法独自接触到他们，"为了寻求和平，俄罗斯受难者恰恰需要普遍的幸福——一点也不能少"（Dostoevski，1949，968）。

托尔斯泰盛赞陀思妥耶夫斯基的小说传达了"对人类联盟和兄弟情谊的宗教情感"（引自 Simmons，1940，xi）。他们在这一点上达成的共识引领我们去寻找托尔斯泰普遍主义背后蕴藏的完全不同的世界观，以及他为寻找人类渺小存在的意义而走过的异常曲折的道路。

托尔斯泰遭遇过精神危机，几乎导致他的自杀，但也给他带来了之后持久信仰的萌芽，在此之前，托尔斯泰已经创作了他最著名的小说《战争与和平》和《安娜·卡列尼娜》。然而，在他的民族史诗中，我们已经发现了属于他后期宗教普遍主义的一些概念。它表现了贯穿他一生的两大影响:对人民群众的爱和源自叔本华的佛教倾向。这些在农民卡拉塔耶夫身上得到了融合,他表现了托尔斯泰的泛神论,他努力将个性融入劳动人民的集体生活中。根据梅纳德(Maynard)的说法,托尔斯泰借他之口说出:"正是自我及自恋造就了悲伤:因此,让你融入人民群众的普通生活,并遵守共同生活的指示吧!"(Maynard,1946,229)"普拉东·卡拉塔耶夫(Platon Karataev),"另一位解读者写道,"已经是托尔斯泰人类兄弟会的成员。"(Sandomirsky,1949,208)

托尔斯泰对战争越来越反感,这一点体现在《安娜·卡列尼娜》的最后一部分,列文谴责了导致战争的沙文主义情绪。然而,伴随俄国-土耳其战争而来的爱国热情浪潮,把他的焦虑不安之声完全掩盖了。仅仅几年后,他的思想演变成,无条件拒绝任何形式的暴力。

托尔斯泰经过一生的精神斗争,尤其是1879年精神上的极度混乱,他在人民群众中找到了死亡也无法摧毁的生命意义:对上帝的信仰和对敬虔生活的渴望。他后来的作品,不像陀思妥耶夫斯基宣称的那样,是艺术灵感的间或爆发,而是发展了一套全面的、理性的宗教思想。托尔斯泰不能接受任何经不住论证的东西,但一旦接受了,他就会全身心地坚持下去。他的新的信仰建立在基督耶稣关于自我控制和绝对的爱的指令之上。这些指令的结果都是经过认真推导,并得到孜孜不倦地阐述的:通过个性的否定来实现自我完善、绝对的非暴力、拒绝教会和国家。

托尔斯泰由此论证:因为生命包含痛苦、衰退和死亡,一个人的肉体康健不可能永远保持;唯一真实和不朽的是对上帝及其子民的爱；因此，理智的人应该放弃他自己的动物性需求和欲望，把自己献给对所有人的爱，这爱里才有真正的幸福。人们应该通过谦卑和自我苦修来追求完美，而社会的进步只有通过民众道德的提高才能实现。

生命的意义蕴含在某种更高级的力量中，需通过理性和良心才能领悟，这是所有宗教的核心本质。各种各样的好战信仰的存在一开始会让人们认为所有的信仰都是错觉；但之后我们会发现，尽管"我们的表达方式可能不同，但本质必须是相同的——我们（你和我）都是人"（Tolstoy，［1904］1934，332）。由于真正的宗教是生命的意义，每个人与上帝的关系是由他自己单独决定的，由教会等级制度或国家强制执行的信仰不是真正的信仰。

从耶稣基督的命令"爱你的敌人"中，托尔斯泰得出了最激进的非暴力教义。因为国家通过暴力维持其运转，所以任何真正的基督徒都不应该服兵役或者支持任何国家机构。教会（在这一点上，他显然比陀思妥耶夫斯基走得更远，后者并不谴责东正教）默许使用武力，背叛了基督教的理念；"国家教会"的说法就像是"热的冰块"一样。

托尔斯泰在国际层面上运用这种宗教无政府主义，由此猛烈抨击爱国主义的"愚蠢教义"，认为它是"一种粗鲁、有害、可耻和糟糕的情感，最重要的是——是不道德的"（Tolstoy，［1900］1911，252）。托尔斯泰认为历史是人们从低等思想向高等思想转变的过程，他将爱国主义称为一种过时的观念，因为人们已经有了"不同民族的人也是兄弟手足"的意识，也因为各国人民（而非政府）之间的商业和文化关系是友好、和平的。只有从战争或

战争威胁中获利的政府官员、军人和追求荣耀的统治者才鼓吹爱国主义。当人们意识到这一点,政府就会瓦解:

> 要明白,只有当你从过时的爱国主义思想中解放出来,不再服从以爱国主义为基础的政府,只有当你大胆地进入那个更高层次的思想领域、全世界人民组成的兄弟联盟,那个已经成立已久、四方皆呼应的联盟,你的苦难才能得到救赎。
>
> (同上,261)

这就是普遍主义,没有任何限制性的言外之意。

很明显,托尔斯泰的普遍主义,只来源于耶稣基督的教诲。他拒绝以世界人民都是兄弟姐妹的实证主义和社会主义形式对宗教进行升华。它们建立在"实用"的基础上;它们从教外人的社会生活观念出发,即为了社会的利益而限制人的本性;它们基于以下假定——人们不可能真正爱上一个国家,更不用说爱上"人类"这一整体了。托尔斯泰极力主张一种"普遍的、神圣的生命概念",即要求人们不辜负自己(神圣的)本性。普遍主义来自对"万物的原则——上帝……"的爱,"……人们通过爱在自身找到上帝……以及[人们]因上帝的爱而爱所有的人和所有的事物"(Tolstoy,1894,111)。

在《艺术论》(*What Is Art?*)一书中,托尔斯泰根据他的新的宗教理念对其美学进行了调整。对他来说,最好的艺术,就是那种可以极具感染力地把最高等的道德情感传达给所有人的艺术。与所有人交流的愉悦感是"既来自传递上帝之爱和邻里之爱的宗教艺术,也来自传递所有人共有的最简单情感的普遍艺术"(引自Simmons,1940,540)。

实际上,托尔斯泰并没有像陀思妥耶夫斯基那样,与他自己所持的普遍主义原则自相矛盾。他对俄罗斯人民群众的爱是通过冷静的、非沙文主义的词语来表达的:"俄罗斯人民比其他人更具有基督教精神,我认为我的这一看法是公正的。"(650)他非常同情俄国那些受苦受难的犹太人。在给弗拉基米尔·索洛维约夫(Vladimir Soloviev)(这半个世纪里第三位伟大的宗教普遍主义者)的一封信中,他写道:"我们反对迫害犹太民族的理由是一样的:与所有民族兄弟般的情感。"(引自Iswolsky,1943,16)

这一共同点又一次成为我们的出发点。尽管托尔斯泰和索洛维约夫一致宣扬"兄弟情谊",但二者在提倡"兄弟情谊"的理由上以及二者总体的世界观上有着显著的不同。它们在许多方面是对立的,就像他们中的每一个都可以在其他方面与陀思妥耶夫斯基形成对立。

弗拉基米尔·索洛维约夫不是艺术家,而是一位神学家和真正的哲学家——这在俄罗斯很少见。他在精妙的形而上学体系背景下宣扬他的普遍主义。索洛维约夫思想的最主要最直观的一点就是他把宇宙和人类看作一个包含一切的统一体。这种统一不是简单的、抽象的联合,而是"一种其自身即包含所有的具体的原则"。只有通过自由的神智学,将西方的经验和理性认知与东方的直觉相结合,才能理解它。反过来,这种"整体知识"要与日常生活结合,才能成为积极的创造。

索洛维约夫在斯拉夫派作家和他的朋友陀思妥耶夫斯基的

影响下，形成了这种哲学观。他认为，积极融合东西方哲学，是俄罗斯使命的一部分。然而，统一性原则鼓动他继续往前发展，此外恰达耶夫的《哲学书简》也促使他从东正教神学和俄罗斯"神圣"使命思想转向为其自创的神权政治普遍主义思想和俄罗斯致力于世界统一体的思想。大约在1884年之后，他成为"动物学民族主义"的犀利批评家，反对一切形式的偏狭和固执。

他的新神学成形于《俄罗斯和普世教会》(*La Russie et L'église Universelle*)(Soloviev, [1889] 1948)，该书被迫在俄罗斯境外印刷。书中，索洛维约夫将他的统一性思想和他在斯拉夫时期发展的神人思想结合起来，形成了一个偏好于天主教的完整宇宙进程。

索洛维约夫认为，每一个存在都有三重本质：它的存在现实性、它的活动性，以及通过回归其现实性而实现的其活动性的自得其乐性。[12]然而，他的三重本质最初的和谐结合状态实际上已经被打破：他的第二重本质，活动性，是世界的灵魂（物质世界的神圣本质），它是自己自主选择打破而带来混乱的（亚当的堕落）。宇宙的进程是世界的灵魂回归与上帝的有意识的重新结合。他将这种新的泛统一体的绝对形式和"思想"（按照柏拉图的话来说）称为"索菲亚"(sophia)——为神圣统一原则所渗透的神圣的实质。

通俗来说（简而言之），这种观点将世界的进程定性为朝着更完美更统一阶段的演化，从矿物（仅仅是一种"存在"）到植物和动物、再到人类（理性的"存在"）、最后是神圣的或精神上的人类（完美的状态）的发展："这样的人以及人类世界的最高目标是在思想中将整个宇宙聚集在一起。神人和神国的目的就是在现实中将宇宙聚集在一起。"(Soloviev，1918，190)耶稣基督是神人的典范，而历史的意义和目的就是通过基督精神在生活各个方面的体现来实现普遍的再生。索洛维约夫坚持认为，基督教普遍主义不像涅槃那样消极或否定，而是积极和创新的：它通过积极的精神努力来培养神圣人性，从而寻求最高等的自我实现。

其所使用的工具，当然，就是爱。爱承担了三重的统一任务：男人通过与女人真正和永恒的结合来达成个体上的圆满；通过组建完整和稳定的社会来完成社会人的重新整合；"通过重建与整个自然的亲密和生活联盟来完成世界人的重新融合"(Soloviev，[1889] 1948，212)。个人只有根植于整个人性上，我们才能看到他的成长。每一个单独的存在（个人、阶级、国家）如果离开了事物的全部神圣性和人性，则与真理、其实际表达以及正义都是相悖的：

> 每个人都想为了自己以及为了所有的人得到［神的国］，但要和所有的人一起才能得到它。
>
> 世界的宗旨不是在每个人和所有人之间建立一种团结，因为它已经存在于事物的本质中，而是要使每个人和所有人都意识到这种团结，并在精神上重视这种团结。

(Soloviev，1918，199，204，斜体部分为索洛维约夫的原文如此)

需要有一个组织来协调这一进程中的个人和集体。这就是普遍教会，它是神圣的全人类统一体的客观关联物。按照圣彼得教皇继承的信条,索洛维约夫将天主教教义规定为教会"神职人员制度",并请求东正教会与之再次合二为一。另一方面,为确保基督教的正当性,教会和国家的紧密联盟是必要的。索洛维约夫进一步解释道,为普世教会提供拯救欧洲和世界所需的政治力量,是俄罗斯的历史使命。

我们必须记住,索洛维约夫选择教皇和沙皇作为新世界联盟的两大支柱时,并没有考虑到政治或精神上的独裁。他脑中一直想着的是公教理想,即自由和爱的结合。他着迷一般地宣扬"自由神权政治"和"自由神智学"。

在基于这些理念上的综合性论述道德的论文《善的证明》(Justification of the Good)中,索洛维约夫根据人们应该完善自我及全人类以实现上帝的国这一原则设立了一个无条件的道德准则。这就是"每个人都有自己的绝对价值,正是因为如此,社会才会被认为是所有人在内在和自由上的和谐整体"(266)。真正的基督教体现了这一点;在没有外部限制(国家的、教派的)[13]和内部限制(真正的基督教与智识启蒙、社会进步等不可分割)的情况下,它是普遍的。它对所有人民提出的挑战是如何完善制度以实现"所有人在至善中的自由联盟"(275)。

三大集体弊病则与之相对立。它们是存在于(1)国家之间;(2)社会与罪犯之间;(3)社会阶层之间的不道德关系。第三类不道德关系可以经由社会规定最低经济水平以确保每个人的生活以及规定每一项经济活动的道德标准而变得道德化。第二类不道德关系可以经由拒绝报应罚但接受使用暴力以防止恶行来解决。

索洛维约夫对第一个弊病的思考,展现了其对政治普遍主义详细而广泛的探究。由于任何一个国家的创造性工作都具有普遍(世界性)价值,没有哪一个国家把自身视为自己生活的目的,个人也无权把对其民族/国家的物质利益的追求置于普遍道德的要求之上。然而,国家差异是真实存在的,爱国主义是一种自然而基本的道德情感。索洛维约夫总结道,我们必须仍然热爱我们自己的国家,但"要像热爱[我们]自己的国家一样热爱所有其他国家"(不是心理上的热爱,而是道德上的热爱,这种热爱相当于国家的自爱)。

随着实用主义观从其华丽的神秘主义中的显现,索洛维约夫找到了在战争中进行军事防御的正当化理由。为实现社会公益,个人道德责任的履行不可能孤立地进行,而必须通过由人类历史生活决定的那些群体来实现。这一阶段的群体就是作为一个国家政权构建起来的祖国,因此人们在道义上有责任保卫和完善自己的国家,直到人类作为一个整体能够在道德上构建起来。

对索洛维约夫来说,各个国家的真正统一,不是拥有一个单一的国籍,而是包含所有的国籍。这里再次体现的是他形而上学式的概念:积极统一或单一整体,它是人类理性的最高水平的认识(整体知识)和索菲亚(神圣的智慧)的特征。[14]他提及人类统一体的理由包括以下三点:所有人的共同血统;他们尽管语言不通,但具备整个世界范围内的沟通能力;以及历史只有在世界层面上才简单易懂的事实。

在人类的道德组织中,没有一个国家在牺牲他人的代价下可以实现繁荣;因此,把自己的国家吹捧成主要的利益就是不爱国。

真正的爱国者将为他的国家的真正利益服务,也就是人类这一个大国家。索洛维约夫预言:集体中的人,或者说分成不同群体的人类,将组成大公教会,在那里,每个人都实现了内在的自由。"圣事的循环,就像宇宙生命的循环,是通过肉体的复活、整个人类的融合以及神圣智慧的最终具象化来完成的。"(Soloviev,[1889]1948,214)

在他生命的最后阶段,索洛维约夫醒悟过来,放弃了其世界神权政治国的梦想。他放弃了他的人为解读,并对在地球上实现上帝的智慧感到绝望。在1899年发表的对未来悲观的天启性著作《三次谈话》(The Three Conversations)中,他预言了反基督者的胜利和世界的灾难;但是,经过长久的斗争,他还是向人们展示了反基督者的失败和被期待已久的教会联盟。普遍主义者们不会停止努力。

五、结　语

东正教信徒和激情的怀疑论者通过揭露世界悲剧的二元性,提高了世界的自我意识,并留下他自己强烈的民族普遍主义作为证据;教会和国家的反对者对生命意义的理性探索变成了代表无组织人类对自我的极端苦修;业余神学家认为可以通过自我的扩展借助罗马为首的教会成为神人,从而达成自我的终极实现——除了对人类的爱,他们还有什么共同点吗?他们之间是否有足够的相似性,以至于可以提炼一种与启蒙运动思想相提并论的"道德思想"?

这些作家对尼古拉·费奥多罗夫（Nicolai Fyodorov）思想的反应告诉我们应该去哪里寻找他的思想。这三个人都对《共同事业的哲学》(*The Philosophy of Common Action*)（这是费奥多罗夫拯救世界的计划）印象深刻，并对费奥多罗夫的观点表示热烈赞同（参见 Berdyaev，1948，209）。在费奥多罗夫的作品中，个人对整体的责任感以及在地球上实现上帝的国的天启式冲动达到了极致。这两种理念包含了所有俄罗斯宗教普遍主义者的思想；事实上，当教会的现实状况拆穿了这些基督教的希望时，它们借着反宗教的外衣，侵占了许多其他知识分子的思想。

费奥多罗夫就是这些概念的具象化。他对人类苦难的极度同情使他强烈地反对人类最确定的一种忧伤——死亡。他告诫人们必须停止互相争斗，联合起来征服非理性的自然力量：掌控技术的高度集体化的人类活动将能够创造奇迹，甚至是复活死人！这是共同的任务，在时间和空间上实现全人类的友好情谊。此外，基于对他的血统的忠诚，费奥多罗夫说，这一任务应该在俄罗斯开启，因为俄罗斯人民受到的无神文明的侵蚀最少。

这一点太熟悉了；人类面临的挑战是在精神上超越自我，追求道德上的完美，成为神人。全人类都面临挑战，尤其是俄国人。通往完美的道路在自我谦卑地投入为所有人的服务中、在无所不包的爱中，这条道路被基督教上帝的爱所照亮。

宗教普遍主义者的基调同启蒙思想家的并不一样。他们并不讨论某个孤立的人、被赋予的某些不可剥夺的权利，也没有讨论人性的抽象本质。除了个人对人类的道德责任和对人性的道德构成之外（每个人都对所有人负责），也没有对个人的思考。托尔斯泰宣称"一个有智识的、阴柔的、无所事事的人总要证明个人是有不可剥夺的权利的"([1887] 1934,82)。索洛维约夫对此作了精妙清晰的区分。

> 《(法国)人权宣言》只有建立在对人自身的真正认识的基础上,才能为社会的重构提供一种积极的原则。革命者的……或者他们的精神自制的、百科全书派的原则……是众所周知的:他们在人的身上看到的只有抽象的个性,一种理性的存在,而缺乏所有的实在内容。
>
> ([1889] 1948,7)

当然,正是这种"抽象的个体性",为启蒙思想家们提供了扫除阻碍人类充分发挥其潜能和造成社会纷争的非理性障碍的理由。传统宗教、阶级特权和种族偏见的人为性本质在这一点上得到了揭示;人类备受赞颂,人与人之间的世俗博爱也得到大力宣扬。

启蒙思想家们的著作包含对理性、中间道路,资产阶级理性的呼吁。人的权利,就像道德和宗教的自然法则一样,任何人都能通过自然理性加以理解和认识。他们对社会问题的理性分析只是站在他们自己的立场上,忽略了启示、神秘主义和激情的本质。

这进一步表明了其与俄国三人组另外两人的不同之处。俄罗斯的宗教普遍主义者拒绝将人类的兄弟情谊视为世俗的、人道主义的或实证主义的基础。他们每个人都经历过无神论时期,都熟悉社会和谐的非宗教理想;但他们坚持把回归上帝作为兄弟之爱和社会进步的唯一重要源泉。索洛维约夫用一句俏皮话道出了他们的观点:"俄国虚无主义者有一套他们自己的演绎法——人由猴子进化而来,因此我们应该彼此相爱。"(引自 Berdyaev, 1948,106)

但更重要的是,他们并不是按照资产阶级的方式一小步一小步地来构筑人类的进步。他们对激进知识分子的"蚁丘"解决方法的反应,与他们所抨击的方案一样具有革命性。

别尔嘉耶夫指出,俄罗斯人热衷于完整性、极权主义,思想中缺乏批判性的怀疑主义和理性的碎片主义(fragmentarianism)。这一点从他们把哲学与整个生活融合在一起就很显而易见;他们全面地投身于各种各样的观点——黑格尔主义、斯拉夫主义、虚无主义。正是在悠久的东正教传统中,存在生活的全部,精神上的和世俗的;在公教中,存在着个人意志对大众的屈服,在教堂会众中寻找真理和爱;在平民主义精神中,通过与普通民众的融合而达成圆满。

这种倾向也出现在俄罗斯宗教普遍主义者的作品里传递的不妥协和末世色彩中。要满足他们对救赎的追求,代价是非常大的。它是陀思妥耶夫斯基对救世主义的痴迷,是他对未来世界和谐的憧憬,是他关于自由、痛苦、赎罪精神的天堂,有关这些的隐喻在《宗教大法官》(The Grand Inquisitor)这一章中出现得非常频繁,简直令人眼花缭乱。它是托尔斯泰绝对苦行的提议,以此作为对基督教义的诠释,以及他提出他的同伴们应当像神一样行为处事的要求。它是索洛维约夫的完整知识-生活,他热衷于修炼达至完美的人类与上帝的天启式结合。

俄罗斯人的极权主义倾向在这三位作家身上找到了实质性的和特征性的表现。他们的普遍主义似乎是建立在一体性的神秘直觉之上的,而启蒙思想家们的普遍主义则更多地来自对众多个体本质上的平等的认可。陀思妥耶夫斯基的行为与他的普遍主义原则如此背道而驰,这一事实表明,这些原则并非由具体的、特定的观点构成,而只是神秘的一体性情感(即他提出的"活生生的生命")的抽象。托尔斯泰为融入人类的日常生活而进行自我苦修,这表明了一种消极的、被动的一体性。关于索洛维约夫的统一性,我们已经讨论过了其无处不在的直觉性。

尽管他们的方法和价值观不同,但启蒙思想家们和俄国三人组有一个重要的底线共识。他们从根本上皆认为每个人都具有绝对的价值,尽管他们对这种绝对价值的理解有所不同。他们一致抨击各国文化中的暴行、死刑和战争,这些行为在这些国家是被正式认可了的。他们解释了(尽管对陀思妥耶夫斯基而言只是纯粹在理想层面上)那些因外部群体身份而使人与人之间疏远的观念。

对他们所有人来说,人类的亲人就是人性;人类的家园,就是世界。

6
帕森斯、齐美尔和默顿作品中的道德社会学

尽管道德社会学——更贴切地说,"道德现象"社会学这一分支对于社会学家来说可能是一个新的出发点,但事实上,这个主题从其还没有成为一个正式的学科之前起就一直是社会学研究的重心。从社会学先驱、亲切的亚当·斯密,到社会学的正式奠基者奥古斯特·孔德,再到这门学科的几乎所有推动者,社会学家们致力于研究涉及道德现象的形式、内容、起源、功能和变化等一系列问题。

在某种程度上,这一努力可以从建立社会学学科的动力中看出来,它包括坚持不懈的努力以超越"经济主义",这一立场是对原子自然主义和边际效用理论的抽象。其对帕累托、涂尔干和韦伯等创始人多有关注,1937 年,塔尔科特·帕森斯出版《社会行动的结构》(*The Structure of Social Action*)([1937] 1968)一书时,将这一方面披露为众人所知。其实,早期社会学家如奥古斯特·孔德、约翰·斯图尔特·密尔(John Stuart Mill)、约翰·杜威、威廉·I. 托马斯(William I. Thomas)、罗伯特·E. 帕克

(Robert E. Park)和威廉·格雷厄姆·萨姆纳的研究工作也是如此,但帕森斯在写作《结构》一书时很多都忽视了。

一般来说,对经济主义思想的批判有以下四个方向:第一种,强调保持传统的习惯和惯例,排除功利主义演算这一核心的经济主义思维方式。这种强调是某些社会学家著作的特征,例如,约翰·杜威,对他来说,大多数人的行为都受到根深蒂固的习惯性反应的指引;还有马克斯·韦伯,他写道,"大量日常行为都是人们已经养成习惯的行为。"(Weber,1968,25)在无数的例子中,传统和习惯使得人们倾向于追求那些几乎肯定无法满足他们生存和幸福需要的行动方针。

另一种批判的思路是质疑经济主义的合理性假设,指出潜意识下的动机和情绪的冲动会让利益的计算偏离轨道。许多道德哲学中都出现了这种批判,但表述各异——在道德话语中,激情曾一度比"利益"更为显著(Hirschman,1977)——休谟和叔本华等人对它们进行了深入研究。西格蒙德·弗洛伊德和卡尔·荣格(Carl Jung)及其追随者的著作中对这些思想和观点进行了充分的阐述,让人印象深刻。

第三种批评思路来自那些拒绝对独立个体进行抽象分析的人,相反地,他们只考察个人行为被集体结构塑造和构建的各种方式。这种批判由奥古斯特·孔德首先提出,埃米尔·涂尔干进一步将其发展。继孟德斯鸠对霍布斯加以抨击之后,奥古斯特·孔德和埃米尔·涂尔干都批评经济学家们认为个人自己能够组织他们的决定和行动的观点(Levine,1995,chap. 8)。

第四种——也许是对经济主义最激烈的批判——采取的方

式是强调人类行为的道德维度。几乎所有上面提到过的学者都有同样的关注。尽管如此，很少有人着眼于从这一维度去阐释人类行为，进而去分析整个社会理论——去构建我们可能称之为"道德评价复合体"的东西，原因将在下文讨论。

当我们寻找在道德论述方式上最具有差异性，并在哲学上加以最好发展的原创社会学家时，格奥尔格·齐美尔和塔尔科特·帕森斯的名字就会浮现在脑海。齐美尔和帕森斯在其职业生涯中都产出颇丰，其中道德这一传统主题经常脱颖而出。追随齐美尔和帕森斯，虽然受二者的影响程度并不同，罗伯特·K.默顿通过对二者的补充，进一步丰富了道德话语。尽管如此，我们也不能得出如下结论：帕森斯或齐美尔的思维方式包含了一种独立的、连贯的对待道德的方式。事实上，在他们各自的职业生涯中，他们关于道德的思想和观点发生了很大的变化，因此人们只有通过追溯他们观念的演变，才能对他们的想法有一个正确的理解。为了这个挑战性的任务，我现在的论述也要发生方向性的改变。

塔尔科特·帕森斯：从唯意志论到多维度决定论

在促使年轻的塔尔科特·帕森斯出版他的第一部重要作品《社会行动的结构》（[1937]1968）的动机中，希望证明道德考量在人类行动中的关键构成作用是最重要的因素。[1]这个主题在《结构》一书出版前两年发表的一篇名为《终极价值在社会学理论中的位置》（The Place of Ultimate Values in Sociological Theory）（Parsons, 1935）的论文中已有预示。该论文标题中使用了"终极"一词,这代表了一种韦伯式关注,关注受宗教传统所影响的基本信念是如何影响日常行动中最平凡的细节的。这篇论文直接得出了一个结论,这个结论成为《结构》一书的强有力的前提假设:"对哲学的实证式反应已经表明了,在其对社会科学的影响中,有一种强烈的倾向要模糊人本质上是一种主动的、有创造力的、会进行评估的生物这一事实。"(282)[2]为了论证这一主张,论文提出了以下四点:

1. 理解人类行为要求客观的行为描述与主观维度的描述互相补充。

2. 掌握主观维度的卓越模式涉及对均值——残差计算的重视。[3]

3. 科学知识可以用来解释对方式方法的选择,但不能用来解释目的的选择;后者涉及一个"唯意志论"的维度。

4. 经验目的的终极正当化理由和跨经验目的的事实基础都需要某种超验的观念,这些观念实证主义无法容纳,因为后者坚持所有的真理性主张都必须要有经验性理由。

等到《结构》一书出版时,这四个方面都已经细化完善。《结构》一书将规范性因素纳入明确的行动模式中。此外,它将此种模式与许多竞争性替代方案加以区分,并得出对规范更精准的理解。这包括对规范的客观描述和主观描述的区分,前者将规范客观描述为情景中的事实,而在后者的主观描述中,规范则是理想要素,是通过积极努力可以实现的理想。

这本书的论证从一个图表开始,该图表阐明了以下这一点:所有的行动是由利益驱动的,但同时也受规范要素的规制。帕森斯描述各种行动理论的图式严重偏向了后一个变量。他用字母"i"对它进行标示,并将其定义为"规范的或理想的要素"。这本书论证的主要部分包含在第二部分的九个章节中,专门展示了他认为的四个主要人物中的三个人物(马歇尔、帕累托和涂尔干)的著作是如何被迫用规范要素为经济主义的行动模式作出补充的——因为经济主义的行动模式仅仅包括情景、条件、手段、知识和目的。四个主要人物的最后一个,马克斯·韦伯,被证明从一开始就直言不讳地否定经济主义的假设。

可以肯定的是,帕森斯唯意志论的理念几乎没有得到任何直接的关注,而在他的著作中,他试图构建其作为未来所有社会理论的试金石地位。它似乎是随意地附带于他关于规范性在行动中的地位的长篇论述里。无论他多么大声地宣称他效忠唯意志论理论,或者认为他正在拯救人类能动性原则,帕森斯在《结构》一书中也没有给予它认真的关注。与他对待其他核心概念,如行动、实证主义和功利主义的认真态度相比,他从未给这个术语下过明确的定义,并且以一种模糊的,甚至有时是矛盾的方式对待它。因此,"评论家们对于帕森斯的'唯意志论'是否代表了选择、选择的自由、自由、自由意志、目的性、主观决策、主观性、行为的主动性和创造性、独立于物质条件的自主性或反决定论上存在意见分歧。"(Camic, 1989, 89)更重要的是,《结构》一书一经出版,唯意志论理念就再也没有出现在任何帕森斯出版的著作中。帕森斯在这方面明确过他的意图所在:在著作结尾处,他指出,由于他现在已经论证了他关于行动的观点,唯意志论理念已经成为冗余的,因此可以放下了(Parsons, [1937] 1968, 762, n.1; Levine,

2005b)。

相反,从《结构》出版的那一年开始,帕森斯开始将道德视为他所谓的"制度化规范"的实例化证明。对职业的一般性分析,特别是对医学职业的分析,构成了他此处研究工作的转折点。因此,他使用不同的制度化规范的变量来解释商人和医生的定位的不同,而不是用之来解释选择这些职业的人的动机的不同(Parsons,[1939]1954)。

帕森斯关于职业的研究形成了一个综合的理论框架,其中心概念为"围绕一系列规范性作用的期望组织起来的保持边界的社会系统"。这项研究在他的第一本重要文集《社会系统》(*The Social System*)中达到顶峰(Parsons,1951)。在萨姆纳的《民俗论》之后,也许再没有任何一部重要的社会学著作在社会学分析中将道德规范现象放在如此核心的地位上。这一目标构成取代了关于道德考量在《结构》一书中的正当地位的辩护性修辞,将规范的重要性作为一个既定事实,并将它们看作所有行动的三个构成要素之一,另两个构成要素则为心理上的需求倾向和文化符号。《社会系统》把该因素作为分析的重点——把规范系统当作社会结构的等价物,分析不同类型的规范,并且进行了一次详细彻底的阐述(这种阐述到目前为止在一般理论上几乎没有得到改进),对规范是如何被遵守、认可、偏离、改变和推翻的进行了严谨的分析。帕森斯这个阶段的工作包括致力于将弗洛伊德和涂尔干关于道德心形成的模式加以整合。

也许这一时期他最突出的成就就是模式变量的架构/图式,它的提出为价值取向提供了一系列全面的选择模式。虽然帕森斯详细描述了这些选择,他只意在表明,社会结构可以体现每一组价值观中的此种价值观或者彼种价值观。在第三阶段,帕森斯提出和发展了双重交换、AGIL 范式、控制论等级和交换媒介等理念。从唯意志论到结构决定论的转变是一个完整的循环。在确定道德评价系统和行动的其他子系统的功能时,将道德视为一种方向性和结构成分上的概念的观点不再占据主导地位。适应、目标实现、整合和模式维系等系统功能推动了制度化规范的建立,而不是文化随机选择的变幻莫测。

然而,这个节点刚刚形成,帕森斯就在另一起点上重新出发了,即社会变迁模式。这一研究阶段将社会的规范结构固定在贯穿世界历史的系统性分化进程中。尽管帕森斯在其 1937 年发表的第一部重要著作中就已经放弃了社会变迁的观点——这个观点现在仍为大多数社会人类学家所厌恶,但 30 年后,他试图重新提出该观点,不过回避掉了该观点早期表述中令人反感的那些特征:变迁过程中的单线性、单一性和强制稳定性。[4] 在其对变迁理论的重新阐述中,帕森斯强调了变迁发展的不同"阶段"的重要性,指出"我们认为社会变迁不是一个连续的或简单的线性过程,但是我们可以在不忽视每一个阶段的重大差异性的前提下对发展的各种不同水平进行区分"(1966,26)。从广义上讲,他根据它们的"综合适应能力"将变迁划分为三个阶段——原始阶段、中间阶段和现代阶段。他暗示,每个变迁阶段都有一套独特的规范结构,这一主张与涂尔干的观点最有共鸣。

在帕森斯研究的最后阶段,与道德社会学有关的两个创新脱颖而出。第一个创新出现在他与乔治·普拉特(George Platt)一起致力于对美国大学的分析中。这一结果提供了一个范例,将行动整体的所有四个层次的表现形式确定和更正为一种单一的行动模式。他们将此命名为认知复合体,它为规范领域提供了一种模式,可以被称为道德评价复合体。

另一个创新是他关于人类境况的证明模型。这个模型呈现了对行动的所有组成要件及其环境进行的最复杂和最具有包容性的整合。与帕森斯长期以来所称之控制论等级相结合,人类境况范式将道德现象的完整复合体置于宇宙的背景下,指明了规范要素在事物的整体规划中存在的不同方式和节点。

这一简单概述提供了许多进一步研究的出发点,包括对帕森斯遗留的问题和不断发展的道德社会学的研究。其中有两个长期趋势很引人注目。一个是从行动道德维度的模糊概念到复杂的、分化的分析方案的进步;另一个则标志着最初对能动性和唯意志论的强调的逐渐消退和一种日益复杂的客观分析框架的形成倾向。我们将会看到,这一发展过程,与齐美尔所经历的完全相反。

格奥尔格·齐美尔:从多维度决定论到存在主义唯意志论

值得注意的是,帕森斯将齐美尔排除在《社会行动的结构》一书中讨论的欧洲作家的简短名单之外,这一遗漏引发了人们的研究和争论。我们在这里无需关注遗漏的原因。[5]

我们关心的是如下事实,即帕森斯开始了他长达一生的对行动的规范维度的研究,并呼吁建立"唯意志论的行动理论"。在某种程度上,这一强调似乎与格奥尔格·齐美尔正相反,后者一开始就强调自然力量是道德的源泉,并提出道德的约束力源于个人意志的动荡创造力的观点,从而达到职业巅峰。齐美尔在这一主题上的研究工作分为三个阶段。

齐美尔第一次也是唯一一次全面地论述道德问题,是在他早期的两卷本专著《道德科学研究导论》(*Einleitung in die Moralwissenschaft*)([1892-3]1991)中。它被当代评论家们描述为"敏锐、新颖独特、精巧微妙、富于联想、全文几乎同样引人入胜"和"现存的最不教条主义的有关伦理的论述"(Sidgwick,[1892]1994,434;Thilly,[1893]1994,637),这部著作是如此冗长和观点密集,以至于在这里我们只能对其诸多见解和建议的其中之一举例论述之。

《导论》开篇对伦理学领域的现状进行了评论。正如涂尔干的第一部重要出版作品《社会分工论》(*De la Division du Travail Social*)([1893]1984),就在同一年(1893),齐美尔的文章指出,当代道德的研究需要建立一个新的学科。涂尔干在文章一开头就指出,该文"最主要的是要尝试按照实证科学的方法来论述道德生活的事实"([1893]1984,xxv);这需要建立一门学科,即一门既避开形而上学方法论,又避开处理其他位阶现象的实证科学研究工作的学科。同样,齐美尔一开始就指出,"道德原则的泛滥及其内部和表述中的矛盾直接表明,伦理学尚未找到方法上的确定性,而在其他学科这种方法上的确定性已经实现了各种方法和谐共处并不断取得方法叠加的成就",因而它似乎准备好要走出抽象的普遍性、道德说教和智慧文献阶段,进入适当的经验讨论阶段([1892-3]1991,10)。

因此,齐美尔提出的是要建立复合性的伦理学领域,它由三个分支学科组成,并通过以下方式来研究道德现象:(1)对可被视为道德或不道德的奋斗、情感和态度所进行的心理分析;(2)对与个人道德有关的公共生活的形式和内容的原因或影响所进行的社会科学分析;(3)对这些道德现象如何从原始形式发展到更现代形式所进行的历史分析。

作为一门新兴学科的入门材料,《导论》试图批判伦理学通常赖以工作的那些看似基本的概念。它建议通过揭示:(1)这些概念的复杂性和多义性;(2)这些概念中得出的抽象因素变为强大的心理力量的方式;(3)它们与具有同等可信度的立场完全不同的原则联系起来的方式;(4)它们融入心理前提和社会后果的方式(Simmel,[1892-3]1991,11),来进行批判。无论如何,齐美尔补充道,这样一本实证伦理学的著作并不能用来提供实践性的道德指导。

在执行这项任务时,齐美尔分析了以下概念:应该;利己主义和利他主义;道德功绩和道德过错;幸福;绝对命令;自由。他的结论是,对义务概念本身进行的分析不能得出"应该"的具体内容。然而,既然走到了这一步,齐美尔并没有止步于仅消除复杂的道德理念的歧义。在许多节点上,他加入思路性内容,为他所提倡的心理学、社会学和历史分析指明方向。因此,他讨论了意识到义务感的心理前提和坚持此种没有理由的信念的心理后果。他关注到遵守和违反强制性规范的社会后果。此外,他还对因社会对保证其安全的指令的强制执行而带来的特定义务感的起源进行了演进式论述,这一观点类似于威廉·格雷厄姆·萨姆纳的伦常思想。随着时间的推移,这些被强制执行的命令的内容转变为人们将其进行立法的义务感:"必要的"(das müssen)变成了"应该的"(das sollen)。

在论述利己主义-利他主义和幸福时,《导论》剖析了许多概念的常见哲学理念。他推翻的观点包括:利己主义比利他主义更"符合人的天然本能";利己冲动和利他冲动产生的顺序与它们各自的道德黏性有关;这些概念有固定的指称对象,因为对一个群体来说的利他主义对一个包含范围更广泛的群体来说就是利己主义的;行为能带来快乐并不能证明这种行为的实施是为了快乐;幸福和美德之间存在着内在的联系。

《功绩和过错》(Merit and Culpability)一章解释了许多常见的理念。它区分了内在本性的功绩和内在本性所引发的行为的功绩。它批判了一些本质主义式的概念,比如"性格"的概念,齐美尔宣称,其仅仅可以算作生命元素的总和,除了为大家完全不了解的事物提供了一个名字外,什么信息也没有提供。他认为,性格的概念展示了三种常见的逻辑缺陷:(1)它混淆了问题与问题的解决方案;(2)当某事物与许多其他事物相似时,它就认为该事物已经得到了解释(类似于通过其"概念"来解释某种现象的柏拉图式错误,这仅仅只是对类似现象的总结);(3)它认为性格仅仅是不变的东西。因此,它成为一种虚幻的术语,对于解释经验现象毫无用处。其他需要区分的概念组合包括功绩和义务,因为并非每一次对义务的履行都是有功的,以及意志的有效性,因为意志的起源和意志的目标有不同的规范性权重。更重要的是,与功绩和过错二分法相关的其他概念都有恣意破坏割裂统一现象的风险。功绩和过错不是独立的变量现象,而是相互决定的。其他人们认为对立的概念也是如此,比如利己主义和利他主义、牺牲和价值、道德和不道德、道德腐化和道德升华。

齐美尔在结尾处对自由进行了简短的评论,将自由看作一种权利。他在这里指出,自由包含着某种约束的理念,人们可以逃避这种约束。因为道德选择涉及道德冲动和不道德冲动之间的冲突,任何一方对另一方的胜利都是在摆脱约束。从康德开始,哲学家们都把自由限制在道德层面,这是错误的。因此,自由的产生并不在功德和过错之前,而是在消除此种或彼种冲动中产生。《自由》(Freedom)一章里面开辟了新的思路。在该章中,我们发现齐美尔已经注意到,当代伦理学倾向于完全绕过自由的问题,这种规避对于规范性伦理学来说可能确实是合理的,因为后者只需要阐明规范和理想,但是对于一种新的道德经验科学来说则是不能容忍的。道德经验科学这门学科需要提出一些问题,比如自由理念的起源,因为这个理念看起来对太多的人类行动都有着指导意义。[6]

在绝妙的最后一章《目的的统一和对立》(Unity and Opposition of Ends)中,齐美尔把他对悖论和矛盾的局部见解提升为普遍性的启发式原则。他主张,整个伦理学领域以一系列反直觉的批判性假设为前提:每一种道德立场都需要从其对立面获取某些要素;不道德实例之间的一致性大于道德实例之间的一致性;只要道德现象具有某种统一性,它就不能定位于促进共同的伦理目标的实现,而只能定位于履行类似的心理功能。这一阐述也为道德原则的演变提出了一般性的演变公式。如果进一步追溯历史发展,我们就会发现,我们研究的范围越窄,道德的称谓就越局限于那些根据具体内容确定的少数行为。通过将道德概念扩展到以某种扩大的、削弱的或带有偏差的形式表现出来的行为,演变得以进行。因此,如果道德起初等同于为了群体的利益而否定个人的利益,那么当一个人将追求自身利益视为也同时服务于全体利益时,这个概念就会被拓宽。一旦这个概念以这种方式被拓宽,拓宽后的概念就可以强调其自身的权利性,从而规避甚至抛弃最初的概念。此处所讨论的发展模式被形象地表示如下:(1) $a = A$;(2) $a = M = (A + B)$;(3) $a = B$;(4) $a = N = (B + C)$,等等。这一拓宽和整合的过程可能会引发一些与原始内容无关的内容。即便如此,在道德的不同组成要素之间寻找具体相似性的(徒劳)努力,以及由此产生的绝对道德原则,已经带来了关于伦理生活的宝贵的相对真理;伦理学必须包括对此种努力的详细论述(Simmel,[1892-3]1991,293)。

正如帕森斯在《结构》一书中大力提出唯意志论思想只是为了之后不再探讨这个主题一样,齐美尔在《导论》中呈现了他深挖细究的"基本伦理概念批判"(这本书的副标题),也仅仅是为了不再使用该方法及其之后的结果。事实上,当他在1904年发表该书一字未改的重印本时,他简单地评论道,这部作品是在更年轻的时候完成的,并且已经被他后来的思想所取代,虽然他并不否认这本书依然有一定的价值。即便如此,《导论》中提出的许多对比、主题和逻辑模式在齐美尔后期的作品中仍反复出现,直到其最后一部作品《生命直观》(*Lebensanschauung*)(1918)的发表。

更重要的是,除了从语义上对这些常见的术语的含义进行逐一的阐明和澄清,一路走来,齐美尔还将这些道德原则与他其后将得出和发展的社会学观察联系起来。他主张,道德感来源于社会灌输的理念。在其早期发表的专著《论社会分化》(*Über Sociale Differenzierung*)(Simmel,[1890]1989)中,通过分析与集体责任有关的各种习俗,他就已经得出该观点。道德演变的趋势是从集体承担道德罪责到让个人成为道德规范的承担主体。

然而,接下来的十年中,在思考规范的社会性决定因素时,齐美尔放弃了规范的"社会(societal)决定性"这一概括性理念和义务感,而转向了差异性更明确的描述,即"社会性"(social)。他自1894年开始研究社会性,并发表了其具有开创性的纲领性文章《社会学的问题》。在该文中,齐美尔找出了不同社会学形态中的道德规范的基体。正如他此项研究成果的汇编《社会学:关于社会化形式的研究》(*Soziologie:Untersuchungenüber die Formen der Vergesellschaftungen*)(Simmel,[1908]1992)所展示的,这些出现在有关冲突(第4章)、超越和从属(第3章)、社会群体的自我保护(第8章)以及数字对社会生活的意义(第2章)等的章节中。两年后,在德国社会学协会的第一次会议上,齐美尔发表了一篇关于社交(sociability)的演讲,阐述了他对社会形式及其规范基础的最终分析。

针对人们普遍认为一旦冲突发生则冲突各方之间的团结将不复存在的观点,齐美尔作出了反驳,他认为,冲突(不管是内部的还是外部的)都是促进群体凝聚力的一个必要因素。为了使战

斗变得有意义,各方必须就规制冲突的规范达成一致。除此之外,齐美尔还提出了一个非常有意思的观点,即

> 和谐关系与敌对关系的交织会造成社会学与伦理学系列问题的重合。开始,A 的行为是为了 B 的利益,然后是通过 B 谋取 A 自己的利益但 B 没有任何获益也没有任何损失,最后,A 采取了利己行为并给 B 带来了损失。
>
> (1971,81)

在分析支配和从属的各种形式的过程中,齐美尔提出了一种由三种形式组成的类型体系:从属于个人,从属于简单多数,以及从属于某一原则。第三种通常以法律的形式出现,代表了演变发展的后期特征。对于齐美尔来说,就像对于韦伯和其他人来说一样,基于对某个人的忠诚而带来的服从和对客观原则的服从之间的区别,代表着一种具有深远意义的转变。在这一类型体系中,齐美尔对待原则的方式与其他人,如弗洛伊德、涂尔干和帕森斯,对待需要内化为良心的文化对象的方式大致相同。

第三处对各种特定社会形式产生规范的不同方式的讨论可以在齐美尔后期关于社交性的论文中找到([1910]1971)。[7]根据它的定义,互动,如果仅仅为了与他人发生联系而进行,则会产生一种期待,期待不会涉及外部利益,而这种外部利益则是构成几乎所有其他互动的基础。这相当于一种美学规范,可以这么说:把工具性动机施加于纯粹的社交聚集是不合适的。关于社交性的研究表明,对其他互动形式的研究,如果着眼于识别和理解其

内在规范，则可能会开辟富有成效的研究思路。

上述例子表明，特定的社会化形式通常都可以产生特定种类的道德指令。《社会群体的自我保护》（Die Selbserhaltung der Socialen Gruppe）(Simmel,［1898］1992)一章整体上可能会被解释为一种纯粹的功能性分析，这也许是齐美尔曾经写过的唯一功能性分析文章。该章明确论述了道德模式在使群体得以长时间生存和维持中的作用。依赖于他早期所论述的习惯的规范性约束的一般理念，齐美尔在该章的基础上，继续将道德、荣誉和法律认定为不同种类的规范，其中对法律的需求最窄，而对道德的需求最广泛。在法律通过外部手段支持外部目的的地方，道德就是通过内部手段支持内部目的，并且通过内部手段接受外部目的(330-2)。类似的三分法在其关于数字对群体财产的意义的文章中也出现了，此类三分法提供了一种结构性分析，将群体习俗描述为中期性质的，道德和法律由其分化而来。

齐美尔的最后几年致力于分析文化形式而非社会形式，并致力于许多哲学上的研究。对文化形式的分析和哲学研究在他最后的著作《生命直观》中达到了顶峰，据说该书代表了他研究道德的第三个重要阶段。该书包括"四章形而上学的论述"(Simmel, 1918)，书中最后一篇文章代表了他与康德的定言命令的理念达成一致的最后努力，这种努力他在《导论》第 6 章中已经付出过，并在 1906 年关于康德的演讲中再次付出。虽然对这一理念的完整性、关键性的使用属于心理学和哲学的领域，但是我们还是能很容易地将这种自发的个人化的伦理模式的有效性与齐美尔对历史条件的广泛分析联系起来，而这些历史条件激发了对规范性真实个性的研究,包括货币广泛使用的解放潜力和为齐美尔之后的路易斯·沃思(Louis Wirth)诠释成作为一种生活方式的城市主义所促进的个人自由。

以上所述几乎没有涉及齐美尔的众多著作是如何为广义的道德社会学提供大量丰富的思想的。

罗伯特·K. 默顿:从失范到规范的矛盾心理

尽管罗伯特·默顿可能是帕森斯学生中唯一深受齐美尔开创性思想影响的学生,[8] 但在最初激励他进入道德社会学的研究领域的人中,涂尔干比任何一个人的作用都更大。然而,在其后来的研究工作中,默顿的观点越来越向齐美尔靠近。

默顿早期发表的一篇论文的标题借用了涂尔干的道德社会学的核心概念:失范。虽然在涂尔干使用该概念时,它也有许多模棱两可的地方,而默顿在不同场合对该术语的使用又进一步加剧了其模棱两可的程度(Levine,1985,55-72),但《社会结构和失范》(*Social Structure and Anomie*)(Merton,[1938] 1968)将社会学家们的注意力引向了规范结构对人类行为的巨大影响,并且吸引他们参与到利用当前科学方法的这一富有成效的研究项目中来。可以肯定的是,这篇开创性论文所激发的许多研究更多地涉及行为情境中差异化的有形机会,但它也促成了一些研究项目,在这些研究项目中默顿将规范结构的概念应用于各专业化行业,从而让公众注意到了专业人员所承担的特定道德压力。

这些副线研究成果包括《科学的规范结构》(The Normative

Structure of Sciences)(Merton,[1942] 1973),它提供了一种现在看来非常经典的支配专业科学家们的规范复合体范式——公有主义、普遍主义、无私性、怀疑主义,以及后来补充的独创性。

从最初致力于揭示制度背后的道德结构开始(这一兴趣是在帕森斯的指导下于20世纪30年代中期产生的,彼时帕森斯本人开始探索专业性行业的规范结构),默顿延续其《社会结构和失范》中的核心观点,越来越重视阻碍规范的遵守的内在矛盾。他提出的"地位丛"和"角色丛"(Merton,1973,113-22)的概念突出了各种规范期望之间可能不容易被看到的矛盾。而更尖锐的矛盾则在诸如《科学发现的优先权》(Priorities in Scientific Discovery)(Merton,[1957] 1973)等论文中被提出,这些论文阐明了规范目标与达成这些目标的社会回报之间的冲突。《优先权》一文探讨了独创性规范如何通过促进奋斗从而导致违反诸如开放性和公有主义等既定科学规范的行为。类似的紧张关系也出现在科学家之间的优先权争议等现象中:出名的科学家因其贡献而获得过多的赞誉,而不那么出名的科学家获得的赞誉则少于他们的贡献价值——默顿将这种现象称为马太效应。

对矛盾的规范结果的关注使得默顿在其后期提出了"社会学矛盾心理"观点。这一理念使他能够以二元对立形式呈现的各种社会结构化选择来构思行动模式。例如,他认为,科学家们被迫既想迅速发表文章,又想避免匆忙印刷,既想表示谦逊,又想以独创性为傲;社会化的医生既想表现出同情,又想同时显示一种超然;人们期待商业领袖既对他们公司的未来愿景作出精确的界定,又同时避免作出否定下属参与性的严格承诺,既为部门提供特殊的便利使其表现良好,又能让部门目标服从于整个组织的目标(Levine,1978,1278)。

对于默顿来说,这意味着个人的社会角色不应再被视为一系列自洽的规范期待,而应该被视为一系列轮流支配角色行为的规范和反规范。可以肯定的是,社会结构化选择的理念包含在帕森斯对模式变量的构想和其他构想中。然而,尽管帕森斯希望用社会关系所体现的首要模式选择来作为社会关系的特征,默顿仍然强调在界定社会角色时与支配性规范交替出现的不断发挥作用的反规范的重要性。这个细微的差别在理论上的影响是很大的。这意味着对支配性规范的反对无需被解释为表达某种异化倾向的不正常行为,而只是受规范强化的行为。因此它使得表面上的异常行为成了符合规范的行为,强化了转向规范另一极点的行为的强制性,为社会冲突的认定提供了更多的突破口,并且更轻松地撬动了社会变革的趋势。

迈向一体化

上述情况表明,密切关注这里所探讨的三位思想家的研究工作对道德社会学基础的系统化尝试和努力将大有裨益。我概括了他们对道德社会学的诸多贡献中的部分内容,为这一领域的范式发展抛砖引玉。构建与帕森斯的认知复合体同源的道德评价复合体的时机可能已经成熟。至少,这一章可以视为对他们开创性尝试所得出的一系列合理主张和建议的编撰。

7
帕森斯和麦基翁的理论与实践

理查德·麦基翁和塔尔科特·帕森斯是20世纪学术界最具影响力的学者中的两个。[1]于他们自身而言,虽然他们的著作具有持续的生成性,但将他们放在一起加以考量,则为某些令人困惑的当代思想问题提供了一种新的思路。虽然二者的思想传记显示出惊人的相似之处,但他们各自所开创的哲学理念对文化的解读的观点显著不同。我认为,如果这些不同的哲学理念能以一种互补的方式结合在一起,它们就可以阐明理论与实践之间的关系这一具有永恒性的问题。

为什么是麦基翁和帕森斯?

同埃米尔·涂尔干和马克斯·韦伯之间的关系一样,理查德·麦基翁和塔尔科特·帕森斯也是同一个时代的人,他们虽然没有为对方留下过任何书面的只言片语,但他们的作品之间却存在紧密的联系。麦基翁生活在1900年到1985年,帕森斯生活在

1902年到1979年。两人分别在美国东海岸的哥伦比亚大学和阿默斯特学院(Amherst College)接受本科教育,然后主要在欧洲完成研究生课程的学习:麦基翁在巴黎大学学习了三年(1922—1925),帕森斯在伦敦大学和海德堡大学分别学习了一年(1924—1926)。两人的早期职业生涯都遭遇了不少困难,其学术地位也并没有得到明确认可。1930年,当校长哈钦斯提议聘请麦基翁加入芝加哥大学哲学系时,遇到了非常强烈的反对,以至于有一段时间,麦基翁不愿意再考虑入职芝加哥大学哲学系。当他1934年最终加入芝加哥大学时,他是受历史系和古典文学系的聘请。

虽然帕森斯获得了经济学博士学位,并开始在哈佛大学经济系任教,但他思想研究上的偏好促使他1930年加入了哈佛大学新成立的、在当时颇具争议的社会学系。系主任彼蒂里姆·索罗金(Pitirim Sorokin)希望聘请他,但这一提议被校长洛威尔(Lowell)所否决,其后这一否决决定在年轻的帕森斯的支持者们的积极干预下被撤销。然而,随着帕森斯的研究逐渐朝着索罗金不认可的方向发展,系主任开始针对他了,首先是在最初的三年聘请届满后仍然让他待在讲师的位置上,之后又反对他晋升终身教授——这一困境也是通过系外的友好同事们的帮助才得以解决的。

经历了这些不顺的起步阶段之后,到20世纪30年代后期,两人站稳了脚跟,可以以一个杰出的学者、一个有影响力的教师和一个忠诚的公民的身份在大学中度过余生。此外,他们两个人都担任了重要的行政管理者的职务,在其岗位上,他们因开展罕见的、创新性的多学科项目而闻名。作为芝加哥大学人文科学部部长,麦基翁成立了文化史委员会、思想分析和方法研究委员会在内的四个跨学科委员会。帕森斯建立了哈佛著名的跨学科的社会关系委员会,并长期担任委员会主任。尽管他们喜欢从事跨学科研究工作,但两人都荣获了自己本职专业学科中的最高奖项。1952年,麦基翁担任美国哲学协会西部分会会长,后来又担任保罗·卡勒斯(Paul Carus)基金项目赞助的美国哲学协会演讲者。1949年,帕森斯被荣选为美国社会学协会会长。

麦基翁和帕森斯的思想传记也显示出惊人的相似之处。两人的早期作品都集中在对重要古典人物的发现和重新诠释上。麦基翁的研究重点放在斯宾诺莎(Spinoza)等中世纪哲学家身上,尤其是亚里士多德;而帕森斯则重点研究维尔纳·松巴特(Werner Sombart)、阿尔弗雷德·马歇尔(Alfred Marshall)、维弗雷多·帕累托(Vilfredo Pareto)、埃米尔·涂尔干等人,其中最广为人知的是对马克斯·韦伯的研究。从早期开始,两人的研究工作就带有一项使命,即批判关于科学的那些天真的实证主义观点——这是在20世纪30年代,这种批判非常超前,很久以后这种批判才成为一种流行。他们两人都强烈反对经济主义行为理论,主张文化理念与经济动机的相互渗透。

也许最值得注意的事实是,他们两个人分别提出一系列的分类方案来对西方文化进行分类和整理,最初是二分法,然后是三分法,最后是四分法,方案变得越来越复杂,呈指数化方向发展。20世纪30年代后期,麦基翁开始将宏观方法和微观方法对立起来;并在战后进一步提出了以逻辑方法、辩证法和问题分析法三者区分为基础的语义图式;然后在整个20世纪50年代逐步提出复杂的四乘四矩阵观点,并在《自由与历史》(*Freedom and History*)(1990,250,253)一书中加以阐述。20世纪30年代,帕森斯同样开始时提出的是二分法,对他称为实证主义的行动理论和理想主义的行动理论加以区分;然后在战后转为以认知倾向、关注倾向和评价倾向三者区分为基础的分析框架;20世纪50年代及之后,在前述基础上,向复杂的四乘四矩阵观点发展,他的《行动理论和人的境况》(*Action Theory and the Human Condition*)(1978,382)和《美国大学》(*The American University*)(1973,436)等书对此进行了阐释。二者的学术声誉都来源于他们对古典作家们的开创性研究和他们对实质性问题的分析,如麦基翁对文学批评基础或自由及历史的含义的研究,帕森斯对医患关系或法西斯主义的起源的研究。许多学生能够记住他们,主要是因为他们后期提出的对整体进行分类整理的四重图式。对麦基翁而言,这包括四个司空见惯的因素(事物、思想、言语和行为),四个语义变量(原则、方法、选择和解释),四种普通技艺(解释、发现、展示和系统化),以及四种思维模式(同化、辨别、建构和解决)。对帕森斯来说,这包括行动的四个子系统(行为有机体、人格系统、社会系统和文化系统);所有行动系统的四个功能(适应、目标实现、整合和模式维系);以及交流的四个媒介(金钱、权力、影响力和承诺的激活)。

在1991年出版的一本研究帕森斯的论文集中,编辑们总结道:"帕森斯是20世纪少数几个真正的具有现代性和全球视野的思想家之一。"(Robertson和Turner,1991,17)的确如此,理查德·麦基翁也是这少数几人之一。尽管其他几位20世纪思想家也可以说是典型的现代思想家,但我想不出有谁能像他们两位一样,可以具有如此坚定的全球视野。他们的全球视野表现在以下四个层面:第一,他们的思想包罗万象。麦基翁广泛而深入地涉足哲学的所有分支,从形而上学、科学哲学、逻辑学,到道德和政治哲学、美学,再到文学、教育和文化史。帕森斯的研究范围几乎涉及社会学的每一个子领域,从小群体、社会化、医学社会学到大群体、组织分析、分层和社会文化变迁。除了社会学,他的学识和创新还涉足生物学、控制论、精神分析心理学、人类学、经济学、政治学和宗教。第二,他们两人都提供了研究世界历史的全球视角。麦基翁对西方文化史进行了深入的阐释,帕森斯大胆地重新引入了社会变迁视角。第三,他们都对知识体系方面的问题很感兴趣。在20世纪,似乎只有他们才会反复再三地关注有关思想学科的全球性组织的问题。第四,他们在促进国际学术话语层面上是面面俱到的。二人在美国思想与欧洲传统的连接中,以及在其后的冷战时期为西方学者和苏联体系中的学者们搭起桥梁的努力中发挥了重要的先驱作用。

最后,两人都留下了高度模棱两可的学术思想,"本质上就有争议的"学术思想。他们的批评者认为,他们的一生被过誉了,他们的作品很少会流传下去。其他人则主张,这些批评者要么没有读过他们的作品,要么虽然读过但肯定没有理解他们的作品,在某个适当的时期,这两位渊博的先驱者将会得到大家的认可。麦基翁的追随者认为,他提前几十年预见到了与结构主义有关的立场和近年来的相关运动,并且其预见中的形式更为精妙。沃尔特·沃森(Walter Watson)(1991)指出,麦基翁的作品似乎是为未来的读者而不是他同时代的人所写;而在前述研究帕森斯的论文集中,马克·古尔德(Mark Gould)指出,帕森斯1937年出版的《社会行动的结构》一书"超前了60年"(Robertson 和 Turner,1991,chap. 5)。[2]

语义研究和唯意志论研究

在麦基翁阐释的综合性哲学图式背后,沃森已经找到了核心的生成性思想:"多元主义思想,即真,虽然是唯一的,但对它的表达却不是唯一的",哲学家们"可以出于共同意识形态中的共识必要性而在沟通和合作中团结统一起来"(Watson,1991,1;另参见 McKeon,[1969] 1998)。和麦基翁一样,帕森斯致力于构建分析人类经验多样性的全面图式。在帕森斯的理论体系之下,我们也可以找到一个核心的生成性思想,即人类行动受到双重驱动的理念,这双重驱动分别为通过工具理性适应达成目标的倾向以及遵循从根本上表达出象征性理想的道德准则的倾向(Alexander,1983)。

这些截然不同的生成思想蕴含在他们的文化哲学中,而他们的文化哲学中所呈现的文化观念也截然不同。对麦基翁来说,文化差异的中心轴是认知。无论他用哪个范畴来分析文化,无论他的分析朝哪个方向发展,麦基翁的文化观主要涉及的都是各种认知形式,而哲学家们和其他人也正是通过各种认知形式来理解世界。他将价值观的根源归于"自然科学、社会科学和人文科学的框架和结论"(McKeon,[1969]1998,431)中蕴含的关于世界的真理和假设。几乎每次麦基翁提出具有一定道德或政治价值的讨论时,他都是通过考察该价值的各种不同认知表征来阐述这一主题。因此,在他对自由概念的精彩讨论中,他分析了以辩证法、问题分析法或逻辑方法阐述"自由"一词时,自由所分别具有的不同含义(McKeon,1952),并展示了自由这一本来模糊不清的定义是如何通过对构成自由的原则、方法和解释进行语义分析而变得明确的(McKeon,[1966]1998)。这些分析通常得出的结论是,个人或社区尽管世界观并不一致,但仍然可以就共同的行动方案达成一致。

研究文化的社会科学家会发现,麦基翁的研究忽视了对不同的价值取向如何推动文化发展的系统分析。而麦基翁忽略的内容正是帕森斯文化哲学的关键。在他早期发表的一篇论文中,帕森斯写道:"对哲学的实证式反应已经表明了,在其对社会科学的影响中,有一种强烈的倾向要模糊人本质上是一种主动的、有创造力的、会进行评估的生物这一事实。"(1935,282)这一论述表明了帕森斯将人的能动性等同于对规范取向的追求的倾向。因此,在分析伟大的文化体系时,帕森斯聚焦于各种社会所呈现的价值取向的类型,如传统中国的特殊成就价值模式(1951,195-8)或他称为"工具能动主义"的当代美国价值体系(1989)。当他分析微观结构时也是如此,比如对医生、父母或者商人等角色的分析。

一些批评人士认为,帕森斯在强调价值取向的同时,并未给予认知维度应有的重视(Warner，1978)。³因此，尽管马克斯·韦伯已赋予了合理性概念一系列的含义，但当帕森斯讨论合理性时，他将其仅仅局限于技术和经济的合理性，即局限于工具合理性这一形式。这并不是说帕森斯对认知文化体系的理解没有作出重大贡献；只要想一想《社会系统》一书中他对科学、意识形态和哲学的开创性分析或者《美国大学》一书中他对所谓"认知复合体"的分析，就知道其贡献有多大。也不是说麦基翁没有阐明规范符号在促进社区凝聚力中的作用，没有阐明正义和自由等术语蕴含的多种含义。这里的关键是，尽管两位思想家似乎都提出了全面的文化哲学，但他们最终还是以某种片面的方式来阐释文化：麦基翁以牺牲规范维度为代价，将认知维度作为所有其他维度的基础，而帕森斯则与之相反。

这种将文化的认知维度凌驾于规范维度之上或反过来将规范维度凌驾于认知维度之上的做法使得他二人的哲学思想存在共同的独特性。尽管麦基翁盛赞人类理性，尽管他对认知形式进行了如此精彩的分析，但没有为我们提供评价认知形式的任何标准。而帕森斯，尽管他盛赞人类的能动性，但留给我们的却是一个哲学意义非常贫乏的实践概念及其通过理性而感知的各种方式。对他们两人来说，理性选择这一范畴（不是经济学家们所采纳的狭义概念，而是传统意义上的通过理性感知的选择）似乎被遗忘了。本文的中心任务是提出弥补这种遗漏的方法，即将他们二人提供的资源汇集整合起来，从而对迄今为止尚未探索的领域进行研究并得出结论。

行动的实践与理论

《社会行动的结构》一书的两个公开目标,即成为帕森斯早期作品的最大贡献并推动其后续作品的发表,重新激活了人们对人类理性的效力的信念,并让人们重新认可了理想和规范在指导人类行为中的作用。具有讽刺意味的是,帕森斯从未通过明确讨论理性和道德选择之间的关系,来将这两个目标联系起来。他最接近如何运用理性来指导行动这一问题的时候是他分析社会学的专业性所涉及的那些问题时(Parsons,1986),对此他认为有必要将纯理论的社会学学科与社会学"实践"(他加了双引号)区分开来,因为前者具有自己独特的理论和研究传统。这里所说的实践包括将该学科的研究发现应用于帮助有困扰的人和提高工业生产力等活动。帕森斯主张角色的制度化,让专业人员全职担任应用社会学家。因此,他敦促行业建立作出适应应用功能的特殊安排,以保护纯理论学科的完整性,同时对其应用继续保持高标准。帕森斯在这个问题上表明了自己的立场,但没有给予明确清晰的哲学论证;他仅仅是提出了保持纯理论工作完整性的重要性,以及指出社会学的实践贡献应采取将其予以"应用"的形式。

这一理念将社会学严格区分为纯理论工作与应用实践工作,并主张在这种区分中,理论工作在认知层面是优于实践工作的,并应在将其应用之前完成。这一理念的典型就是生理学和物理学:生理学作为一门纯理论学科,与医学的关联性就在于医学是它的应用形式;物理学是一门纯理论学科,而工程学则是它的应用形式。社会学界质疑这一理念的少数学者之一就是莫里斯·贾诺威茨(Morris Janowitz)([1968]1991),他将这种看待社会学与实践之间关系的观点诠释为一种体现"工程模式"的观点。在过去的一个世纪里,这种观点已经被大多数专业社会学家所接受,所以在他关于这个专业的论述中,帕森斯只是简单地表达了一个被广泛接受的观点。

任何受过理查德·麦基翁式思维方式教育的人,都不会不加批判地接受这样的观点。尽管贾诺威茨没有受过这种思维方式的教育,但他深受麦基翁曾经的导师约翰·杜威的影响。基于杜威式实用主义,贾诺威茨提出了他称为"启蒙模式"的替代性观点,这一模式对纯理论社会学和应用社会学不严加区分,并将社会学家视为社会过程的一部分而不是外部专家。如果贾诺威茨更深入地研究杜威的论点,他可能会得出以下观点:享有认知特权和优先保障的理论体系这一理念本身就是一种迷信思想的残留,是自希腊文献记载以来西方哲学追求的确定性研究的障碍。如果贾诺威茨,更不用说杜威,能够接触到麦基翁的理论体系语义分析所得出的区分,他可能会作出一个更具区分性的批判。但是,贾诺威茨通过支持启蒙模式而表达出对工程模式的某种程度的异议,也没有受到社会学专业的重视。直到今天,工程学模式可能仍然是专业社会学家们的主流方向。我现在考虑的是,根据理查德·麦基翁的研究工作,理论与实践之间关系的描述会是什么样的。

理论与实践的关系:六种观点

理解理论与实践之间关系的正确途径是什么？麦基翁哲学的重点在于,这样的问题必须被提出来,但指望问题只有一个有效的答案是荒谬的。这两个术语都有多重含义,它们的含义和它们之间恰当的关系都依赖于具有不可避免的任意性的某些生成观点。更重要的是,在对它们进行探究时,最好不要事先强加一些严格的定义来限制它们的含义,而是让它们在被使用的过程中、在探索它们是如何以不同的方式被使用的过程中展现出不同的含义。

因此,我要研究的是,找到将与理论知识有关的实践知识概念化的基本可选方法。[4]我认为,理论知识和实践知识的关联有三种不同的形式。理论可以解释为实践的基础、与实践的分离或者与实践的不可分割。每种形式都有两种主要的变体。在考察理论与实践关系的这六种观点时,让我们从离我们最近的那一种观点开始,即帕森斯提出的得到广泛认同的理念,我将其称为 SPS 观点:标准的专业社会学观点。

SPS 观点认为,理论知识应当为实践提供理性基础,因为它提供科学合理的手段以实现既定目标。这一观点在现代哲学中的经典阐述就是康德的假言命令理念:如果你想要 x,那么你必须做 y。马克斯·韦伯关于客观性和伦理中立性的文章包含了现代社会学对这一观点的经典阐述。韦伯认为,虽然行动的目标不能由理性来设定,但理性行动需要纯科学,它借助纯科学对各种可选手段的成本和收益进行分析的能力,但不需要纯科学提供权威性的最佳手段选择。这种对理性的运用——作为一种最佳手段的演算——被帕森斯称为工具理性,在他自己的行动理论中,它是唯一一种他认真思考过的理性。

然而,还存在另一种理性运用的模式。在这种模式中,理论知识是实践的基础。这种模式可以被称为诊断理性。在诊断理性模式下,理论理性为个人或集体确立福祉标准,从而为行动提供目标。这里采用了生理学/医学的类比,不仅仅是为了指出达到目标的最佳手段,例如修复断了的骨头或缓解背部的疼痛,还是为了将其作为设立生物体健康之标准的典型来展示。理论科学设立了生物体能够存活和/或正常发挥功能的边界,例如年龄和性别,以及不同物种及其亚型的正常温度和血压水平。这种知识的实际应用可以对给定的物种标本加以诊断,以确定他们的健康水平。

在社会科学领域,奥古斯特·孔德是诊断理性的开创者。孔德极力主张社会是一个自然存在,主张根据社会自然发展过程的先验理论知识对行动作出指示。有了这些知识,政治家们可以帮助社会达到痛苦和混乱最少的常态。一个世纪以前,弗洛伊德和涂尔干都试图建立诊断标准,分别用人格角度和社会角度来指导治疗干预。弗洛伊德和涂尔干都使用了医学模型,来正当化对人类行为中的正常和病理状态这一有科学根据的知识的探索。涂尔干认为,通过对某一特定类型的社会制度的研究,人们可以得出什么样的条件对其存在是正常的、什么样的条件对其功能发挥是必不可少的的结论。

与这些观点将理性实践建立在之前已经检验过的理论知识基础之上相反,另外四种观点对理论-实践关系提出了不同见解。这些观点也认为,将实践知识简化为理论应用过程的尝试充其量也是一种误导。对以上四种观点进行阐述的哲学家有亚里士多德、康德、马克思和杜威。其中两人认为,理论是独立和不同的实体,不能给予实践有益的指导,而另外两人认为,理论和实践之间的脱节是不对的。

理论和实践分离理念的伟大构建师,是亚里士多德。麦基翁帮助一代又一代的学者掌握了亚里士多德用来区分理论科学和人类行为科学伦理学、经济学和政治学的几个方面。亚里士多德曾经过说,需要作出这些区分,因为每一门科学都需要将注意力限制在某一类事物上,从而展示它们的本质属性。

就其研究主题而言:尽管它们研究的都是物质,但理论科学研究的是自然存在的事物,而实践科学研究的是另一种事物——所做的事。行动不是自然发生的,而是人为的(正如创制的事物一样,它们构成了另一组学科的主题,即创制科学)。自然存在的事物与人类行动有两大本质不同。自然物质的变化原则是内在的,而在行动中,变化原则对行动本身而言是外在的,取决于行动者的意志。更重要的是,自然物质的属性是不变的,而人类行动是有意识的选择结果,因此是可变的。

行动科学在研究方法和研究主题上都与自然物质科学有所不同。研究自然物质的方法包括通过归纳建立真正的概括以及通过演绎证明结果的正当。自然物质的本质特征是不变的,所以自然科学的命题以必然全称命题的形式出现。由于多种原因,实践科学中的研究形式与物理学中的研究形式有所不同。因为人类行动是基于选择,而不是自然需要,所以对它们属性的掌握不会十分可靠。更重要的是,因为人们对什么是善的观点差异如此之大,在研究善的行动的本质时,应该要考虑到人们持有的各种各样的观点。最后,由于行动的环境因具体情况而异,要知道最好的做法是什么就需要首先了解具体情况:在实践中重要的不是一般规则,而是知道在正确的时间、以正确的力度和正确的方式对正确的人要做什么。[5]

因此,用来证明全称命题的方法在实践科学中是找不到其位置的。适合于决定正确行动方案的方法,就是亚里士多德所说的"审议"(boulesis)。探究过程中会考察人们对同一个问题持有的不同意见,而解决方案的成功取得取决于审议各方所具有的良好品格特征。审议的优点包括选择有价值的目标和在合理的时间内通过合理的论证决定恰当的手段。审议性探究的结论不可能达到自然科学所能达到的精确性和确定性,受过良好教育的人都能认识到这一点。

这两种科学的另一个不同之处在于从事这两种科学研究所需的能力不同。自然科学的概括来自对亚里士多德称为"直觉理性"(nous)的能力的运用。对这些概括的逻辑结果的展示涉及他所谓的"科学知识"(episteme)。另一方面,关于美好生活的思考涉及另一种被称为"实践理性"(phronesis)的心智能力,它又可以被翻译为实践智慧或谨慎。在审议法律和政策时,则需要实践智慧的特殊变体,他将其命名为"政治智慧"(politike)。与产生理论知识的心理状态相反,实践智慧关注的是"终极的特定事实"。[6]也许我们可以把亚里士多德主张的这种实践理性称为审议理性。

最后,这两种科学追求的目标或目的也截然不同。研究自然物质的动机是为了了解世界、为了纯粹的审美愉悦以及为了摆脱无知,而这种摆脱正来自前述对世界的了解。与之相反,人们研究人类行动则是为了懂得如何生活得好,以及如何培养促进善意行动的性情,也就是说如何追求美德。

康德也认为,理论哲学和实践哲学之间应该具有原则性的区分,但他持这种观点的原因在许多方面正好与亚里士多德相反。对康德来说,理论知识和实践知识在主体形式、目的和方法上也是不同的,但是康德眼中的这些区别的具体内容则与亚里士多德的观点截然不同。亚里士多德认为,实践科学的主题是可变的人类行动;但康德认为实践科学的主题是一种自由法则。亚里士多德指出,理论具有普遍性以及实践智慧的本质是理解细节,因此理论作为实践决策的指导是不对的;康德认为,将理论层面人类行为的知识作为实践的指导是不对的,因为人们在不同社会中实际上做了什么这样的理论知识并不具有足够的普遍性,不足以提供行动的绝对命令。亚里士多德认为,实践哲学方法对不同事物的审议必然是不严密的;而康德则认为,实践哲学方法涉及一种推理,这种推理可以产生绝对的确定性。亚里士多德认为,实践哲学的目标是对幸福的追求,或者至少是对幸福的追求;而康德则认为,实践哲学的目标是懂得如何根据责任来安排生活。因此,康德的实践理性可以被解释为一种义务论理性。

尽管亚里士多德和康德煞费苦心,将理性实践中涉及的知识与理论知识区分开来,但他们都认为保持理论的独立性和严肃性是很重要的。亚里士多德将从事理论思考誉为人类美德的最高形式,康德推崇哥白尼革命过命、艾萨克·牛顿爵士捍卫过的理论界。然而,在马克思和杜威等学者看来,保护一个独立的、独特的、享有特权的理论领域,就是在加剧混淆和困惑。

尽管马克思承认历史上存在着一个独立于实践问题的理论知识领域,但他认为这个领域的存在不利于人类的福祉。劳动分工是人类异化的重要根源,劳动分工只有在脑力劳动与体力劳动分离的时候才真正呈现出这种异化形式。从那一刻起,智力开始自我吹捧,声称它拥有至关重要的东西。理论工作变成了精英群体的活动,而精英群体通过以下几种方式进行剥削:从工人阶级被剥削的劳动中获取生活必需品,转移大家对普通大众的经济困难和社会不幸的关注,以及支持剥削上层阶级的地位。

因此,对于马克思来说,理论/实践的分离理念促进了人的自我异化。因为真正的意识只能是存在实践的意识,那么理论与实践之间原则性的分离就没有合理基础。理性实践从承认人类对饮食、衣服和住房的真实需求开始。随之而来的就是,在工作中创造性地表达自己——任何并不致力于满足这些需求的智力活动呈现的都是某种虚假的意识。有人可能会把马克思主义哲学中隐含的对理性的使用称为感官理性。抽象的社会理论是没有实际用处的、分散注意力的或人为操纵的神秘化。"社会生活本质上是实践性的。理论的难以理解使得人们将理论误认为神秘主义,而所有这些难以理解之处在人类实践和对这种实践的理解中都能找到理性的答案。"(Marx,引自 Tucker,1972,109)

和马克思一样,约翰·杜威将纯理论独立领域思想解释为精英主义社会结构的残余。他也认为,纯理论的难以理解之处可以在人类实践中找到答案。但杜威将致力于列出人类绝对需求清单这一做法本身视为一种异化,它只是人类由来已久的对确定性的渴望的另一种副产品。杜威没有支持过任何没有把握的基本原理,包括建立在实践的具体化概念中或者建立在历史和社会结构的先行理念中的那些。

在杜威看来,理论只是一种特殊的实践的名称,所以对理论知识的追求,无论是在实践之前还是独立于实践,都必须将其作为人类恐惧和不确定性的反映而加以拒绝。相应地,杜威希望发展一种探究的逻辑,以揭示理论和实践的内在统一。在科学领域,就像在日常生活中一样,行动开始于将有问题的局面转化为问题已解决局面的承诺。在日常生活中,正如在科学领域中一样,行动开始于充满不确定性或冲突的局面,在这种情况下,困难促使人们努力描述问题,提出假设,并开展旨在检验这些假设的活动。

杜威认为,有关理论与实践关系的基本理念及其分离理念的有害之处,与其说是它们在维护特权方面的意识形态功能,不如说是它们在阻止科学智慧的巨大资源被用于改善人类经验方面的作用。有一种观点认为头脑是旁观者,在自足的沉思这一快乐行为中从外部来看待世界;还有一种观点认为,理论可以揭示先行存在的特征和本质,并由此确定行为的权威标准。杜威反对这两种观点,提出了自己的看法:现实本身具有实践性,实践性最有效的表达就是智力成果。这种实践中的理性概念,被他称为实用理性。

多元主义的尝试

受麦基翁的历史语义学方法的启发（如果不使用他的图式术语），上述反思质疑了以帕森斯为代表的标准专业社会学的通说观点。他们对纯理论的社会学应该通过工具理性的逻辑来了解实践的观点从五个方面进行了批判。

从诊断理性的角度来看，SPS 对理论-实践关系的理解错在未能提供正常或健康状态的规范。例如，它可能导致人们运用群体过程命题来消除领导者的权威，而不考虑权威的领导者是不是正常和健康的群体功能中的一部分。从审议理性的角度来看，这一理念错在忽视了行动中细节的重要性和实践决策的不精确性，例如，寻找普遍有效的做法来提高组织的士气，而不考虑当地生活的细微差别和用语言来描述人际友好关系某些方面上的困难。从义务论理性的角度来看，该理念错在不重视理性提供独立于经验环境的规范性禁令的能力，例如，利用工具演算来最大程度地消灭所谓劣等民族，而没有考虑是否有理性上的义务来抵制这些目标。从感官理性的角度来看，该理念错在关注点并不是放在紧迫的社会需求上，例如，花费数百万美元来研究贫困问题，而非把这笔钱花在通过职业培训和创造就业机会来减轻贫困的项目上。从实用理性的角度来看，该理念错在从先前形成的理论中得出其问题、概念和方法，而适当的概念和方法只能是面对不确定或冲突情形下出现的问题作出的合理反应。就像以下这个例子，当员工组长提出,他们办公室里存在的问题是员工们没有时间处理其家庭危机时,有人提出了一套标准程序以加强工作人员之间的沟通。

这类研究工作——通过诉诸合理的其他观点的深刻洞见来找出某个观点的缺点——也就是为用六种观点中的其他五种观点的批判意见来逐一审查这六种观点。然而,这并不是可以利用麦基翁研究工作的唯一方式,因为麦基翁的研究工作至少开创了两种更先进的利用多元化视角的方式。在这两种模式中,重点不是通过其他角度或原则去开创新的路径来对待一个常见问题,而是要弄清这些不同的观点彼此之间是如何相互关联的。正如乔治·吉姆波尔·普罗奇曼(George Kimball Plochmann)所言,"[麦基翁]一篇接一篇论文的发表,最开始的研究主题就是传统哲学的巨大差异,不过名称上稍许有些变化。要解决这些差异,将它们展示出来是很重要的。"(Plochmann,1990,92)我将它们分别称为循环史观(第一种模式)和"相互优先"(第二种模式),这是沃森(1985)在《意义的体系论》(*The Architectonics of Meaning*)中使用过的一种说法。

麦基翁在描绘历史上对西方文化史中不同主题的关注的大幅度转变时,主要呈现的是循环模式。《自由与历史》(McKeon, 1952,11-12)[7]的开篇数页第一次展示了他对一系列划时代变革的追溯:从希腊时期开始,当时哲学家们辩论的主题是存在——当时德谟克利特提出的原子、柏拉图提出的理念和亚里士多德提出的物质被认为是为科学提供原则并与道德和政治相关的存在物。在接下来的希腊文化时期,哲学家们厌倦了关于存在的无休止争论，转而关注思想的本质。斯多葛学派、伊壁鸠鲁学派、柏拉图学派和怀疑派在知识的标准中去寻找他们的基本原则/建立的基本原则表现在知识的标准中，衡量真理或可能性可否掌握或实现的标准。在罗马的大范围统治下，哲学家们发现通过认识论上的辩论去考察人们是如何说话和行为，就像他们的前辈哲学家们通过形而上学式的争论和主题去考察一样，是没有任何结果的。与此同时，塞克斯都·恩披里柯（Sextus Empiricus）开始分析各种科学中使用的符号，西塞罗（Cicero）则诉诸实践行动中的后果。基督教的到来重新唤醒了人们对存在理论的兴趣，圣·奥古斯丁（St. Augustine）对这一问题进行编纂立说。后来波爱修斯（Boethius）把关注点转移到知识问题上，在这之后，卡西奥多鲁斯（Cassiodorus）和塞维利亚的伊西多尔（Isidore）开启了向语言学的转向，查理曼大帝的王宫成员通过研究实践行动问题，重新引起了人们对哲学的兴趣。这种研究主题上的循环变更，从存在到思想到言行，在西方历史上发生了五次。最近发生的一次循环变更开始于17世纪，当时现代科学刚刚起步，带着人们对事物本质的新的兴趣，之后康德将哲学重新定位为对知识问题的研究，一直到我们这个世纪，兴趣点变为两个，即符号的本质以及行动和经验的模式。

循环模式为关注点和重点转移的推测历史提供了一种理想类型。其运行原则的理念在于某种理论一直在发展壮大，直到其成果被耗尽和疏漏变得十分明显。在过去的一个世纪里，人们是怎样让这样一种推测的图式去适应社会学中实践模式理论的变迁的？人们首先对诊断理性进行了深刻的论述——涂尔干对正常状态和病理状态的论述、索尔斯坦·凡勃伦对阶段-恰当状态的论述以及帕累托对最优均衡的论述。其后取而代之的是,对利用社会科学来组织公众和影响公众舆论的关注,这反映在杜威和帕克自 20 世纪 20 年代起进行的论述中。在 20 世纪 40 年代和 50 年代,社会学家们的专业认可度达到了一个前所未有的高度,他们开始转向诉诸基于其专业知识的工具理性。20 世纪 60 年代,很多人反对这种工程模式,重新兴起了对反对错位的工具性的马克思主义理论的兴趣。直接感官理性的缺点在 20 世纪 70 年代和 80 年代变得明显起来,因为尤尔根·哈贝马斯等学者开始强调审议理性;其他人坚持认为,应当正视纳粹种族灭绝的恐怖事实,它也引发了对义务论理性的需求。[8]

除了用这种循环表现模式对不同理论进行论述外,麦基翁还提供了一种将任何给定的观点与其他观点的主旨联系起来的模式。沃森提出的"相互优先"一词恰如其分地描述了这种观点上的相互支持。

在相互优先模式下,某种观点被视为中心,其他观点则根据其内容被认定为对立的观点、重新界定(本质已改变)的观点和被吸收的观点。所以如果我们采取我称为工具理性的立场,原则上,我们可以找到容纳其他五种理性的方法。因此,从工具理性的角度来看,人们可能会批判诊断理性旨在为事实上基于惯例而制定的规范提供科学的依据,但它所提议制定的规范可以作为目标来引导对手段的分析。审议理性会被批评给予了意见太多的空间,因为各种严谨的科学方法现在可以用来评估各种结果。然而,这并不意味着衡量人类事物时可以达到物理学的精确度,所以它们的结果必须用概率性的语言来表述。这些结果应该由知情的公众在公开的民主过程中予以讨论。义务论理性会因为在探寻具有理性基础的行动动机时忽视不道德的后果而受到批判，但人们也会承认它在为诚实探究和公开讨论制定规范性基本规则方面的有效性。感官理性会因为没有意识到行动情境和人类性格的复杂性而受到指责，但它小心谨慎以防在异化过程中迷失，这一点值得赞赏。实用理性会被奉为亲密的盟友，但也可能受到指责，指责的原因只会是没有认识到将最佳行动与情景的具体细节过于紧密地联系在一起会阻碍对行动背景的构成因素的概括的探究。

当面对理论和行动（或其他任何事物）之间关系的多种观点时，理查德·麦基翁的理论提出了我们刚刚考虑过的三种选择：用其他观点来批评被选中的那个观点；把这些观点看作一个循环的进程，一个观点引起另一个观点；用选中的观点来解释其他观点，对它们相容的特征予以吸收，同时拒绝它们不相容的特征。

从事这些选择所涉及的研究工作可能需要思想上非常成熟和智识上非常有能力。但从某种意义上来说，人们对这项工作的反应很有趣，认为它是某种游戏——这就是为什么我称这一部分为"多元主义的尝试"。然而，它在根本上仍然存在一些不能令人满意的地方，具体而言，很明显，它很难提供任何合理的理由来解释为什么选中的是这个观点而不是其他观点。麦基翁的理论似乎在阐明我们文化中有哪些认知性选择方面非常出色，其理论当然同意对这些选择的低配版本的批判，却没有提供作出此种选择或彼种选择的标准。

思维模式的选择

事实上,那似乎正是麦基翁的理论被指责的主要弱点。麦基翁就选择何种方法给出的唯一建议,就是他在被报道过的评论中所说的,选择一种"感觉最舒服"的方法(Plochmann, 1990, 91)。他在这方面的漫不经心与马克斯·韦伯就终极价值观作出的建议异曲同工,后者的建议是:遵从你的"心魔"即可。但是,如果你内心没有明确的想法,怎么办?如果你内心的两个心魔在交战,怎么办?如果你怀疑你内心的想法因环境的变化而变得不合适,怎么办?如果新的先知出现或被遗忘的真理重现,怎么办?像这些情况出现时,要怎么办呢?

麦基翁没有明确指出选择认知方法的标准可能与他在一定程度上并不关注文化的规范维度有关。这一点可以通过对帕森斯行为理论的一些特点的考察来加以澄清。在早期的文化研究中,帕森斯从各种文化所体现的一般价值取向,以及他命名为普遍归属模式和特殊成就模式的价值观等方面对各种文化进行了分析。在后来的研究中,他开始聚焦于保持界限的行动系统的一般性需求,这些需求是他提到的满足适应、目标实现、整合和模式维护等功能上的需求。因此,不同的价值取向被视为与这些一般性系统功能中的这个或那个有着不同的关联性。

通过将价值选择与行为系统的功能相联系起来的同一逻辑,我们也可以找到评估不同认知方法的不同关联性的标准。让我们把目光转回到前文已经对其观点进行了概述的那些学者身上,并通过简述他们对实践的不同定义,来概括一下他们对理论-实践问题的观点。

对亚里士多德来说,实践指的是人类涉及选择的过程,而这些选择是为了某种目的或目标而作出的。因为所有的人类活动都以某种善为目标,而更高阶或更普遍的善指引较低阶或较具体的善,所以实践哲学的主要任务就是阐明人类行动的理想目标。在伦理学上,这是一种对美德或人类优点的培养;在政治学上,法律的制定将促进公平正义和对美德的培养。涂尔干认为社会学所要讨论解决的也是类似的问题。尽管他与亚里士多德不同,他反对将共同观点作为论述善的出发点这一理念,但他还是希望在实践中运用他的社会科学,确立正常和病态的概念,从而为人类决策的方向提供恰当的理想。

对康德来说,实践也指的是人类受选择支配的行为。然而,康德的重点在于这些选择对保障自由的命令的服从——在伦理学上涉及意志的内在运用,在法理学中涉及意志的外在运用。因此,实践哲学的任务是为伦理和司法理念的生成设定基础原则。

实践的意义在马克思那儿发生了很大的变化。对马克思来说,实践是指对人类感官需求的满足。因此,实践哲学的任务就是来展示这些需求在历史上是如何得到满足和没有被满足的,以及必须怎么做才能克服那些障碍以完全满足这些需求。杜威也将实践与满足人类的需求联系起来,但杜威对实践的理解与马克思对实践的理解不同。对杜威而言,实践包括努力应对任何对体验感受的阻碍,无论体验是物质性的还是智识性的。杜威对实践的描述不是为了满足需求,而是为了解决问题。这一论述也涵盖了马克斯·韦伯工具理性理念所涉及的那种实践。

现在摆在我们面前的问题是,能不能断定这些含义中的某种含义及其相伴的任务优于另一种含义及其任务。我前面已经提出过,如果不突破麦基翁理论的界限,就不可能做到这一点,但从帕森斯的行动理论的概念资源中我们可以作出这样的判定。要做到这一点,一个显而易见、立竿见影的方法就是参考我们熟悉的弗洛伊德用来分析人格的各个部分的图式。人格中的一部分提出了一系列迫切需求,叫嚣着要得到满足,弗洛伊德将其称为本我。人格中的另一部分解决的是人格不同部分之间的关系及其与个体外部的现实之间的关系所引起的问题,这是自我。然而,人格的又一部分让个体面对必须遵守的责任和规范,这是超我。最后,弗洛伊德有时会指出还有一部分人格不同于超我,即他所谓的"自我理想"(ego-ideal),它提供了普遍的理想以供人们追随。

虽然帕森斯接受了这种心理结构分析图式,但他将其解释为与所有行为系统有关的四功能图式在人格系统层面的折射。自我对应的是适应现实以完成目标的功能;本我提供了获取用来激励行动的资源的普遍动机;超我关注规范的整合;自我理想关注模式维护。帕森斯提供给文化哲学的,是一种连接不同维度和文化体系以满足各种不同体系需求的方式。在全球文化层面,他将适应功能与科学、目标实现功能与艺术、整合功能与伦理和法律,以及模式维护功能与宗教联系起来。

回到人格层面对含义的识解上来,我们可以说,亚里士多德对美德的关注以及涂尔干对健康和正常标准的关注代表了自我理想确定的不同路径,提供了实现模式维护功能的不同方法。康德对规范制定的关注对应于个体的超我,实现了帕森斯所说的规范整合功能。马克思将实践等同于需求的满足,这一点对应于涉及目标实现功能的人的自我-本我交互;而杜威将实践等同于一种解决问题和 SPS 的观点,这对应于另一种自我-本我的交互,即将资源等同于人格和适应的一般系统功能。[9]

因此,帕森斯图式提出了一种选择认知模式的理性方式,麦基翁对这些认知方式进行了精妙的类型化。如果系统问题关注的是适应性或资源的生成,那么采用工具理性或实用理性,因为这两种理性都会进行明确替代手段的成本和收益的推理。如果这个问题与目标的实现有关,那么采用感官理性,因为不管资源是否被有效调动以满足需求,这种理性所进行的推理都适用。如果问题涉及例证,那就采用义务论理性,因为这种理性正好是一种与遵守强制性规范有关的推理类型。如果它与模式维护有关,那么采用审议或诊断理性,因为这两种类型的推理都明确了支配系统定位的终极价值观。

应该明确的是,上述建议是以阐释性/例证性和探索性的方式提出的。无论这些具体建议的地位如何,我希望它们所形成的思维方式表明了,通过将帕森斯发现的在行动系统中体现的价值分析与麦基翁在哲学观中找到的多元化的认知取向联系起来,我们可能会得到的东西。

8
弗洛伊德和植芝盛平：治疗性人类互动的先驱

　　对武术的概念上的理解落后于我们实践中对武术的理解。尽管对武术训练的观点已经发生了历史性的转变，从完成某件事的技巧转变为存在的方式——现有的概念还是不能公正地反映我们从训练和教授武道的体验中所学到的东西。例如，我们知道，我们在练习合气道时不是一个个分离的个体，而是几乎总是和其他人联系在一起。然而，当我们思考合气道体验的本质时，我们通常关注的是通过达到更有成就的等级而表现出来的个人品质的提高。[1]这个角度固然没有错，但完全以个人为中心的视角忽视了这项共同运动中包含的互动的特性。

　　如果是这样的话，我们可以花一点时间，将受方-取方（uke-nage）的一来一往看作一般性人际关系的一个实例和隐喻。要全面审视这种一来一往，就需要从以个人为中心的视角转变为以互动为中心的视角——把合气道练习视为相互沟通的过程，而不是一方对另一方所做的事。

　　合气道练习的互动模型可以采用不同的形式。我提出了两种。一方面,合气道练习提供了各种治疗关系的范式。在这一范式中,受方被视为病人。在阐释这一理解的过程中,我特别借鉴了塔尔科特·帕森斯关于"医患"关系的见解和模型。另一方面,我认为受方是作为动力创造者的一个例子。有了这一理念,我们将会逐渐发展出结合了老子、弗里德里希·尼采(Friedrich Nietzsche)和马丁·布伯等人思想的范式。

接下来,我的论述将分为三个部分:(1)从关注单个个体转向对社会互动的讨论;(2)将合气道练习者之间的关系解释为与患者-医生关系类似;(3)将合气道研究工作看作为创造者和接受者之间的互动建立模型。

范式转变:从个人本身到参与者之间的互动

为了给我主张的对合气道的理解应从以个人为中心的视角转变为互动视角这一观点奠定基础,我需要诉诸一种不同的技艺:社会理论的历史。这段历史指引我们去观察并得出结论:人类思想中最伟大的部分就是,研究人类的哲学调查、精神调查和科学调查的适格主体,应该是具体的个人。这一观点主要表现在以下三个方面:

1. 我们发现,在所有的文化中,人类进步的安排和计划都是直接与个人联系在一起。在这方面,我们找到了一些学说理论,它们将人视为正确的纪律塑造出来的实体,或者通过净化练习而变得高尚,或者通过适当的启蒙而得到启迪,等等。

2. 在西方道德哲学中,我们找到了一个源自托马斯·霍布斯的思想传统,它将对社会现象的分析基于这样一种理念,即个人是受欲望驱使的有机体,追求效用,受利益引导。这种观点有时被称为"功利主义",在过去的几十年里,随着"经济主义"的崛起,它重新变得流行起来。[2]

3. 最后,我们从卢梭、歌德、爱默生和尼采等哲学家们那里发现了人类个体观——个体是主体,其本质需要被表达,其个人成长需要被培养,其创造性欲望需要被满足。这一观点有时被表述为努力促进对个性的培养,个性是现代个人主义的一种形式,与启蒙运动时期思想家们所倡导的古典自由主义式个人主义相对应(Simmel,[n.d.] 1957)。

以个人为中心的这些论述主要是英国和德国的传统思想家们作出的,作为对这些论述的回应,许多法国思想家们提出了一个相反的理念,即"社会"是一种现象,其自然属性和道德价值观不能简单等同于个体行为人的自然属性和道德价值观。这些思想家中最重要的有孟德斯鸠、卢梭、孔德和涂尔干。法国传统思想家们支持"社会本质主义"(Levine,1995)。(社会本质主义的支持者和原子唯物主义的支持者之间的现代辩论是过去的唯名论者和实在论者之间的形而上学辩论的延续。)个人和社会之间的对立几乎支配了整个西方社会思想。然而,在19世纪末出现了两个引人注目的例外。在德国,哲学家格奥尔格·齐美尔在这两极术语间插入了"互动"的概念,他强调,这是一个具有与众不同的独特属性的范畴。在美国,约翰·杜威和乔治·赫伯特·米德瓦解了个人和社会之间的区分,提出了社会性建构和社会构建自我的理念。对米德来说,这一过程的关键因素是语言的习得和使用。米德认为,参与社会互动和建构自我观的能力,关键取决于把握和内化作为符号的外部事物的意义的能力。这一核心过程表明了一个观点,该观点用德语表述比用英语表述能取得更好的效果:对话(gespräch)诞生于语言的精神(sprache)。

回过头来研究米德的重要著作,尤尔根·哈贝马斯在其中找到了一种理性形式的理念,他将其称为对话式的,并将其与独白式理性进行对比,这种独白式理性是哲学话语之前的主题(Habermas,1984)。然而,早在哈贝马斯之前,马丁·布伯已经将对话的理念作为一个主题并且是一种重要的主题,我认为他是与合气流(Aiki Way)最一致的哲学家之一。布伯的思想发展经历了我一直在说的范式的转变。他起初是尼采的崇拜者,从尼采那里获得了强烈的超验经验的理想。布伯成为他的传记作者保罗·门德斯-弗洛尔(Paul Mendes-Flohr)所恰如其分描述的,一个"生活经验-神秘主义者"。在柏林大学,他加入了新社团(Neue Gemeinschaft),一个致力于追求尼采推崇的"酒神世界观"的兄弟会。

与此同时,布伯与齐美尔一起在柏林大学的研究,为其之后不再专注于个体自我的转变埋下了种子。齐美尔强调,仅从心理学角度对互动进行解释是不充分的,这使得布伯转向了以人际交往为核心的研究角度。这种转变的第一步出现在布伯对齐美尔发表在其主编的期刊《社会学》上的《宗教》(Die Religion)(1906)一文的介绍中。在这篇介绍中,布伯赞同齐美尔关于社会学学科的观点,使用了齐美尔创造的术语,例如关系形式(formen der beziehung)、互动(wechselwirkung)、交往(vergesellscghaftung)等,并肯定了齐美尔的本体论观点:

> 人际交往发生在人与人之间；在某些方面，它与非人际的客观过程没有什么不同。个人可以在人际交往中很好地体验到他的"行动和激情"，但无论如何，它不能完全归属于或简化为个人体验。因为人际交往必须理解和解释为两个或两个以上的人的"行动和激情"的结合。
>
> （引自 Mendes-Flohr，1989，38-9）

对齐美尔来说，社会化形式的概念为社会学这门新的学科开辟了一个独特的领域。1906年，再次阐释齐美尔的论点时，布伯确认："社会学是关于人际交往形式的科学……[例如]超越和从属、合作和不合作、群体、社会等级、阶级、组织和所有类型的经济和文化团体，包括自然意义上的和规范意义上的[形式]。"（引自 Mendes-Flohr，1989，39）

尽管存在这种新的本体论观点，布伯并没有赋予社会互动过程任何道德或精神特性。他继续在个人生活体验的领域中寻求超越，带着最大的热情全身心投入。事实上，正是他对战争精神热情投入，给布伯以及当时许多其他德国知识分子，带来了前所未有的超越体验。

1916年5月，布伯与他的亲密好友古斯塔夫·兰道尔（Gustav Landauer）（在他位于黑彭海姆的新家中，距离施韦因富特①不远）进行了一次极其不愉快的交流，这使得布伯开始转变，不再对战争充满热情，也不再将强烈的个人体验作为其理想。兰道尔是少

---

① 德国中部城市，在美因河右岸。——译注

数坚决反对战争的德国知识分子之一。在拜访布伯之后,兰道尔写了一封信给布伯。在信中,他严厉指责布伯沉迷于军国主义思想,道德有亏。门德斯-弗洛尔认为,兰道尔的批评信导致了布伯的一百八十度大转变。他写道:

> 在布伯1916年春季之后的作品中,我们注意到三个新的要素:对战争和沙文主义式民族主义的明确反对;对生活体验的功能和意义的重新评估;以及社群轴心从意识(例如,从主观的-无边的生活体验)向人际关系领域的转变。
>
> (1989,102)

从那时起,布伯扩大了他的人际关系观,把它与超验的愿望联系起来。他开始将齐美尔在演讲中简单定义的社会学形式神圣化。[3]他开始在"我"和"你"之间的关系中去寻找终极价值的例示。根据门德斯-弗洛尔的叙述,1914年,

> 布伯,一个生活体验-神秘主义者,将信仰宗教说成人类身上试图促进上帝实现的一种倾向;通过对个人人格的创造完整性的保障,人们行动起来以恢复宇宙和谐。1919年,布伯将对宗教的信仰定义为通过建立真实关系从而影响上帝实现的人类倾向:"每当一个人与另一个人手拉手时,我们就会感觉到上帝的存在。"
>
> (1989,115)

总而言之,布伯开始在人际交往中找到了自我超越的平台,自我超越是他之前在尼采呼吁的高峰体验中所寻求的东西。他后来回忆说,在这一点上,他又重新回到了路德维希·费尔巴哈的观点上。他指出,对于费尔巴哈而言,

> 人并不是指作为个体的人,而是指人与人中的人,即我与你之间的联系。费尔巴哈在《哲学宣言》中写道:"个体的人对其自身而言,在自己身上并没有作为人的存在,既没有作为一个道德的存在也没有作为一个思考的存在。人的存在只包含在共同体中,包含在人与人的统一中——然而,这个统一只取决于我与你之间存在差异的现实。"
>
> (Buber,[1938] 1965,147-8)[4]

布伯的转变由此把他带到了一个节点,在这个节点上,他将齐美尔社会学的互动主义模型与尼采的自我超越境界结合在一起。要达到这样的高度,必须在两个主体之间进行全力以赴的、开放和真正的交流。布伯提出的两个坚定的主体之间进行真正的对话的理念,精准地提供了一种开放的沟通模式,这种沟通模式正是我们在合气道练习中努力要去得到的。

这种人际接触的可能性是无限的,就像受方-取方之间沟通的可能性也是无限的。接下来,我开始来考察合气道互动中体现出的两组可能性,其形式与我们日常生活中的经验相一致。当发起互动的人表现出或被认为有病时,就会引发这些可能性之一。

受方是病人，取方是治疗师：合气道的互动是治疗工作

在治疗和合气道练习之间有精确的相似之处。找出其相似之处的灵感来自三个方面。首先，那些最初被合气推广的工作所吸引的人中有许多本身就是心理治疗师或者有治疗效果的身体护理师，这让我非常吃惊。许多从业者认为，使用合气道技术或者只是利用合气道激发思想，就能取得治疗效果。事实上，他们中的一些人还指出，通过与他们的病人练习合气道，比通过任何他们培训过的标准治疗技术取得的效果都更大更好。

此外，在非合气道治疗师这一群体中，我注意到，有越来越多的人从人际交往的角度来解释精神治疗的情况。雅各布·莫雷诺（Jacob Moreno），社会计量学和心理剧的开创者，是较早支持这一实践做法的人之一，他事实上已经承认了自己明显受益于格奥尔格·齐美尔。许多心理学家也深受哈里·斯塔克·沙利文（Harry Stack Sullivan）的开创性研究的启发，后者认为治疗体验本质上是由人际关系构成的。

在研究这些范例的过程中，我很惊讶地发现这两种方法的创始人，西格蒙德·弗洛伊德和植芝盛平之间有如此多的相似之处，表8.1对这些相似之处进行了简要罗列。两人都在青年时期成功地完成了传统学科方面的严格训练，然后，在他们四十岁出头时，取得了与强烈情感体验相关的突破，导致他们建立了新的门派，并放弃了早期的武术野心幻想（Levine, 1985）。他们同时也都是魅力非凡的人物，他们的新门派——和预见性态度——鼓

舞了他们领导的国际运动。此外，弗洛伊德和植芝盛平不断取得超越他们年龄限制的突破，一致保持活跃和高产，直到八十多岁。他们两人一路过来都有弟子在身边受训，这些弟子接受训练之后就继续将这一阶段接收到的教义作为正统教义进行传播。它们作为不同门派留存下来，这些门派之间的竞争引发了争议，因为它们每一个都希望在统一运动中留存下来（Beaulieu，2005）。

表 8.1　精神分析和合气道的对比

魅力非凡的创始人	西格蒙德·弗洛伊德（1856—1939）	植芝盛平(1883—1969)
文化背景	生物中心论	尚武精神
追随者	学校校长、专门学校校长	学院院长、组织领导者
地方负责人	指导者	先生
教师的角色	分析者	前辈/取方
学生的角色	病人、客户	后辈/受方
脱离者	荣格、阿德勒	富木谦治、藤平光一

他们教义内容的相似之处也同样引人注目。弗洛伊德和植芝盛平提出的伦理准则都是基于自然以及对人类自然倾向的尊重，而不是基于某种超念观。自然能量力理念是他们教义的基础。乔纳森·里尔（Jonathan Lear）关于精神分析的描述也用于合气道："精神分析既反对对经验主义生活的低估，也反对让从生活中脱离的病人重新融入原来的生活。"（Lear，2000）弗洛伊德和植芝盛平都认为，人类攻击和搏斗的根源在于人类的心理倾向，而不在于文化和社会结构。他们都阐明了内在不和谐引发外

在不和谐的路径。两者都设计了一些训练项目来减轻内在的不和谐,这些项目注重变得更加协调化(内在和谐)的渐进过程,以此来促进外部的和谐以及个人的自由。

最重要的是,我认为,他们两人都发明了一种实践做法,虽然其意义他们自己也没有完全理解,这些实践做法经过后来的实践者的努力不断发展,效果越来越好。其他人都对此感到很惊奇。精神分析理论家埃德加·利文森(Edgar Levenson)坦言:

> 所有派别的分析者继续去治疗他们所有的病人,并在很大程度上取得了成功……但是不知道怎么去谈论他们正在做的事,尽管当他们在做这些事的时候,他们知道怎么做。这种不可言喻的能力可以被定义为精神分析的实际运用。
>
> (1983,6)

此外,植芝盛平的一个学生,庵野先生,也很好奇植芝盛平大师开创的东西是否没有超越武道或武术(Anno, 1999)。

利文森试图亲自找出良好治疗方法的鲜为人知的秘密。他把它描述为"认知的深层结构……其功效,与其他形式的宣传影响没有什么不同,取决于它与思想深层结构的协调度"(Levenson, 1983,89)。相比之下,我想表达的是,在治疗师-客户的关系中存在着一种无意识的结构,这种结构与塔尔科特·帕森斯半个世纪前发现的医患关系和其他许多社会重整关系中的无意识的结构是类似的。我认为,弗洛伊德和植芝盛平是通过他们的直觉天赋创造出的这些结构,其真正意义,只有通过几代人研究直到对它们有精妙的描述才能显现出来。

在20世纪50年代,塔尔科特·帕森斯开始以不同的方式将他称为双重-互换范式的逻辑上升为理论。这种图式的模板来自对经济体系互动流程的描述。表8.2显示了我们熟悉的经济交换中这一流程的图式,即一方提供劳动或劳动的等价物以换取商品或商品的等价物。对帕森斯来说,这种双重互换的图式为各级行动在子系统之间的交换提供了一个模板。当他提出"人与人之间的大多数关系可以被认为是在交换的范畴之下"([1907]1971,43)时,他并不知道齐美尔已经亲自提出了这样做的优势所在。

表8.2 经济中的双重互换

	(帕森斯和斯梅尔塞,1956)	
<u>家庭</u>		<u>企业</u>
有需求		有商品
	劳动服务 →	
接受聘用		提供劳动岗位
	← 工资	
购买	← 消费品和相关服务	生产
	消费支出 →	

来源:Parsons 和 Smelser(1956)。

在提出这种系统性交换的一般模式之前,帕森斯在《社会系统》(1951)一书对医疗实践系统的分析中提出了一种类似的交换图式。在该书和同一时期的相关著作中,帕森斯分析了医生和病人的真正潜意识下的反应结构。他分析时所采用的方法,在他后来讨论儿童社会化中的可比动力时也使用了。所有这一切的最终结果是强调了对过程的无意识的结构化,借此有社会融合需求的人的动机可以由拥有这项任务所需资源的角色的承担者予以考量。

只要稍加反思,我们就可以看到,医疗实践范式的要素与受方-取方互动系统的要素是多么相似。表8.3列出了这些主要的相似之处。

表 8.3 合气道系统中的双重互换

受方的角色 有需要		取方的角色 有资源
	突然袭击 →	
	← 接受袭击,但不回击	
	← 提供更好的方式	
	追随取方的引导 →	

这指的是,如同病人一样,受方应该做的,是公开表达他的感受。在合气道的练习中,这一点表现在"真诚进攻"的建议中。这是精神分析访谈的"基本规则",就像它是合气道练习的基本规则一样。作为回应,治疗师/取方的任务就是接受这一表达,同时不气恼,不让自己受到伤害,也不回击。治疗师/取方之后引导客户/受方朝着修复的方向采取行动来解决问题。作为回应,客户/受方负责改变他自己的模式,朝着新的修复方向采取行动。经验丰富的治疗师对这个基本图式进行多方面的改进,就和经验丰富的先生们有一套越加精妙的点子同样。

在讨论它们之前,让我们回想一下,然后注意到,为了让所有这些双重互换范式适应实际的情况,我们还必须加上一样东西:一个起点或一个正在展示的情景。对治疗情况而言,有两个条件已经被确定了。一个是治疗访谈的背景。这个背景必须有仪式感,有时间和空间的界限,在这样的条件下,才能为客户提供一个安全可靠的治疗"场所",弗洛伊德自己是这样称呼它的。在合气道中,受方和取方活动的"场所"也具有类似的构造,以礼仪性标志作为时间上的界限(开始上课时和下课时都要鞠躬)和空间上的界限(踩上垫子和离开垫子都要鞠躬)。

另一个条件涉及的是治疗师存在的状态,人们期望治疗师表现出更高程度的融合性,同时治疗师的大脑被认为需要"保持均衡的注意力"。同样,人们期望合气道的取方努力保持"气沉丹田"的存在状态,并维持一种以"柔性愿景"为标志的心理态度。在这种心理框架下,治疗师和取方都能通过"引导"性的行动,开始真实的互动。治疗师可以通过"你今天看起来很沮丧"或者简单的"你感觉怎么样"这样的话来"引导"病人开诚布公。警觉的取方可以感觉到即将到来的攻击,并伸出手臂去吸收当下受方渴望释放的能量。

一旦互动开始,很可能就会产生许多微妙的反应。很难去想象,受方在感到可以自由表达任何他想表达的东西后,或在自由地进行全身心投入的攻击之后,会产生自由、自我接纳、自信和成长的感觉。在极少数情况下,当客户/受方理解到治疗师/取方的弱点时,对他们会产生额外的激励。另外,富有同情心地倾听客户的倾诉,亲切地接受受方的攻击,包含了满足预期和真实救赎以及自我提升的要素,这些要素可以大大有助于重塑人们对我-

你之间产生真正连接的可能性的信心。这也同样是一个满足和成长的问题,让治疗师和取方认识到,他们实际上拥有不回击他们对手异常出招的能力,以及他们有能量克制他们自己,不以其他人通常采取的方式来对待他们的对手。

虽然取得了这么大的成就,治疗师/取方仍然要以修复的方式来解决潜在的困难问题。他们面临的挑战是避免作出掠夺式的回应以及避免其反应与双方的熟悉程度不匹配。这样反过来,客户/受方就会积极地跟随他们的引导,尽管他们仍然会注意观察治疗师/取方身上的突破口或弱点,以便在他们认为合适的时候加以利用。如果当治疗师/取方表现出领导能力上的缺陷并展示出突破口,他们还是懦弱无为,那就也没什么效果。如果客户/受方抗拒这一引导,治疗师/取方就要努力做到不去打击他们的抗拒,而是去调和他们的抗拒并软化他们。

每一次的治疗或训练都要在一个更广泛的持续互动的环境中进行。这有助于治疗师/取方恢复对更全面的整体情况的重新关注,去标记连续往来的界限,并设定持续工作的期限。整合从每次治疗或训练中学到的东西,并为进入下一步作好准备则取决于客户/受方。

受方作为动力创造者,取方作为创造性接收者:一个借鉴自老子、尼采和布伯的六阶段范式

与其把受方看成一个病人、一个需要治疗的病态行为人,我们可以用一种更积极的方式来重新界定受方的角色。假设我们

从根本上进行重新界定——我们把受方表面上的攻击看作一种能量的表达,这种能量也会受到欢迎,因其能带来好处。这样的转变可以导致整个合气道训练的重构,从而可能会释放巨大的人类潜力。我构思的这种解释范式包括六个组成部分,如表8.4所示。

表8.4 受方新范式

行为	方式	角色	突破口
存在	冷静的和开放的	不期待任何事,但为任何可能都作好了准备	持续深呼吸
启动	精力旺盛	受方1	呼气1
参与	和谐	取方1	吸气
化解	恰当	取方2	呼气
调整	开创性	受方1	呼气2
反弹	容易	受方3	吸气-呼气
控制	禅定	取方3	吸气-呼气

当我们了解并致力于培养这一范式时,它就更接近合气道体验。这一范式只不过要求我们采取我们练习的基本动作,并将它们直接扩展到日常生活的反应中。它一方面指导训练,另一方面也同时指导生活。

它要求我们,第一件事就是,敞开心扉面对我们内心和周围的世界,从而找到我们存在的中心。

它提醒我们,去学习更有效的方法以重新获得这一重心,因为我们总是很容易就失去我们的重心。

它鼓励我们,与每一个创造过程中所产生的"阳"能量保持一致,尽管其方式有利于与巧妙和有控制力的"阴"相结合。

它警示我们,要成为创造性输入的接收者,既不把它们当作威胁,也不把它们当作烦恼,更不要把它们当作恶魔。

它要求我们,对创造性的倡议给予坦诚和有见地的回应,从而使得它们可能包含的任何破坏性或误导性因素可以转向更适宜更有效的渠道。

它教导我们,要灵活,要从阻碍当中或没有效果的事情中去学习,不要把它们看作"错误",而是把它们看作正常的创造过程的一部分。

它告诉我们,在每次交流之后,要重新找回自己的平衡,回归到时刻准备学习、创造、享受和存在的状态。

结　语

将受方视为病人/取方视为治疗者以及将受方视为创造者/取方视为接收者的合气道图式是众多图式中的两种类型。我邀请你亲自把这种分析模式扩展使用到你可能参与的其他关系中:父母-子女、丈夫-妻子;领导者-追随者;调解者-委托人;敌方战斗人员。我认为,我们在进行这类对比的时候,应该带着双重的目的:展示合气道练习如何加强我们在合气道道场之外获取这类经验的能力,以及表明这些运用的意识如何丰富我们在合气道道场中的训练经验。

通过提出对这些思想的阐述,我希望已经回答了我开篇所提出的问题:我们所试图研究的合气流的本质是什么呢?

如果我们是病人——当然,我们都是病人——它让我们在有需要的时候更容易伸出双手，寻求帮助，真诚地、直接地寻求帮助；然后，有礼貌地、善意地，但绝不盲目地，对倾听我们的人提供的解决问题的方案予以回应。

如果我们是治疗师——当然，我们都是治疗师——它让我们更容易富有同情心地去倾听别人的求助请求，而不是作出无效的回应，去学习如何在坚持自我存在中心的同时与他人打交道，以及开发资源以帮助解决其他人不时提出的问题。

如果我们是创造者——当然，我们都是创造者——它会激励我们勇敢地、骄傲地和有意识地来表达我们内心最深处的感受，并且把沿途遇到的障碍视为整个创造过程的重要组成部分。"在大师的手上，"我的一位音乐老师曾经说过，"方法的有限性反而是它的优点。"

如果我们是接收者——当然，我们都是接收者——我们学着去欣赏我们同伴给予的各种反应，采用的方式表明我们有认真对待他们，但又不会被似乎会误导或伤害他们自己或我们或任何其他人的姿态所欺骗。

马丁·布伯通过研究尼采的启示和老子的深奥教义来阐释对话的方式，植芝盛平大先生创立的身体练习可以加强对话这一方式。我发现，大卫·鲁宾斯（David Rubens），一位合气推广的新成员，用极其简短的话重述了这一观点。他在一封私人信件中写道："合气道的好处之一，至少我在生活中发现的以及你在合气推广中的工作所展示的是这样，就是它创造了一种绝对有效的捷径，在人与人之间建立了联系。"如果合气道技艺确实是一种路径，那么沿着这条道路前进也不是件坏事。

9
芝加哥时期的杜威和哈钦斯

> 学校教育的目的是通过组织保障成长的力量来确保教育的连续性。
>
> ——约翰·杜威(1916)
>
> 大学的目标是强调、发展和保护人类的智力。
>
> ——罗伯特·梅纳德·哈钦斯(1934)
>
> 自由思想需要的是训练,形成让头脑良好运转的习惯的训练。在这一点上,没有比约翰·杜威下面这句简短的话说得更好的了:"训练,"他说,"相当于熟能生巧,也就相当于自由。"
>
> ——罗伯特·梅纳德·哈钦斯(1943)

芝加哥大学对通识教育运动的贡献就发生在一个世纪里。在芝加哥大学形成的教育传统的核心中,人们找到了约翰·杜威和罗伯特·梅纳德·哈钦斯的思想的融合。

这一观点，对于一个了解他们私人纠纷和公开对立的人来说，似乎是很奇怪的。在 1987 年阿兰·布鲁姆（Allan Bloom）发表的煽动性著作《美国精神的封闭》(*The Closing of the American Mind*)导致文化战争的升级之前，没有任何有关课程的争议能像发生在这两位杰出的创新者之间的争议那样吸引美国公众的注意力。一方是杜威，一位忙碌的哲学家，被美学上的顿悟所吸引，也体现了美学上的顿悟，对错误具有包容心——是具体经验的伟大预言家；另一方是哈钦斯，行政管理界的名人，孤独地站立在西方，遗世独立，即使不是五音不全，也是对美学漠不关心——是一位抽象逻辑思维的伟大传道者。

除了性格上的差异，他们还发现两人在学术政治上有直接的正面冲突。1929 年，作为芝加哥大学的新任校长，哈钦斯试图对哲学系的人事关系进行调整。他的提议立即遭到了系领导的反对，当时担任系领导的正是杜威的亲密同事詹姆斯·塔夫茨（James Tufts）和乔治·赫伯特·米德，他们二人都即将退休。哈钦斯先发制人，将莫蒂默·阿德勒（Mortimer Adler）、斯科特·布坎南（Scott Buchanan）和理查德·麦基翁引进哲学系，这一举动让塔夫茨和米德甚为恼火，也更让大家觉得哈钦斯是要故意针对米德，或更广泛意义上，故意针对实用主义者的研究工作。[1] 尽管哈钦斯想缓和他们之间的紧张关系，尤其是与米德的关系，[2] 但是这场冲突留下了挥之不去的敌意和反感，特别是，因为这场冲突，米德在他生命的最后一年一直处于忧虑和痛苦中。

这一事件可能是十几年后杜威和哈钦斯之间那场著名的冲突爆发的原因之一。尽管哈钦斯后来对杜威的著作赞赏有加，但杜威自1937年1月开始在连续两期《社会前沿》(*Social Frontier*)杂志中,对哈钦斯广受关注的专著《美国高等教育》(*The Higher Learning in America*)提出了批评。他指责哈钦斯:(1)涉嫌"蔑视科学";(2)将高等教育与当代社会生活分离,将脑力工作与经验分离;(3)坚称人性的要素是固定不变的,真理在任何地方都是一样的;(4)过于依赖柏拉图、亚里士多德和阿奎那;(5)假定存在"固定不变的权威原则且其证明力不容置疑"的理性观(Dewey,1937a,1937b)。

哈钦斯特别机智地辩护道:"杜威先生对我立场的论述简直让我产生了我根本就不会写字的想法,而杜威先生对他自己立场的论述又让我怀疑我不会阅读。"(Hutchins,1937,137)接着,哈钦斯引用了一些可以轻而易举驳斥其反对科学、鼓励人们与世界分离、威权主义和过于依赖柏拉图等人的指控的段落。反过来,杜威指责哈钦斯的回应采用了法律取证的方法,从而回避了杜威称为核心的关键问题:"经验、实践事项和实验性科学知识在真正的知识的构成中的地位,以及因此在高等教育主题内容的组成中的地位"(Dewey,1937b,167)。

此处必须要指出的是,他们交流中的敌意源于杜威对哈钦斯观点的歪曲。[3] 哈钦斯从来没有支持过把真理视为一套固定不变的学说的观点,这种观点为精英阶层所提倡,并且教条式地强加给那些倒霉的学生。他始终赞同科学和科学观察的价值,并认为所谓的真相会不断地发生变化,正如他在《通向自由的教育》(*Education for Freedom*)中所表达的那样,他认为认知原则,"像所有的知识一样,来自经验,[并且]是对常识的精炼"(Hutchins,

1943，62）。

除了杜威的多重误读和哈钦斯的轻微回避，这两个人有一个共同点，他们都没有去澄清导致他们表面观点相左的误解。[4] 此外，在以下这个重要问题上，他们二人似乎是真正观点相左的：就为民主辩护的哲学基础这一问题，他们互相认为对方的观点很危险。杜威将哈钦斯对关注价值等级的呼吁解释为通往威权主义的中转站，他使用否定的口吻含沙射影，这在他其他的公共批评中也随处可见："我不会暗示作者赞同法西斯主义。"（Dewey，1937a，104）至于哈钦斯，他批判实证主义式自然主义（许多读者认为这是对杜威的间接攻击）放弃了支持民主价值观的缜密论述，从而展示出其相对论立场并朝着法西斯主义方向发展。在所有这些反反复复、纷纷扰扰的攻防之中，哈钦斯的前同事莫蒂默·阿德勒对他的严厉谴责更加剧了这种对立。众所周知，阿德勒指责杜威这类学者提倡一种道德沦丧的立场，这比纳粹主义对民主的危害更大——这是来自另一方的严重歪曲，因为杜威本人就十分严厉地谴责过经验自然主义者，原因是他们没有满足将道德判断建立在理性论述的基础上的需要（Westbrook，1991，519-23）。[5]

事实上，这两人之间的关系比杜威认为的还要亲密得多。他们有许多共同的观点和承诺；他们都是积极民主的热情拥护者；他们甚至都反对美国卷入即将爆发的第二次世界大战，理由是这会威胁到民主自由。[6]

此外，在其他一些问题上，这两位教育哲学家之间的分歧也几近于无。虽然杜威反对哈钦斯关于普遍人性的观点，但他自己的《人性和行为》(Human Nature and Conduct)([1922]1988)一书就承认存在某种普遍性。虽然杜威广为人知地批评哈钦斯依赖柏拉图、亚里士多德和阿奎那,他自己〔正如哈钦斯注意到的(1937,137)〕也盛赞这三位学者对他们那个时代的科学和社会事务的掌握堪称典范。更重要的是,虽然表面上他们对具体经验相关教育的重要性和智力挑战型教材的见解存在分歧,但这种分歧在一定程度上是因为杜威实际上考虑的是小学各年级,而哈钦斯考虑的则是大学预科各年级。

相对于他们在教育愿景上的共同性,他们之间任何明显的差异都显得微不足道。事实上,他们共同的思想形成了芝加哥大学一直以来的学术改革传统,芝加哥大学与他们两人之间都存在强烈的情感纠葛。[7]在回应哈钦斯所作的辩护时,杜威盛赞哈钦斯的书非常有意义,因为它"生动地阐述了这个国家教育的混乱现状"(Dewey,1937b,167),并指出了教育哲学的基本问题。如果他能够仔细思考芝加哥大学在第一个百年中的课程发展,他可能会明白他和哈钦斯在教育改革的根本性和远见性研究上具有多大程度的相似性。

作为教育家的杜威

杜威和哈钦斯都是从东部地区来到芝加哥的,从他们在东部地区发表的早期作品中很难看出,他们以后会对传统思想大加批判。杜威1894年来到芝加哥,待了十年,在此期间,他完成了如下转变(始于安娜堡),从试图兼顾对三种学说的兴趣——新黑格尔学派理想主义、生理心理学和政治行动主义——到实用主义哲学和社会心理学的形成，上述三种学说促成了这一新兴综合研究领域的形成。芝加哥大学实验学校成为这一综合研究领域的主要实践地，体现了杜威关于学生学习、制度重构和公民民主是相互影响、相互决定和相互参与的的观点。

在芝加哥，杜威开始阐述他的教育思想，而正是这些教育思想让他变得闻名遐迩。他在芝加哥大学的研究工作是一种集中性研究，成为各种新的教育思想的出发点，威廉·雷尼·哈珀（William Rainey Harper）创办的这所创新性大学为此提供了一个良好的社会环境。和杜威一样，哈珀提倡的观念和安排都与学术传统不符，他不遗余力地支持实验学校的实验。虽然哈珀从来没有获得为实验学校（或其他任何事，在这一方面）提供适当的支持所必要的预算，但他一直尽最大的努力提供帮助。例如，在1899年春天，当学校面临其年度开支十分之一的赤字时，哈珀向有可能的捐助者发出了特别呼吁，自己也捐助了100美元（相当于2006年的约2300美元）。[8]

杜威的教育理念体现了明显的社会学视野。他的三个学生——查尔斯·霍顿·库利、罗伯特·E. 帕克和威廉·I. 托马斯——继他之后也成为20世纪早期美国社会学最杰出学者，这并非偶然。他们四人都表达了对现代科学、技术、工业和城市化带来的快速变化所引起的社会动乱的关注。对于杜威来说，这些关注使得他终身致力于改革各个层级的学习体验。

人们可以把杜威对教育和现代社会之间的联系的诸多关注浓缩成两点。一方面，具体化知识和技术技巧的空前发展导致培训项目日益面临互不相干和脱离日常活动经验的危险。另一方面，社会的扩张和新型社会问题的爆发，对被教育成以民主形式来思考和交流这些问题的个人提出了前所未有的要求。这两方面的变革都意味着，学生被动地听课并需要死记硬背的传统教学模式已经不能有效运作了。

对杜威而言，社会的重构和教育的重构是同一个过程的两个方面。解决社会问题的能力要求具有发现问题、辨别问题特征和想出多种问题解决方案的智识能力。为了在各个层级的学习中培养这些习惯，杜威强调需要采用新的教学形式，这些新的教学形式通过直接面对令人困惑的经历，唤醒学生的好奇心和想象力。这样，学生们面对的就不再是关于物质的抽象性质的正式讲座，而是参与到实践活动中来，通过这些活动，他们会遇到一些问题，而这些问题又会促使他们对那些性质加以研究。一次又一次地进行这样的研究就是一种训练，这一训练就带来了强大能力的发展。用杜威的话说：

> 因为真正要满足一种冲动或兴趣意味着耗尽这种冲动和兴趣，而要将其耗尽则会包括遇到障碍，熟悉题材，运用创造力、耐心、坚持、警觉，所以它必然包含训练——能力的调整——并提供知识。
>
> (Dewey, [1915] 1990, 38)

这些技能是不能单独获得的。它们只有在不压抑冲动并将这些冲动导向创造性渠道的社会环境中才能获得。这种学习结构是由各种开放、相互尊重和相互响应的交流形式构成的。因此,学习高度依赖于沟通的能力,民主社会的公共审议也需要同样的沟通能力。除此之外,杜威还主张,沟通的过程本身对所有参与各方都有非常重要的教育作用。

考察所有层级的学校,在当时以及很大程度上在现在仍然是这样,你会发现适用这种学习模式的都很少,非常宝贵。在大部分的教育领域,杜威1916年书写的控诉仍然适用:"为什么尽管填鸭式的教学和被动吸收式的学习受到了普遍的批判,但它们在实践中的地位仍然如此根深蒂固,不可撼动?"(1916,38)这是因为这些学校的支持者、领导者和教学者已经习惯于流传下来的这些模式,每一代人不假思索地复制他成长过程中出现的教学范式——传声筒传声的过程。这种模式现在已经被大量的决定学生未来的标准化考试所进一步强化,如今这些考试的备考工作是越来越充分,包括课堂上要求的注意力集中,和经过商业包装与诱惑性宣传的补充课程。

杜威为这种盲目追求过去的固化目标的过时制度提供的应对方案,就是致力于重构,让教育工作者对他们的课程项目进行认真彻底的审查。这些审查在教育项目的整体背景下重新考量每一个教育项目的目标,并努力寻找实现这些目标的最佳方法。这一过程永无止境,因为知识储备和社会条件都在不断变化。

更重要的是,课程项目某一部分的创新可能需要其他部分的调整适应。这一点在注意力集中在课程的连贯性上时才会变得明显。对于杜威来说,任何课程都要联系地加以考量,不管是与同期的其他课程联系起来还是将此时的该课程与彼时的该课程联系起来。这种方法与从不同谱系年代中随机抽取而进行的课程拼凑形成鲜明对比,杜威曾经在一张图表中对后者的情况进行了描绘,这张图表非常引人注目,图9.1将其重现。为了让学校摆脱日益严重的浪费现象,教育工作者们需要将所有不符合连贯性和一致性的部分移除。

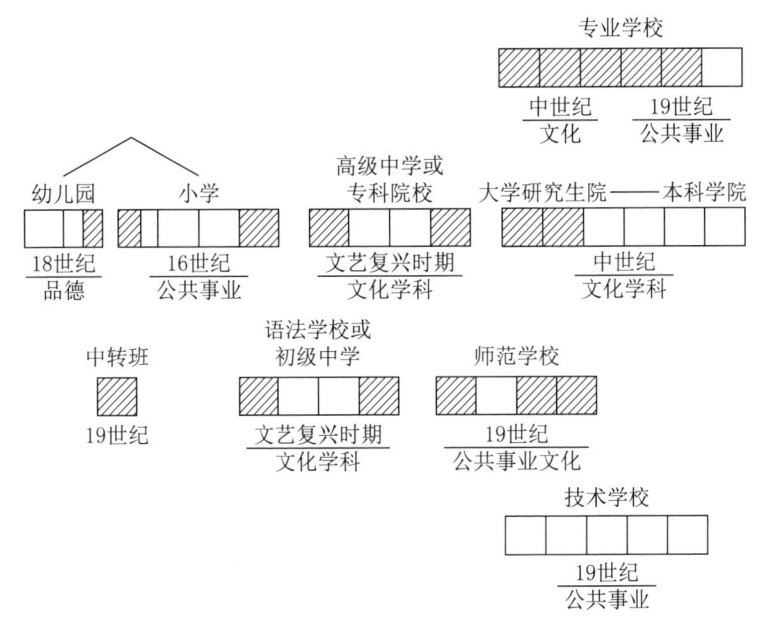

图 9.1　杜威绘制的学校体系图

注:以上各组代表学校体系的组成部分。每一组当中的区块表示学生在每个阶段花费的时间。阴影区块表示时间上和主题上的重叠。文字说明显示了历史时期和主流思想。连接开头两个组的线表示教学方法上的连续性。(Dewey,[1915] 1990,65)

在杜威的描述中,幼儿园是作为道德教育的场所出现的;小学体现了16世纪"大众运动"的以实用性为先、以技术为先;语法学校一开始用来教授希腊语和拉丁语,是作为一种文化交流而不是学科教育。技术学校和师范学校的兴起,分别是为了应对不断变化的商业环境和相应的教师培训需求。由此而形成的体系是杂乱无章的。体系的各个组成部分出于不同的目的在不同的时期出现,并且"从来没有被整合为一个完整的整体"(Dewey,[1915]1990,70)。

杜威从两个维度着手督促课程规划向连贯性和一致性的转变。横向上,他希望使学校成为一个"有机的整体",而不是由各个孤立的部分组成的复合体:"所有的研究都是关于唯一地球和生活在其上的唯一生命的各个方面。地球并没有进行一系列的分层,并不是其中一个地球是数学的,另一个是物理的,再另一个是历史的,等等。"(91)他试图将学术研究与日常生活联系起来,因此学生在学校学到的东西,不管他愿不愿意,都体现了生活体验的整体性。

然而更令人望而生畏的是,杜威提出了纵向上的连贯性和一致性,因此教育项目是从幼儿园到研究生院的一种连续发展。这意味着要确定发展阶段,调整课程以适应个人成长的每个时期,并且课程保持连贯性,彼此之间相互适配。因此,第一阶段(4岁至8岁)涉及社会和个人兴趣相关的题材,这些兴趣是运动神经的直接发泄出口——通过"游戏、比赛、业余活动或工业艺术的微型复制品、故事、图片想象和对话"来实施教学(106)。第二阶段(8岁至12岁)涉及的题材关注的是"行动规则——也就是说,常规手段的规则,这些常规手段适用于获得永久结果"而不仅仅是个人目的。第三阶段涉及通过在"为技术和智识目标而设定的不同学科"中学习到对独立能力和技巧的使用而达到专业化(107)。

除了强调课程教材/题材/材料要更适应每个发展阶段的需要,杜威还强调,没有学生是完全相同的。每一个都呈现了某种需求、兴趣、短板和才能的组合。因此,教育要培养出自主性、创造性和社群性,就必须找到解决个体差异的方法。它不能依赖于机械地应用于整个群体的标准化输入。它不能设定具体化目标——无论是为遥远的未来作准备,展现被认为具有的天赋才能,灌输特定的学科知识,还是恢复过往成就的某些标准——这些目标背离了教育的本质目的:让个人能够调整他们当前的体验,以便他们能够作好准备,有能力引领未来体验的进程(同上,Chaps. 5,6)。

这些正在讨论的问题没有一个是简单的或容易作决定的。他们需要的活力思维和任何困难的需要调查研究的问题一样。这就是为什么,杜威认为,一所伟大大学的使命的一个重要组成部分就是必须开设对教育技术和内容的方方面面的研究和评估的课程项目。大学开设的所有教育项目,从幼儿园到博士生,在实际意义上都必须具有实验性。

社会的巨大变化要求对学生受教育的方式进行变革,而这些变革又反过来要求对学生的教育制度进行变革,因此教学机构的重构将带来整个社会的变化。对学习持开放态度,鼓励发展明确问题和想出多种解决方案的能力,在相互尊重的话语网络中就这些问题和问题的解决方案进行交流,以及丰富所有这些所需要的经验,将成为新的民主社会的典型特征。这些目标将需要公众在多个方面支持大学的重构——这也正是罗伯特·梅纳德·哈钦斯所倡导的重构。用哈钦斯的赞美之言来说,它将成为一种"学习型社会"。

哈钦斯:不知情的杜威派

哈钦斯在 1929 年成为芝加哥大学校长后倡导的学术改革,以及他用来宣传改革的遣词造句,似乎都直接来源于杜威的教育理论。和杜威一样,哈钦斯对美国教育的论述也是始于对美国教育缺乏明确的方向及其组织结构上的不协调和不经济:"美国高等教育最引人注目的事实就是它的混乱,这一点一直困扰着它。"(Hutchins,[1934] 1936,1)主导美国教育的力量似乎包括商业压力、消费主义冲动、教授偏好和公众舆论。由于缺乏排序原则,这一体系看起来非常混乱。哈钦斯认为,这种状况非常可悲,表现在两个方面:它剥夺了学生发展自己的人类能力的可能性,同时它剥夺了社会公民促进社会智识变革的能力。

为了帮助学生培养这些能力,并让他们为促进社会智识变革作好准备,大学必须将为达成这些目的而开设课程项目视为一项任务,并为此投入特别的资源和精力。关键要素包括致力于完成这项任务的师资力量,以及完成这项任务所需的物资和方法。不是让教授们教授任何他们自己选择的东西,而是希望教授们在带有特定教育目标的课程项目中上课。不是让学生选择任何他们想去上的课程,而是希望他们按照精心构建的、连贯的课程表来学习。教师们不再像以往那样向学生提供总结知识点的教材,而是向他们提供能够启发他们智识和强迫他们思考的严肃文本。教师不再采纳传统的教学方法，不再通过或多或少重复教材内容的讲座形式授课，而是让学生参与到对问题的激烈讨论中来。

为了追求完美的适合学生发展阶段的连贯的课程项目，哈钦斯试图制定一个覆盖初中一年级到大学二年级的通识教育课程。这些课程将是自成一体、自给自足的，体现了针对大多数学生的正式教学的目标。这些课程的教材/材料将是那些可以称为经典的书籍，这些书籍中提出的问题都具有永恒性，在每个时代都能找到它们的影子。这些书对于通识教育是必不可少的，因为它们既是理解所有学科的基础所必需的，同时又是理解当代世界所必需的。为了能够理智和批判性地阅读这些书籍，学生还要学习语法、修辞、逻辑和数学，以此进一步学习阅读、写作、思考和说话。如果这些课程是需要思考的、连贯的、易于理解的，学生会觉得它们很有吸引力，而不是令人望而生畏或难以接近。在向年轻人作讲座，谈到他教授古典文学的工作时，哈钦斯打趣道：

> 阿德勒先生和我发现，学生越年轻，这些书对他们来说效果就越大，而不是效果越小。大学附中的学生从来没有听说过，这些书对他们来说太难了。他们没有像他们的学长那样接受错误的教育。

（1943，15）

和杜威一样，哈钦斯知道，开创这样一套课程会很不简单、很不容易。首先，考虑到学生之间的差异性，几乎没有人知道组织课程教材的最佳方法和教授课程题材的最佳方法是什么。为了提供这一答案,正如他在1929年9月的就职演说中所宣称的那样,大学需要建立关于教育的重点研究课程项目。"如果不是这样的话,"他不久之后评论道,

> 我就要建议废除[本科学院]。……因为我们地区很少有教育机构能做到我们在大学教育方面所能做到的,那就是以我们进行其他科学研究时同样的专注力、同样的人员投入、同样的效能来进行大学教育的实验。
>
> (Hutchins,1930,12;另见 Hutchins,1931)

其次,即使掌握了全部所需的信息,这样的课程安排也还将面临严重的阻力。其中很大一部分来自教学人员老习惯的难以改变:哈钦斯抱怨道,如今的教授中没有多少人愿意改变他们的生活习惯。与此同时,他们按照自己的成长方式培养他们的后辈,所以下一代人会继承他们这一代人的习惯。并且他们对金钱的热爱、对民主的误解、关于进步的错误理念、对效用的曲解,以及它们最终导致的反智主义,放在一起让他们深信不疑,不需要进行令人不安的变革。

正是由于抱有这样的想法,哈钦斯在他就任校长的前两年就开始着手大学的结构调整,以:支持设计连贯课程和特别致力于创造性教学的师资队伍的倡议;在行政管理上将本科学院独立出来,从而与致力于研究和研究生培训的部门区分开来;并支持开

展重点研究大学学习的倡议。[9]在接下来的二十年中,本科学院的教职工将从事特别具有创造力的研究工作,以设计这样一种通识学习的课程项目。

1951年离开芝加哥大学后,哈钦斯继续发展他有关民主社会学习的思想。在那个公众神经越来越紧绷的时代,他大胆发声,反对试图限制大学自由表达和调查研究的权利的做法。在那个反智主义日益兴盛、电视特效日益令人惊叹的时代,他重新阐述了自己对理想大学的愿景以及促进"学习型社会"和强化其要素发展的方式方法。

在这些方面以及其他方面,哈钦斯和杜威的批判和远见似乎具有显著的相似性。当以示意索引的形式显示时(如表9.1),他们之间的相似性变得非常明显。

表9.1 杜威-哈钦斯索引

交集点	杜威	哈钦斯
对美国教育的批评	a. 混乱 b. 盲从传统做法带来的退化 c. 大杂烩式的课程安排 d. 脱离生活经验	a. 受混乱困扰 b. 被"物质主义"所侵蚀 c. 课程不连贯 d. 不能让学生作好生活的准备
教育改革的社会需求	a. 适应情况变化的需要 b. 维持民主	a. 智能主导的社会变革的需要 b. 对民主的拥护
相关改革	消除浪费 根据目的调整手段而进行重构	不要像其他国家那样再浪费两年大学时间;挤掉无用的东西、水分和愚蠢的行为

(续表)

交集点	杜威	哈钦斯
教育的目标		
a. 能力 b. 自由 c. 道德提升	a. 对能力的独立使用 b. 柏拉图关于奴隶的描述：奴隶的行为反映的是别人的想法而不是他自己的 c. 道德行为是统一的和最高的目标	a. 发展人类天赋 b. 自由是了解以及实现善的秩序的条件 c. 强化道德规范
手段		
b. 要求学生主动参与 c. 传授解决问题的经验	a. 不要仅仅是传递信息 b. 主动体验而非被动吸收 c. 聚焦于寻求解决真正问题的方案	a. 信息本身是没有意义的 b. 主动参与问题，代替课本和听课 c. 锻炼对问题的思考，锻炼在职培训涉及的职业技能
课程结构的连贯性	a. 整合式学习：连贯的通识性课程 b. 整合式学习：贯穿生命周期的连贯性	a. 与专断性任意选择制度相反的通识教育课程 b. 学生在大学二年级完成扎实的通识教育
"进步主义"教育要得到许可是有害的	抑制冲动，但仅仅是去重建习惯	压抑思想上的发展，避免去面对自己思想上的冲动和困难
作为手段的教育的社会性	教育是一种社会过程，而不是要隔离个体	教育是参与对话
作为目的的教育的社会性	沟通既是教育的手段也是教育的目的	教育是促进社会意识和社会良心的方式
尊重年轻的学生	赞扬年轻人的能力和力量	大学一年级学生可以独立开展研究工作；通识教育可以由大学二年级学生完成；年轻的学生喜欢去处理高难度的经典问题

（续表）

交集点	杜　威	哈钦斯
个性化的课程项目	根据个体学生的具体情况去设定教育结构非常重要	如果学校明智地进行资源的配置，可以提供个性化的教育
开展有关于教育的大学研究	将大学之前的学校作为大学研究的实验室	在一个伟大的研究性大学里，有必要针对教育开展重点研究 学术研究应当旨在揭示最高的人类能力
走向学习型社会	校园内的学习要继续延伸至学习型社会	大学教育是民主社会的最高目标
芝加哥大学是其中的典范	芝加哥大学实验学校是榜样	芝加哥大学1942年颁发的文学学士学位成为标杆

哈钦斯-杜威的争论

正因为杜威和哈钦斯在众多关键问题上观点一致，所以他们在1936年至1937年间广为人知的争议和对立也就变得更加引人注目。事实上，他们在教育的观点上至关重要的分歧从未真正显露出来。在《社会前沿》的辩论中没有提到的两个领域中，我们可以发现他们关于教育的理念重点的明显差异，如果不算这是立场上的差异的话。他们的辩论结束后不久，哈钦斯因废除足球而广受非议，这也导致他树立了一个广为人知的对体育活动反感的形象，杜威则着重肯定了关注身体健康的教育的价值。[10]与此同时，艺术是杜威课程设计及其之后哲学话语的核心部分，而哈钦斯宣称大学应该培养智识能力，而不应聚焦于艺术创造力。[11]人们仍然可以强调他们认为阅读书籍能够具有的不同作用，而杜威则更倾向于强调一定量的亲身实践经验。

当这些纷杂的观点被放在一起时，它们之间的差异点就简化为对大致相同的观点的不同表述。尽管他们之间存在过世人尽知的论战，但对同时支持杜威和哈钦斯的教育工作者来说，还是有可能形成体现他们二者都支持和赞同的原则的教育思想的。

这并不是说芝加哥大学一直以来都在坚定地执行杜威和哈钦斯的理念。市场的力量（两人都认为其会对教育产生不利的影响）对他们所取得的成果造成了严重的破坏。讽刺的是，尽管杜威认为，地理学科应该占据大学之前学习的核心地位，但芝加哥大学在1986年撤销了其具有历史意义的地理系。此外，他们两人都认为，大学工作的一个重要组成部分应该由教育系承担，而芝加哥大学于1996年决定解散其具有历史意义的教育系。另外，虽然对他们两人来说，给予消费主义偏好垄断地位仍然是通识学习最难以察觉的障碍之一，但芝加哥大学随后公开表示认同经济主义思想的支配地位。他们都批判各个教育层次的课程皆缺乏连贯性。芝加哥大学的本科学院发现，要做到课程的连贯性变得越来越困难，但没有这种课程上的连贯性，"学习过程就会分崩离析，因为没有任何东西可以把它们联系在一起。"（Hutchins，1943，26）然而，在其存在的第一个百年里，芝加哥大学为通识学习事业创造了无与伦比的资源和财富，即使在今天，它也没有将其完全挥霍掉。这件事必须一遍又一遍地讲述。

第三部分　犀利交锋的对话

10
霍布斯和洛克

不同派别的学者们都认为托马斯·霍布斯(1588—1679)是现代社会科学的奠基人。斯特劳斯称霍布斯的政治哲学是"对人类的权利生活问题首次尝试从特定的现代意义上给出详细一致的答案,这一问题同时也是关于社会的正当秩序的问题",并称赞它是"第一个认为有必要寻求,并成功地找到人和国家关系的新科学。所有后来的道德和政治思想都是或明示或默示地建立在这一新的理论基础上"(Strauss,1936,1)。索罗金称霍布斯是开创"17世纪社会物理学(它至少在规划和抱负上不输于19世纪和20世纪所有的机械理论)"的杰出哲学家中的第一人(1928,5)。帕森斯将霍布斯视为功利主义传统的创始人,他"以一种前所未有的明确性来看待[秩序]问题,并且他对这个问题的阐述至今仍然有效"([1937]1968,93)。我在此更进一步,提出如下观点,即构建现代社会科学学科——人类学、经济学、政治学、心理学和社会学——的所有哲学传统都是对霍布斯的社会科学理念的详细阐述、修正或取代。[1]

霍布斯对亚里士多德的批判

如果不把霍布斯的成就置于与亚里士多德对话性冲突的背景下去讨论，就无法完全理解其重要性。当然，这并不是说，在霍布斯出现之前，亚里士多德的实践哲学观在欧洲两千年的时间里都占据支配地位。实际上，亚里士多德的文章在他死后的三个世纪里几乎都无人记起。当它在公元前1世纪期间再次出现在人们视野中时，它引起了务实的罗马人以及之后基督教思想家们的反对。根据阿威罗伊（Averroes）对亚里士多德著作的评述，它们被重新发现后并没有人将它们翻译成拉丁文，直到一千多年后。《政治学》通过另一条路径（即从拜占庭）传入西方，应阿奎那的要求翻译于1250年。亚里士多德的政治思想被用来作为共和思想的论据而在文艺复兴早期的意大利城邦变得广为认知，最为显著的是帕多瓦的马西利乌斯（Marsilius）的著作对其的引述。只有到了14、15世纪，人们才将亚里士多德视为欧洲世俗道德哲学的权威发言人，这时也是人们开始探索世俗伦理的起点。

将亚里士多德视为世俗、道德和政治思想的主要学术权威加以批判，可以说是始于马基雅维利，他宣称行动指南不应该再基于过去的"想象中的共和国和公国"，而应该基于人类实际生活的客观真理。这一目标在17世纪40年代由霍布斯达成，他全力以赴将世俗伦理建立在一个全新的哲学基础之上。这不是年轻人的叛逆。在四十多岁之前，霍布斯都忠实于亚里士多德的思想，这一立场也体现了他在牛津受到的古典教育。霍布斯在他的第一本出版作品——1628年修昔底德作品译本——的前言中,对如下共识加以肯定:"诗歌领域中的荷马,哲学领域中的亚里士多德,雄辩领域中的狄摩西尼,以及其他知识领域中的其他古典学者仍然是各自领域最重要的人:后世没有人能够超越他们,有些人甚至是不可望其项背的。"([1843]1966,VIII,vii)然而,第二年,霍布斯在访问法国期间第一次感受到了几何学的魅力,这被描述为一种思想上的"转变"。欧几里得为他提供了一个强大的掌握真理的新方法。其后他去欧洲大陆访问,包括朝圣般地去意大利拜访伽利略,他被后者的大胆创新观点所吸引,即运动是物体的自然状态,除非遇到障碍,否则物体会一直运动,永不停止。这些观点与亚里士多德的理论相矛盾,后者认为,静止是物体的自然状态。霍布斯转而接受了伽利略的观点,认为自然宇宙是由原子运动的浩瀚空间所组成,从而取代了亚里士多德将自然现象视为物质(物质由本质和目的构成)的集合的理念。霍布斯将伽利略物理学上的这些思想应用到心理现象上,从而形成了对亚里士多德的挑战和质疑。在他的《小论文》(*Little Treatise*)(1637)中,他从外部物体与感知器官之间的互动这一角度重新诠释了什么是感知能力。他由此形成了一个观点,认为人类的行为是受无限的欲望和永恒的运动所驱使,而不是朝着静止和满足的状态发展。

受几何学方法和机械心理学前景的驱动,霍布斯希望利用这门新科学的思想来改变所有的道德和政治思想。这些想法使他逐步发展到,认为亚里士多德的政治和伦理教义是"有史以来最糟糕的……"(Aubrey，1949，255)。[2] 他的计划是写三篇论文，第一篇关于物体，第二篇关于人，第三篇关于国家。然而，受挫于17世纪30年代后期英国不断爆发的内乱，霍布斯开始提前写作第三篇论文。借此，他希望通过强有力的新的论证模式来说服他的同胞们遵守法律，并通过对邪恶学说（反抗国王是完全正当的）的反驳，来谴责无法无天的杀人犯和阴谋家。[3]

霍布斯的实质性道德新思想的重要性已经显现——也应当如此。那些关注他作品的人通常都把注意力放在他为政治主权者的绝对权威辩护的世俗理由上，他们的讨论往往忽略了霍布斯在免除主权者法律约束的同时加诸在主权者身上的道德约束。斯特劳斯(1936)还主张，霍布斯道德哲学中的真正革命性特征，在于以捍卫公平和仁爱等美德的平等主义伦理取代体现在亚里士多德对宽仁雅量、英勇豪迈等贵族美德的称颂中的精英主义伦理。然而，就我正在阐述的社会学思想的形成和发展而言，必须强调的是霍布斯为打造实践哲学学科而设计的那一整套原则。我们可以通过将这些原则与霍布斯所替换掉的亚里士多德的那些原则进行对比，从而更好地对这些原则加以研究。

自　然

就像希腊人一样，霍布斯试图构建一种纯粹的世俗理性伦理，并在自然法则的基础上加以构建。他的道德法则被证实是一种"自然法则"。可以肯定的是，他在提及这些法则时还将其视为上帝的命令，这可能是为了使他免受无神论的指控，但他观点论证的逻辑运行不受任何神学的约束。[4]然而,霍布斯所理解的"自然"(nature)与亚里士多德的"自然"(physis)有着根本上的不同,以至于这种形而上学的观点上的变化从根本上改变了道德哲学的整个面貌。

亚里士多德认为自然是趋于静止的物质宇宙的本质,霍布斯则认为自然是永恒运动着的原子宇宙的内在力量。与亚里士多德一样,霍布斯也把人类的激情——欲望——和人类的才能——比如理性——看作自然现象。但与亚里士多德不同的是,霍布斯认为,它们是宇宙中的全部现象。人类世界是由相互作用的各种力量所构成,就像机械世界是由相互作用的原子所构成。它们的力量如此强大,以至于它们打破了理性的运作,而理性是人类表现出来的两大自然现象中的另一自然。在原子个体的自然倾向基础上,对这些相互作用的运动进行分析,构成了霍布斯派社会科学的全部。

对于霍布斯来说,基本运动有两种:"对权力的永恒和无休止的渴望"([1651] 1909, ch. 11, par. 2, 77),以及源于"某种自然冲动,不亚于一块石头往下滚的冲动"而对暴力死亡的避免([1642] 1972, 115)。第一种冲动来自各种自然欲望的随心所欲表达;受权力的渴望而激发的个人之间的互动产生了一种无政府状态,这是一场所有人对所有人的战争。这种状态反过来激活了第二种自然冲动——自我保护。这种冲动与理性一致,并促使人们订立契约任命一位可以确保国内和平的主权者。

霍布斯把人类的自然本性限定在强大的欲望力量和相对薄弱的理性能力的范畴上。这就排除了亚里士多德仍然认为是自然本性的另外两种现象：物质朝着特定目标实现其潜能的倾向性，以及人类在长期联合中的自我组织性。如果不承认第二种观点，政体就完全成为一件艺术品，而不是一种自然形态。认为人类有一种自然倾向，要朝着向好的方向实现自我，这种观点意味着分析只能聚焦于人类行为的预设已知部分上，而不是想象中的理想结局状态上。

语义转变有以下三种形式：概念的一般意义上的转变，概念所描述的现象上的转变，以及与概念相关的特性上的转变。从亚里士多德到霍布斯，"自然"的含义发生了巨大的变化，因为上述三种转变同时发生了。霍布斯用一种更为抽象意义上的主导世界的内在力量，来取代了自然的经典理念，即自然表示某物的本质特征和性格。在应用于人类现象时，他将自然的属性从社会形态中抽离出来，从而将其限定在个体人类行为上。此外，他明确指出，利己主义偏好和理性能力是自然的，但把个人的发展目标排除在外，而亚里士多德则认为，这是人类与生俱来的本性。这一系列变化如此之大，严重影响了霍布斯及受其影响的哲学家们的思想，尤其是对理论和实践的关系的理解上的转变。

理论和实践

霍布斯对道德和政治哲学的系统论述都是以自然科学的思想和方法为基础的。正是几何论证的力量最初激发了霍布斯进行这些分析，所以可以说几何学提供了一种模型，让其在建构人类科学时试图去效仿。出于对这种模型的热爱，他感叹道：

> 如果人类行为的本质像几何图形的数量一样可以明确地为人所知,贪婪和野心的力量(这种力量因将粗俗错误地理解为对是非本质的影响而得以加强和延续)将会立刻变小和变得衰弱;人类应该享有此种永恒的和平,从而……几乎不会出现任何战争的借口。
>
> (Hobbes [1642] 1972, 91)

从三个方面来看,可以说霍布斯曾尝试使道德哲学像数学一样。正如前文所指出的,第一个方面是,使用明确而统一定义的术语进行论述,这与亚里士多德形成了鲜明的对比,后者承认,关于行为的通常术语有着多种多样的含义。他试图将这些不同的含义融入关于善的论述中。第二个方面是,他试图提出一种运算方法来对善恶进行定量分析,关于这一点我们将在下面进一步讨论。第三个方面是,采用严格的演绎推理,遵循他所描述的伽利略式分解-合成法。这种方法把政治现象简化为现象的要素——个体倾向,然后通过逻辑演绎将它们进行重组。因此,霍布斯把自然科学的演绎法——亚里士多德称之为知识或科学论证——作为其实践哲学的基本方法。在这三个方面,霍布斯都背离了亚里士多德的格言,即人们不应该期待从有关人类行为的研究中得到他能从数学上得到的确定性,从而抹去了亚里士多德划出的理论知识和实践知识之间的一条界限。

他以相同的方式推翻了亚里士多德对哲学两个分支的主题的划分。自然科学研究物体的运动,人类科学也同样研究物体的运动。为了某种善的目的而实施的行为不是他所谓的实践的主题，基于各种不同的自然冲动而实施的行为才是他所谓的实践的主题。对霍布斯而言，实践哲学的要点在于追寻这些自然运动的变迁，并在自然平衡被重置的节点，让理性与这些自然运动保持一致。实践哲学的这种方法使它只包含应用理论。并且，自然物体现在被理解为由运动中的原子组成，而不是朝着某个特定目标实现其潜在形式的物质，因此人类行为的形式和目的可以置之不理。霍布斯的实践科学，就像伽利略的物理科学一样，通过将注意力排他性地引导至对实际原因和动力原因的探索上，而不再追寻形式上的原因和根本原因。

道德底线

霍布斯和亚里士多德一样，提出了一个关于良善社会的愿景，也将人类道德倾向的根源进行了理论化。然而，对霍布斯来说，良善社会并不涉及为了实现人类最大潜力而进行的诸多安排，而是仅指如何创设一个没有战争的国家。对亚里士多德而言，实践性问题包括两个方面：如何继续生活和如何生活得很好；而对于霍布斯来说，只要是和平生活就足够了。

从逻辑上而言，实践哲学这一议程的设定是基于实践智慧由自然的应用理论组成的观点。因此，善的标准来自对个体人类行为人的自然赋予需求和权利的确认。由于霍布斯的人类自然状态理论认为，人类欲望的自由发挥必然导致所有人对所有人的战争，行为的核心难题就是要确保一个稳定的平衡或秩序，道德的检验标准变成了对绝对君主的法律的服从。道德法则是自然的法则,其中第一条就是寻求和平,但在做不到和平的情况下会为自己提供防御。由于道德被引导着只关注生存和稳定,个人道德的检验标准就变成了遵守公民社会法律和礼仪的倾向。因此,"所有的美德都包含在公正和仁爱之中。"(Hobbes,[1658]1972,70)这种自然法则被定义为正当理性的命令:它们是将自然理性与自我保护的冲动协调一致的必然结果。

亚里士多德提出的世俗伦理包含了各种复杂的因素:实现卓越的潜力、唯意志论的决定、对语言的正确使用、公共话语权,组织良好的社会、明智的法律、适宜的习惯和对欲望的满足。霍布斯从这些综合的因素中抽象出一个要素——自然欲望的满足——作为他整个伦理体系的基石。他采用了一种基于几何学和力学的新方法,开始改革道德哲学;他基于运动的原子元素的理念,形成了新的自然观;并且,他在解决自然欲望自由发挥所造成困境的基础上,设计了一种新的提出道德问题的方法。在此过程中,他构建了观点的框架,这些观点是英国在接下来的三个世纪里,构建人类现象科学的主要哲学尝试的基础。与此同时,他删除了道德哲学中亚里士多德的许多观点——关于社会团体的自然属性、唯意志论对于道德判断的重要性、理论科学与实践知识之间的分离、目标导向潜能的自然基础、高素质精英的社会重要性,以及道德判断的盖然性——其他学派的思想家们将为恢复这些观点而奋斗了几个世纪。

忠实的反对者:霍布斯的英国批评者

尽管霍布斯的著作的确承认人类有仁爱之心,但人类对自我扩张力量的努力追求——正如他所指出的那样,"人类在贪婪和残忍上超越了狼、熊和蛇,它们并不贪婪除非饥饿,它们也并不残忍除非被激怒,然而人类却会贪得无厌"([1658]1972,40)——是他理论体系的核心。由于人类本性上的这一倾向,自然冲动的不受约束的表达,就必然会产生一种不可接受的相互掠夺状态。

也许大多数阅读霍布斯著作的读者会同意波格森·史密斯(Pogson Smith)的评价:"他给我们提供了关于人类本性的理论,这个理论是前后一致的、引人入胜的,同时又是极其错误的。"(1909,ix)霍布斯之后两个世纪的思想界,充满了对这一理论的犀利驳斥。这些驳斥——在英国、法国和德国——构成了作为现代社会科学基础理念的出发点。

其后,英格兰和苏格兰的学者们也很快就对霍布斯大胆创新的实质性论述提出了质疑。他们批评他对政治权威的观点,以及他对人类本性的描述,他们聚焦于民防之外的社会问题。然而,几乎在所有情况下,他们都认可霍布斯奠定的建立社会科学的基本原则。

我们可以以理论假设的形式对霍布斯原则进行简要阐述,这些基本原理为已提出的问题提供了答案,例如人类经验的事实是如何被构建和解释的。霍布斯用所谓的个体主义方法论假设回答了这个问题:通过对构成社会现象的个体行为人的倾向进行分析,为社会现象提供最佳解释。

对于世俗思想是如何为道德判断提供理性基础的这一问题,霍布斯用所谓的规范的个体主义假设作出回应:规范性判断的最佳理性基础是诉诸人类个体行为人的自然赋予需求和权利。因此，实践智慧就是将理论知识直接应用于道德问题。

对于人类道德倾向的根源问题，霍布斯用所谓的自然个体道德假设作出回应：人类的道德倾向，直接或间接地，来自所有人类固有的自然倾向。

英国社会思想界其后的学者们一如既往地接受了所有这三个假设，同时零星地就某些小问题对霍布斯表示质疑。霍布斯之后大约半个世纪，这些学者们，主要是洛克、沙夫茨伯里（Shaftesbury）和曼德维尔，都居住在英国。在此后的一个世纪里，这些学者们都活跃在苏格兰，成为一群引人注目的人物，他们开创了所谓的苏格兰启蒙运动。在苏格兰崛起后的一个世纪里，这一圈子又回到了英格兰。图10.1展示了英国社会理论界的谱系轮廓。它不仅指出了许多生活在英国的思想家，而且还描绘了一个跨代对话的参与者的关系网络，正是这种跨代对话借助彼此之间在文献记载上的联系，构成了一个思想圈。

在根据霍布斯提出的假设进行辩论的框架下对霍布斯的结论进行修订的进程始于约翰·洛克和一群被称为剑桥柏拉图主义者的哲学家们。尽管洛克并没有像霍布斯批评亚里士多德那样明确地对霍布斯加以刻意批判，但是霍布斯影响了洛克的思想，既给了他攻击的目标，又给他提供了进行攻击的思维方式。[5]坚持我称为个体主义方法论和规范的个体主义假设，洛克遵循霍布斯的做法，以个人权利作为其道德和政治哲学的基石。然而，站在更符合英国政治文化价值观的立场上，即支持限制主权者的权力，洛克竭力反驳霍布斯对政治专制主义的辩护。在此过程中，他引入了两个理念，这两个理念将在未来数个个世纪里引领

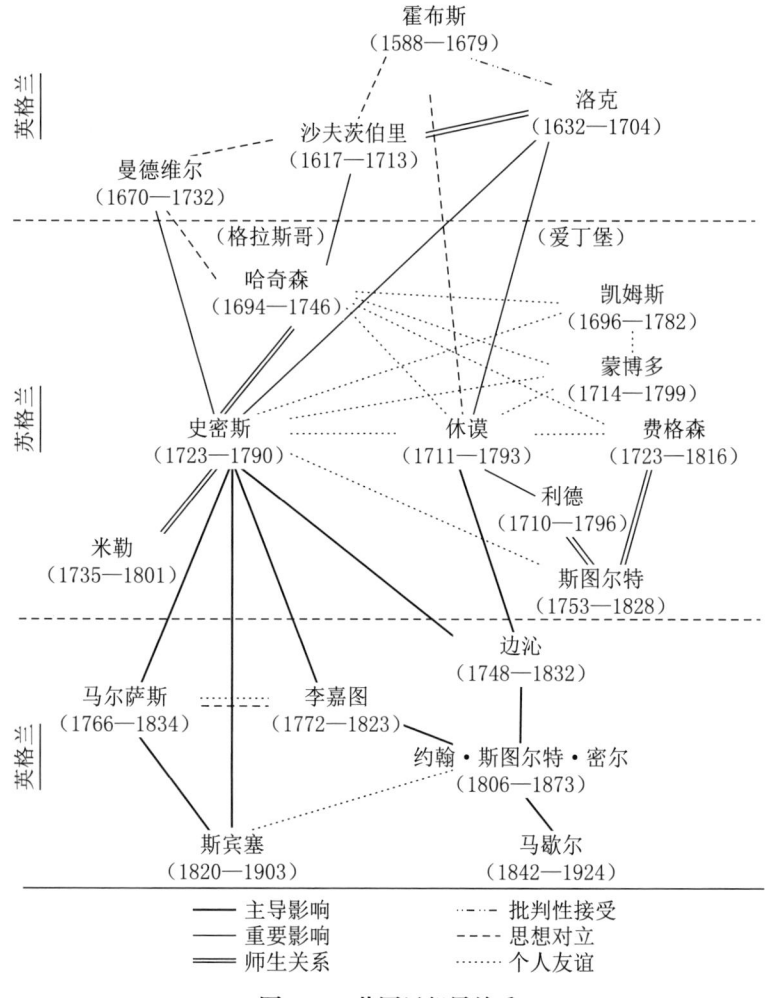

图 10.1　英国思想界关系

线型	含义	线型	含义
▬▬	主导影响	—·—	批判性接受
——	重要影响	----	思想对立
══	师生关系	······	个人友谊

英国的修正主义运动：人类动物表现出社会改良倾向，以及人类的自私倾向可以产生社会改良结果。这些理念被两位学者所接

受,他们虽然相互对立,但都体现出了洛克对他们的影响:他们是沙夫茨伯里伯爵和伯纳德·曼德维尔(Bernard de Mandeville)。

沙夫茨伯里的修正

安东尼·阿什利·柯柏(Anthony Ashley Cooper),第三代沙夫茨伯里伯爵,主要是因为1711年出版题为《人、风俗、意见与时代之特征》(*Characteristicks of Men, Manners, Opinions, Times, Etc.*)的论文集而闻名。他是一位成体系的思想家,更是一位高雅的著作者,他在我们的论述中具有举足轻重的作用,因为他明确了修正霍布斯思想的两条主要路线之一。洛克是他祖父(第一代沙夫茨伯里伯爵)的好朋友和家庭医生,曾经亲自教导他。他之后继续阐述了洛克的两个人文主题:政治自由对人类进步的重要性和品行相对良善的人性观。后一个主题是通过犀利抨击霍布斯对人性中自私的那一面的强调而发展和形成起来的,这种抨击的依据是他发现了许多超越自我的强烈情感或深情厚谊,比如爱、同情和友谊。沙夫茨伯里将其归因于大多数人天生就强烈具有的"社会情感"或"结社倾向"([1711] 1900,I, 72, 75)。与霍布斯不同,他赞成社会性的自然基础,他认为,成立习俗的这一倾向正说明了社会情感的存在:"信仰、公平、诚实和美德的出现必须是和自然状态一样早,否则它们根本不可能存在。"(73)他还提到一种自然赋予的道德感官,他把这种道德感官比作乐器的调音——一种感受能力/感情使人们倾向于通过适当地表达正常的社会情感和审慎的自我情感(二者之间的配比适当),找到乐趣,并避开残忍和恶意等不正常的情感(I, 258-93)。

鉴于洛克通过将道德的根源归于上帝的意志来寻求道德哲学与基督教神学的部分和解,沙夫茨伯里虽然是一个坚定的自然神论者,却为其伦理理念提出了一种纯世俗的基础。沙夫茨伯里不仅为人性辩护,反对霍布斯等学者对人性的贬低性描述,而且还赞扬自然本身,将其视为所有价值的根源,[6]这为他赢得了"明确将心理体验视为伦理基础的首位道德家"的美誉(Sidgwick,[1886] 1954,190)。苏格兰启蒙运动的道德哲学家们采纳了他的理论和方法,他们使用道德感官这一理念,将道德哲学完全建立在心理事实的基础上。但他的观点也被抓住不放,成为英格兰最聪明的人之一的批评对象。

曼德维尔的修正

和霍布斯一样,曼德维尔认为,有强制力的当权者对于社会秩序是必不可少的,并注意到,例如,一百个平等的人"如果不服从或者不惧怕地球上的任何上级,绝不可能在清醒的状态下一起生活两个小时而不吵架"([1714] 1924,I,347)。然而,曼德维尔和洛克一样,把他的分析重点放在商业繁荣的问题上,而不是放在社会秩序问题上。在商业领域,人类的自私倾向会产生对社会有利的结果;根据曼德维尔最著名的作品《蜜蜂的寓言》(*The Fable of the Bees*)的副标题,人类的自私倾向会导致"私人的恶德、公众的利益"(Private Vices, Publick Benefits)。例如,虚荣、嫉妒和对奢华享受的热爱等不良特性促使人们购买商品,从而刺激经济。买卖双方的不诚实行为让买卖行为进行得更顺利；甚至犯罪分子也对锁匠的生意起到了促进作用并有助于财富的流通。社会是由公共道德维系在一起的，但公共道德却源自那些渴望获得公众认可的利己主义者所实施的虚荣和伪善的行为，因此"道德美德是恭维叠加自豪而产生的政治产物"(I, 51)。

曼德维尔认为，人类所有的自然倾向都完全是为了满足利己的欲望。为了捍卫这一观点，他后来大肆攻击沙夫茨伯里，他讽刺沙夫茨伯里道："细心的读者……很快就会发现，不可能有哪两种体系比伯爵阁下的体系和我的体系之间的对立更厉害的了。我承认，他的理念既丰富又高雅。但可惜的是，它们是不符合事实的。"(I, 324)相比人类的本性，曼德维尔更相信人类的技能，他发现，在漫长历史时期中的经验的逐渐累积对于发展用来创造物资繁荣的人类技能至关重要。他引用劳动分工原则作为人类技能发展的基本原则。这使他无需借助乐观的人性观，就能够解释人类从原始的野蛮状态到现代建设能力的发展，而乐观的人性观则是曼德维尔通过寻找反驳沙夫茨伯里的论据而可能形成的立场(Horne, 1978, 41)。

无论霍布斯、沙夫茨伯里和曼德维尔之间的对立有多么明显，从更远的视角上来看，人们都一定会被他们的隐含分析图式之间的相似性所震惊。

对这些图式的具体内容加以抽象，我们发现它们都包含了原子自然主义的基本原则，原子自然主义这个术语是一种理想类型的名称，这种理想类型体现了英国社会理论家们的某些核心观点。几乎所有的图式都基于一种假设，即个体内部存在某种倾向,这种倾向是自然根植、普遍分布的,并且对这种倾向的追随是经过精打细算的。从这些倾向中,他们得出社会场域是由具有这些倾向的个体进行的各种互动所构成的理念;它们最终形成了一种相对稳定的秩序的概念,类似于那些社会互动的集合所产生的力学平衡的概念。

总而言之,霍布斯、沙夫茨伯里和曼德维尔阐述了英国思想界关于个人-社会关系的三种不同的前提:

1. 人类的自然倾向本质上是自私的,除非强制性地加以抑制,否则会产生毁灭性的后果;

2. 人类的自然倾向本质上是自私的,但它们也会产生积极的社会结果;

3. 人类的自然倾向包括社会情感倾向和道德情感倾向。[7]

在接下来的两个世纪里,英国社会理论家在这些前提的基础上进行了系统性阐述和构建学术科目。他们研究工作背后的一个实践动力是有必要加强商业社会所需的倾向,就像曼德维尔所做的那样,同时在某种程度上仍然坚持人类生活的目标是实现美德,就像公民人道主义学派所坚持的那样。应对这一挑战成为被称为苏格兰道德哲学的分支学派的独特使命。其创始人是一名爱尔兰长老会教师,弗兰西斯·哈奇森(Francis Hutcheson),1730年他回到格拉斯哥大学(他的母校)担任道德哲学教授。5年前,哈奇森在他的第一本出版作品中宣称,他的作品将是一部"阐释已故沙夫茨伯里伯爵的原则并为之辩护的作品,以此来辩驳《蜜蜂的寓言》的作者",由此确立了他在跨代对话中的地位。事实上,希望与他所认为的错误的自然利己主义学说作斗争,成为哈奇森写作大部分作品背后的驱动力。在哈奇森看来，认为利己主义是所有人类行为的源泉的学说根本经不起推敲。

> 这一观点根本不能解释人类生活中的主要行为，例如友谊、感激、自然情感、慷慨大方、公共精神和同情怜悯等表现。同样地，这一理论也不能解释对远古时代和远方国家所发生的行为中体现的亲切友好会产生突然的赞颂和强烈的感觉。
> ([1728] 1971, 117-18)

除了捍卫沙夫茨伯里的主张（在利己之外，人类还表现出了自然的合群性和仁爱性情感），哈奇森还追随沙夫茨伯里确立了使用自然赋予的能力，即道德感官进行道德判断的倾向，并将这种能力的运用作为道德判断的检验标准。因此，道德判断是一种自发的现象；它不能像霍布斯和曼德维尔主张的那样，被简化为利己；或洛克所认为的那样，被简化为上帝的意志；或者像吉尔伯特·伯内特（Gilbert Burnet）等理性主义者那样将其简化为不证自明的真理。道德判断的错误可以得到纠正，其途径是为道德感官提供更准确的关于该行为对公众福利的影响的信息。哈奇森用这一理念找到了减轻曼德维尔的"私人的恶毒、公众的利益"这一说法所带来的不适的方法；因为如果一个行为，无论其动机如何，有利于某种公共利益，那么哈奇森的功利主义算法将表明，它不应该被视为一种恶行，而应该被视为道德上的善行。[8]由此，他找到了将自爱原则（曼德维尔认为这对商业社会至关重要）与美德相协调的方法。

哈奇森还致力于将科学的严谨性引入道德哲学。他第一篇论述道德的文章的扉页上公开宣称"试图在道德主题中引入数学计算"。那篇文章引入了一个牛顿公式,它把仁爱比作万有引力,因此得出仁爱的力量与人和人之间的距离成反比([1725] 1971,220)。它还提出了一个衡量行为良善程度的标准——"某个特定行为道德上的败坏或邪恶程度就是痛苦的程度和受害者的人数;所以能为最多的人带来最大的幸福的行为就是最良善的行为"(177)。这一标准在他的《道德哲学体系》(*System of Moral Philosophy*)(Hutcheson, 1755)一书中有详细阐述,其中有一章就是在讨论如何计算行为的道德性。因此,无论哈奇森有多么想通过支持人类对公共福祉的热爱具有不可简化性的观点来驳斥霍布斯,他还是复制了霍布斯的科学方法,主张消除道德主题上的通常的错误原因——"对模棱两可的词语的混淆"——以及将道德分析看作对个体行为人的所欲之物和所排斥之物的量化。

大卫·休谟(David Hume)继续采纳了这一方法,将牛顿的实验科学方法应用到哈奇森对人类思想和道德感官的阐述中。虽然休谟将事实判断与价值判断分离的做法似乎不利于对理性世俗伦理的探究,但他重新引入了理性世俗伦理,将理性可辨的自然能力作为所有道德判断的基础,这一能力的发挥可以用来确定什么是良善的,带来快乐而避免痛苦。通过分析称赞对社会有益的事物的自然情感中的人类学基础,休谟超越哈奇森对最大幸福的阐述,进一步发展了功利主义思想。"这似乎是一个事实,"他在他的《道德原则研究》(*Enquiry Concerning the Principles of Morals*)一书中指出,

> 在所有主题中,效用的客观情况是赞美和认同的根源;在所有关于行为优劣的道德判断中,它不断地被提及;它是正义、忠实、荣誉、忠诚和忠贞受到高度重视的唯一原因;它与人道、慷慨、仁爱、和蔼、宽容、慈悲、宽恕和节制等所有其他社会美德不可分割;总之,它是道德的主要部分的基础,涉及整个人类以及其他生物。
>
> (Hume,[1751] 1975,221)

哈奇森的学生、休谟的朋友亚当·斯密,将这些思想应用于经济生产力和道德秩序的问题上。亚当·斯密在其生前主要因《道德情操论》(Theory of Moral Sentiments)(1759)而闻名,这本书发展了与生俱来的社会情感和道德情感的学说,并通过对同情心的分析构建了一套连贯的道德理论。他的另一部杰作《国富论》(1776)为社会科学注入了强大的推动力。斯密对国家财富本质的定义及其原因的分析体现了作为前提条件的原子自然主义。他认为,一个国家的财富,不是以国库中的金条或银条的数量来衡量,而是通过每年生产的商品数量除以人口数量的结果来衡量。这种年度人均国民生产总值的衡量标准表达的是社会中所有个人享有的财产数量,这在当时是一种计算国家财富的革命性方法。

斯密认为财富有两个来源:劳动者的生产技能水平和生产性劳动力与非生产性劳动力的比率。劳动者的生产力水平是生产能力专业化程度的函数,因为专业化可以促进动手能力、效率和创造力。专业化产生于劳动分工,而劳动分工反过来又因为专业化产品市场的存在而得到进一步提升。尽管市场专业化的程度取决于交通等基础设施因素,但最终决定市场的是人类的自然倾向——用一样东西交换另一样东西的倾向。

造成高水平生产力的另一个主要因素是实际从事生产劳动的劳动者的比例。这取决于可以雇用劳动者的金融企业可筹集到的股本。资本积累的多少取决于储蓄的人类自然倾向,这一自然倾向的基础在于"改善我们境况的欲望,这种欲望……从在子宫里就一直伴随着我们,直到我们进入坟墓才会离开我们"(Smith,[1776]1976,I,362)。

如果任其自然的话,这两种天然的倾向——通过交易和储蓄改善我们的境况——足以带领任何社会走向富裕和繁荣。其他的自然倾向解释了社群的凝聚力。崇拜地位、荣誉和卓越的自然倾向解释了稳定的社会等级,而尊重普遍规则的倾向维护了对社会规范的遵守。人类的共情能力以及希望得到认可的天生强烈愿望,解释了社会的道德秩序。[9]斯密社会学的逻辑模式与我们在霍布斯、沙夫茨伯里和曼德维尔身上看到的完全相同。

自然的个人倾向不仅为斯密提供了社会现象的解释原则,它们本身也是人类道德的基础以及界定社会良善的标准的基础。斯密反复多次赞扬大自然万无一失的智慧([1759]1982,218,222,226)。

良善通过"在具体情况下,我们的道德能力以及我们对美德和礼仪的自然感知所赞成或反对的东西"(159)而为人所了解。道德认可的主要对象是那些保障个人权利的法律:他们的生命和人身;他们的财产和财物;他们的个人权利,或者他们从他人的承诺中应得的东西(84)。除了这些,自然倾向在促进公共福祉方面的效果表明,政府应该只从事个人无法独立完成的事情:国家安全、司法和某些公共工程。除此以外,它们应该遵守自由放任的原则,以便

> 自然自由的清晰而简单的体系实现自我构建,[由此],任何人,只要他不违法,就有完全的自由以自己的方式追求自己的利益,并带着他的产业和资本与任何其他人的产业和资本开展竞争。
> (Smith,[1776] 1976,II,208)

11
孟德斯鸠和涂尔干

18世纪,法国和德国的知识分子都很熟悉英国道德哲学家们的著作。伏尔泰向大众普及了牛顿和洛克的著作;狄德罗翻译了沙夫茨伯里的著作;就像孔多塞研究休谟的认识论理念一样,孔狄亚克(Condillac)对洛克的认识论理念加以研究;魁奈(Quesnay)追随洛克和休谟,基于自然法则提出了个人主义资本主义原则;以及,爱尔维修(Helvétius)作为桥梁,把休谟的功利主义理念传递给边沁(Bentham)。康德被誉为那个时代少数几个完全理解休谟《人性论》(*Treatise of Human Nature*)的读者之一——他盛赞沙夫茨伯里、哈奇森和休谟。赫尔德对沙夫茨伯里崇拜有加。然而,英国哲学家的原子自然主义在这两个国家都没有获得一席之地,没有按照他们所设想的路线来引导社会学的发展。相反,他们的思想成了反面教材,法国和德国哲学家对照着走向了一条完全不同的道路,来构建社会伦理和现代社会学思想的基础。

孟德斯鸠和卢梭

法国思想家提出的与英国的自然个体理想化相对立的伟大主题就是社会的理想。孟德斯鸠正是在法国思想界提出这一主题的先驱。这一思想学派的后来的理论家们——卢梭、孔德和涂尔干——将他称为现代社会科学的重要启发人。[1]孟德斯鸠也提倡这一理念,即他独立创立了一些具有开创性的东西,称自己的名作《论法的精神》(1748)为"始无前例"(引自 Lepenies,1988,1)。

孟德斯鸠对霍布斯理论中的每一个重要观点都提出了质疑。他认为,由于人类总是出生在一个社会中,从未有过社会之外的人,因此像霍布斯那样,通过分析个体行为人的自然倾向,来讨论社会和政府的起源是毫无意义的。此外,利己性不能成为人类制度的充分基础,因此良善政府的可能性取决于道德社会化和公民道德的教育。最后,检验道德的普遍标准并不存在;相反,道德上的适当性必须取决于一个社会的具体情况——它的客观环境、风俗习惯、它对生命的态度以及它的启迪精神。

尽管孟德斯鸠因追随洛克和支持自由、宽容和宪政等"英国"理念而闻名,但他对这些理念的阐述却是建立在不同的立场之上。[2]他认为自由并不是一种可以从人类本性的倾向和相关人权中推导出来的绝对价值。相反,自由是一种社会事实:它取决于有利的环境条件和社会习俗,它表现为有权利做法律允许的事。正如批评霍布斯和曼德维尔的英国学者所认为的那样,社会倾向性并非源于天生的社会情感和道德感知,而是源于社会灌输的看法、信念和习惯。

因此，人们可以在孟德斯鸠的著作中找到法国思想界的核心理念，尽管它们都是以文学的模式加以表达的，而且常常在分析上不够精确，但后来的思想家会更明确地对它们加以发展和完善。我们可以通过与英国思想界的各种理论假设的对比，来阐述我们正在讨论的这些观点。对于如何构建和解释人类经验事实的问题，孟德斯鸠隐约提出了所谓的社会现实主义假设：社会是一个具有不可能简化为个体倾向的确定属性的超个体现象。

关于世俗思想如何为道德判断提供理性基础的问题，孟德斯鸠隐约提出了所谓的社会规范性假设：确定什么能增进社会福祉为规范性判断提供了最佳理性基础。知识分子专家们的研究告诉了我们这一点，所以实践智慧相当于把有关社会的理论知识应用到道德问题上。

关于人类道德倾向的根源问题，孟德斯鸠用所谓的社会道德假设作出回应：社会是道德情感和习惯的源泉，它通过家庭、教育、宗教和政府等机构灌输这些道德情感和习惯。

让-雅克·卢梭(Jean-Jacques Rousseau)被称为"第一位受孟德斯鸠影响的伟大思想家"(Peyre，1960，xv)。然而，如果法国思想界后来的著作被视为对孟德斯鸠社会思想或多或少的持续改良，那么在某种程度上，卢梭则必须被看作对这一发展路线的偏离或倒退。这就是孔德对他的看法，因为卢梭回归到霍布斯模式上，通过思考人类在想象的自然状态下（社会秩序形成之前）是如何生活的，开始探索社会伦理。

对卢梭来说，正如对霍布斯而言，社会不是一个自然实体。

但与霍布斯不同的是,卢梭说的自然状态中的人是一种善良的、自给自足的生物,不在文明社会中也能生存得很好。在西方思想界,很少有学者能具有合乎卢梭所描绘的人类的"天生良善"的真诚和深刻(Melzer,1990)。然而,卢梭笔下的自然人并不具备道德感官。道德和理性都只能在社会中通过社会来发展。卢梭认同孟德斯鸠关于人类为了和睦地生活在一起需要道德的社会化这一观点,从而将自己的观点构建在先验性推理的基础上,而不是诉诸对社会的观察上。

在他关于社会契约的著名论文中,卢梭找出了人类生命在自然状态中的属性和在公民社会中的属性的许多差异。在第1册第8章《论社会状态》中,卢梭([1762]1987)列举了当人们从自然状态转入社会状态时,人类境况出现的诸多变化。自然状态中人类的特征包括本能、身体冲动、意愿、愚蠢和动物性;而在公民社会,这些特征分别被正义、道德和义务、理性、智慧和完整的人性所取代。人的自然境况表明,自由仅受武力限制,仅为欲望所奴役;而在社会状态中,人们获得了受到公共意志限制的社会自由和道德自由,他们通过遵守自己集体制定的法律而进行自我管控。更重要的是,在自然界,财产是通过武力来保障的;在社会状态中,对财产的保障是通过拥有绝对权益的所有权。在第2册《论立法者》这一章中,卢梭补充道,依法建立的社会,让每个个体从自给自足、惯于独处和独立自主转变为一个依附他人而又完整统一的道德上的存在。

后退能够跳得更远。如果从发展中的实证社会学的角度来看,卢梭已经回到了对假定的自然状态下的人类境况进行纯粹的推理思考，他还对人类机能的社会构成因素进行了前所未有的精确分析。如此一来，他进一步完善了孟德斯鸠关于社会本质的关键论点。[3] 一方面，卢梭通过提出"公共意志"（volonté générale）的概念，完善了孟德斯鸠关于"社会普遍精神"（esprit général）的概念，这使得他能够区分"聚集"和"联合"，并将公共意志描述为自成一类的、不能从"个人意志"（volonté de tous）的聚集中派生出来。他提出了后来的法国学者们经常加以采用的自然层级定理，将社会定义为"一个道德实体，其特性不同于组成社会的个体存在的特性，在一定程度上就像化合物具有的性质与其组成元素的性质不同一样"（引自 Durkheim，[1892] 1960，82）。

卢梭还明确提出了集体意志在存在和规范上的优先原则。孟德斯鸠认为，法律是根据习惯和礼仪，政治结构是根据气候和社会条件制定的。卢梭将它转化为这样一种观点：政府作为社会的代理人，受委托按照人民意志的命令行事。他称私人利益对公共事务的干预是"邪恶的"，并断言"任何破坏社会团结的东西都是毫无价值的"（Rousseau，[1762] 1987，55，99），由此肯定了集体相对于个人利益的道德优越性。

尽管卢梭提出的自然状态中的人类境况是一种理想化的观点，但他对社会伦理的研究最终还是得出了以社会福祉为最高价值的结论。他宣称社会秩序是一种"神圣权利，是所有其他权利的基础"（17）。他提议通过评估公众舆论的和谐程度以及私人利益服从于公共利益的程度来诊断"政治体的健康"与否（81）。另一个诊断标准则是一个国家公民人口增长和倍增的力度，因此他在给那些寻找社会健康的客观指标的未来社会科学家的建议中加入了"计数、测量和比较"等关键词(67)。

卢梭的法国批评者

起初,孟德斯鸠和卢梭的思想更多地用来塑造政治意识形态,而不是构建社会科学。孟德斯鸠将权力制衡与政治民主联系起来,这一点对美国宪法的制定者有指导作用,而卢梭所说的公共意志则给了法国大革命的革命者灵感。[4]在涂尔干可以将他们重新定义为法国社会学的先驱之前,他们的社会学思想性必须得到进一步加强。

正如在英国,原子自然主义的各种假设容纳了各种截然不同的人性观,所以在法国,我应当称为社会本质主义的各种假设也是与各种关于人的观点(完全不同于卢梭的观点)具有一致性。法国大革命之后,这些观点突然集中由那些对卢梭的观点和与之相关的革命学说有异议的学者提出。这些学者挖掘出法国思想界更深层次的思想脉络,即人类被视为软弱和邪恶的生物。蒙田在他的《随笔集》(1580)、拉罗什富科(La Rochefoucauld)在他的《道德箴言录》(*Maxims*)(1665)中将人描绘成本质上是虚荣、愚蠢、自欺欺人和邪恶的——体现了些许天主教传统思想中蕴含着的奥古斯丁派的道德思想。

后革命时期的杰出学者路易斯·波纳德(Louis de Bonald)和约瑟夫·迈斯特(Joseph de Maistre)重申了天主教在抵制人类主要的不道德行为上的作用。波纳德抨击了卢梭关于个人可以自给自足的观点,认为只有社会及其用语言固定下来的传统,才能让个人生命走向全部现实;为了让社会恢复健康,革命后的法国必须回归统一的政治体制(君主制)和单一的宗教信仰(罗马天主教)。迈斯特称自己是波纳德精神上的孪生兄弟,并的的确确把这一思路推向了最极端。迈斯特详细阐述了人类无可救药的邪恶和堕落的本性,指出正是这种人类本性使得绝对的权威不可或缺。他嘲笑契约论观点,这种观点假定个人知道他们想要什么。对迈斯特而言,人类不仅对他们想要什么没有清晰的认识,而且他们还受到无限的欲望、非理性的破坏冲动和自我牺牲冲动的驱使。此外,个人在进入社会之前也无法明确地表达自己的需求,因为他们进行表达所需要的语言正是来自社会。同样,合同也是以精心设计的社会习俗体系和复杂的社会执行机构为前提的。社会存在的时间和人类一样久远,人类机能的正常发挥需要个人在社会中的融合,这个社会由共同的宗教和强制性权威予以维系。个人主义者过于执着地追求想象中的权利或需要,则只会使社会组织分裂破碎。

由于他坚决反对社会契约理论,迈斯特在与卢梭的关系上,长期以来似乎只是一个对立者。事实上,迈斯特嘲笑卢梭的立法者概念具有令人难以忍受的混乱性,驳斥了他的法律理念,奚落他在人民主权上的信念,并称他的格言(人生而自由)是"愚蠢的主张"(Maistre,1971,101,120,123,143)。用他的首席英国翻译的话来说,"迈斯特把卢梭看作他那个恶棍世纪中最坏的恶棍之一"(Lively,1971,44)。然而,这些严重的分歧是在具有若干共识的基础上产生的。这位评论家继续评论道:

> 然而……迈斯特和卢梭在许多基本的观点和情感态度上保持一致。……他的终极目标,和卢梭的一样,就是要解决人类的自我意志和他的社会性之间的冲突,释放因现有文明而受挫的道德能力,重新建立因自我意志的持续行使而失去的和谐状态。……[这]要求人们自愿服从当权者,而当权者的道德正当性最终不在于他们的目的,而在于他们强制实施的统一。相比主权的来源,他们两人都更关注公共生活的道德性,他们也都是根据个人感受到的对社群的情感和无来由的参与程度来判断道德性。
>
> (同上,44,42)

虽然迈斯特像卢梭一样,对现代社会的前景持悲观态度,但迈斯特摆出一副即将灭亡的高度文明的最后捍卫者的姿势,而卢梭则将日内瓦尊为这个日益黑暗的世界中自由的最后余烬之一。其他针对卢梭的批评家,如孔多塞侯爵,对理性和科学时代的人类前景持更为积极的态度:《人类精神进步史表纲要》(*Esquisse d'un Tableau Historique des Progrès de l'Esprit Humain*),通常被认为是18世纪的哲学圣经,通过展示人类准确观察和明智推理的能力,赞扬了人类从自然灾难和社会束缚中的逐步解放。

通过公共教育、一本与阿贝·西哀士(Abbé Sièyes)联合编辑的杂志以及他自己的出版作品,孔多塞一生致力于促进科学方法在人类现象中的应用,其中最引人注目的是数学方法,包括概率演算。孔多塞赞同卢梭关于个人行为应该服从公共意志决定的观点,并和卢梭一样,寻求建立一种制度,合理化那些为公共利益而作出的集体决策。然而,他背离了卢梭的激进民主模式,因为他一方面主张代议制度的合法性和不可或缺性,另一方面捍卫通过合格精英产生理性公共决定的必要性。这些偏离反映了他的观点,即公意是表达可以通过理性发现的真理的工具,而不是基于集体意志对道德权利的表达(Baker,1975,229-31,243)。总体上来说,他与卢梭的分道扬镳表现为他对理性的价值的确认及将理性的逐步培养看作人类历史上的解放力量。孔多塞称赞"社会数学"的出现是人类进步的关键因素。

作为法国大革命的边缘支持者,圣西门对孔多塞和迈斯特都非常崇拜。他支持启蒙思想家们的人道主义理性主义——他们对科学进步的拥护以及他们对镇压群众的宗教教条的批判。与此同时,他不赞同他们对中世纪政治和宗教制度的诸多批判。在这个问题上他与迈斯特立场相同,而迈斯特又反过来在他的观点中再现了卢梭和孟德斯鸠的观点,圣西门认为,某种共同的信仰对于维持社会团结是必不可少的,并且道德信仰必须与社会条件相协调。因此,虽然对待过去基督教会的弊端持严厉批判的态度——他指控自15世纪以来的所有教皇和枢机主教为"异端",因为他们支持耶稣会和宗教裁判所,并且他谴责新教徒所谓的低级道德、错误的礼拜形式和错误的信经——但圣西门也肯定了中世纪教会在促进政治团结、思想和社会活力方面的积极作用。[5]

圣西门坚信,社会和谐很重要,思想对促进社会和谐有影响,科学和工业比神学和军国主义优越,基于此,圣西门逐渐形成了一个良善社会的愿景,鼓舞了一代又一代他的同胞。像大多数启蒙思想家一样,他的社会伦理建立在良善的社会必须与人类生活的自然性相协调这一信念之上。他从生理学中推导出一种理念，社会不应建立在平等原则的基础上，而应建立在人们的自然不平等的基础上。[6]他划分不同人类能力的方式改变了。不变的是，他仍然认为需要社会精英，需要严格服从高素质公民——这样的话，未来的社会将不再有阶级冲突，并且有强制力的当权者和政府行为的作用也将大大简化。在封建秩序中，这些优越阶层以宗教和军事精英的形式出现；在现代，他们将逐渐——逐渐是为了避免革命和突然变化的恐慌——被科学家和工业领袖所取代。

神学家的信誉在 18 世纪受到了比较大的冲击，因此由学者们来提供一种新的社会纽带是很重要的一件事。他们可以通过追随知识发展的轨迹来做到这一点，每一门自然科学的发展都是有轨迹的，论证基础从推测性的发展到实证性的，或以经验为基础。圣西门批评科学家们在盲目地累积孤立的事实中迷失了自我，并敦促他们创立能够将所有科学知识统一起来的普遍理论。事实上，圣西门对任何没有立即指向实践目标的科学研究工作都变得不耐烦起来，这是他后来与孔德关系破裂的部分原因。[7]他与波纳德在关于"系统统一"的重要性上观点一致，但他不认同波纳德提出的系统统一应建立在支持万有引力概念的自然神论的概念之上的观点（Saint-Simon，[1952] 1964，18）。

1826 年圣西门去世后，他的主要追随者宣称未来的任务是协调迈斯特与伏尔泰和孔多塞等启蒙运动理性主义者之间的思想（Berlin，1990，62）。圣西门化解了迈斯特主张人类需要等级制度和启蒙思想家们拒绝旧特权之间的对立，提出需要的是基于科学和工业能力的新精英。他调和了迈斯特对历史背景的尊重和启蒙思想家们对进步的信念,将早期的工作看作对人类的长期发展的适当历史贡献。然而,他在最后关头却依然回归到天启教,无疑使一些追随者相信,他最终还是背离了理性主义,而正是理性主义让他在此之前将自然神论描述为一种过时的信仰。这一关键性调和,是由年轻时担任过七年圣西门助手的奥古斯特·孔德达成的。

社会本质主义

在这儿,我将考察孔德的社会伦理和相关的社会学思想。正如图 11.1 所示,他的思想是通过对直到他那个时代的法国思想界各种不同而复杂的思想的非凡整合而逐渐形成的。孔德深受孟德斯鸠、杜尔哥(Turgot)、孔多塞、波纳德、迈斯特、圣西门和卢梭的影响。从孟德斯鸠那里,他滋生了颁布社会运作法则的抱负;从杜尔哥和孔多塞那里,他获得了由人类理性能力的完善所推动的人类进步的愿景;从波纳德和迈斯特那里,他懂得了社会整合和道德规范的重要性;从圣西门那里,他学到了以新形式的世俗精英和精神精英来取代旧式精英的理念。

有人可能会猜测,孔德在某些时候吸收了卢梭的自然组织层级定理。看起来他似乎不是从圣西门那里获得这一观点的。这一点值得关注,因为孔德在其他主要方面与圣西门的观点几乎完全一致。事实上,除了马克思和恩格斯,也许还有杜威和米德,在西方社会理论史上,几乎没有谁和谁之间的合作像圣西门和孔德那样紧密。[8]

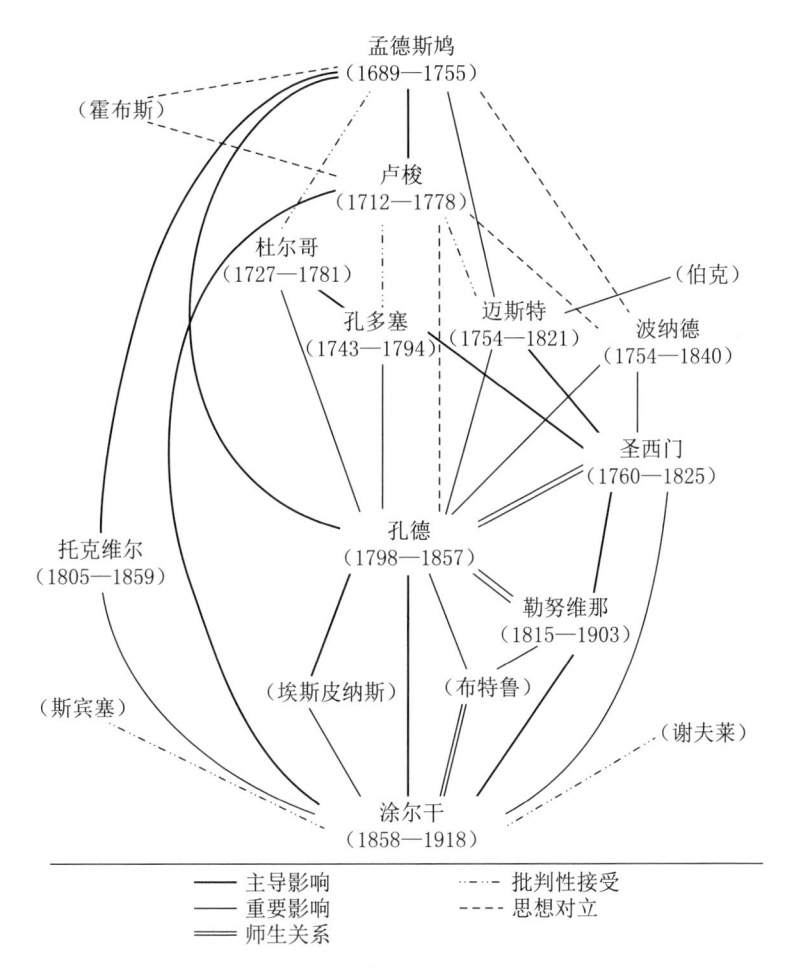

图 11.1 法国思想界关系

图例：
—— 主导影响
—— 重要影响
══ 师生关系
·-·- 批判性接受
---- 思想对立

人物：
- 孟德斯鸠（1689—1755）
- （霍布斯）
- 卢梭（1712—1778）
- 杜尔哥（1727—1781）
- 孔多塞（1743—1794）
- 迈斯特（1754—1821）
- （伯克）
- 波纳德（1754—1840）
- 圣西门（1760—1825）
- 孔德（1798—1857）
- 托克维尔（1805—1859）
- 勒努维那（1815—1903）
- （埃斯皮纳斯）
- （布特鲁）
- （斯宾塞）
- （谢夫莱）
- 涂尔干（1858—1918）

圣西门于1817年聘请19岁身无分文的孔德担任他的秘书，从此成为他的导师、赞助人和雇主。在孔德的帮助下，他出版了一系列期刊，大力宣扬即将到来的工业秩序的优点。虽然孔德对多年来从其贵人处获益良多心存感激，但随着这种关系的发展，他开始感到厌烦。他们的分裂发生在 1824 年,主要涉及心理、计划和所有权等方面的问题。[9]然而,还有一个重要的实质性问题,他们也产生了分歧,这个分歧随着孔德形成自己的实证哲学体系而变得更加明显。圣西门认为数学计算类知识是唯一真正确定的知识,而孔德则批评这种观点是"形而上学的"。本着这种精神,圣西门提倡一种基于万有引力定律的涵盖所有现象的统一理论;他将这种理论作为他的人类新宗教的基础,称其为"物理主义",但是他的问题,即如何将孔多塞的理性主义和迈斯特的宗教主义加以调和,并没有得到解决。万有引力很难提供一个能够引发圣西门振兴他所谓的"重组的欧洲社会"所需要的博爱情感的对象。这一困境在他 1808 年一篇关于科学的文章中表现得非常明显,他在将万有引力的概念作为新科学体系的关键要素,并"从而使其也成为新宗教体系的关键要素"后,进一步认为,上帝的思想是有缺陷的,不应该在物理科学中使用,同时补充道,"但是我并不是说它不应该在政治事务中使用,至少在很长一段时间内还可以使用;它是迄今为止找到的推动高尚的立法规定出台的最好的手段。"(Saint-Simon,1859,211,219)圣西门所谓的政治团体达成共同信仰过程中所需要的东西与他的物理主义科学所能产生的东西之间的鸿沟是不可逾越的——鸿沟如此巨大以至于他最终转向狂热的有神论来加强他的社会信仰。

孔德对法国思想界持续对话的主要贡献之一,就是弥合了孔多塞和迈斯特之间尚未填补的鸿沟——现代科学的理性命令和社会秩序的情感命令之间的鸿沟。他通过提出一系列关于科学研究的对象以及对它们加以研究的思想步骤的观点做到了这一点。孔德反对圣西门对统一于物理学之下的普遍科学的探寻,他认为实证科学的本质是使理性命题从属于经验事实,并且观察必须尊重各种不同类型现象的独特特征。孔德既没有称某些事是"空想的",也没有用万有引力定律这样一条规律来解释所有现象,而是把不同的规律适用于不同位阶上的现象作为实证哲学的任务。

孔德关于科学图式化的主要思想是:

> 所有可观察到的现象都可以涵盖在少数几个自然范畴内,如此安排后,对每一范畴的研究可以在之前范畴得出的主要法则的基础上进行,并将其作为下一个紧接着的范畴研究的基础。这个顺序是由现象的简易程度,或者,换一种说法,现象的普遍性决定的。因此,它们的相继依赖性和能力大小被加以研究。
>
> ([1853] 2009, 44)

根据这一原则,孔德把所有的自然现象分为两类:无机体和有机体。无机体按照复杂性逐渐增加和普遍性逐渐减弱的原则,又分为天体、质量和分子——它们分别是天文学、物理学和化学的主题。有机体同样分为生物个体和种群个体。研究这些有机体的科学变得实证化,它们不再徒劳地寻找终极原因,不管是精神上的还是抽象概念上的,而是着重于对经验上可确定的共存和接续法则的寻找。人类的知识逐渐接近这种实证状态,每次一门科学,从天文学,关于最普遍和最不复杂的现象的科学开始,按照图

11.2所示的顺序逐级移动。

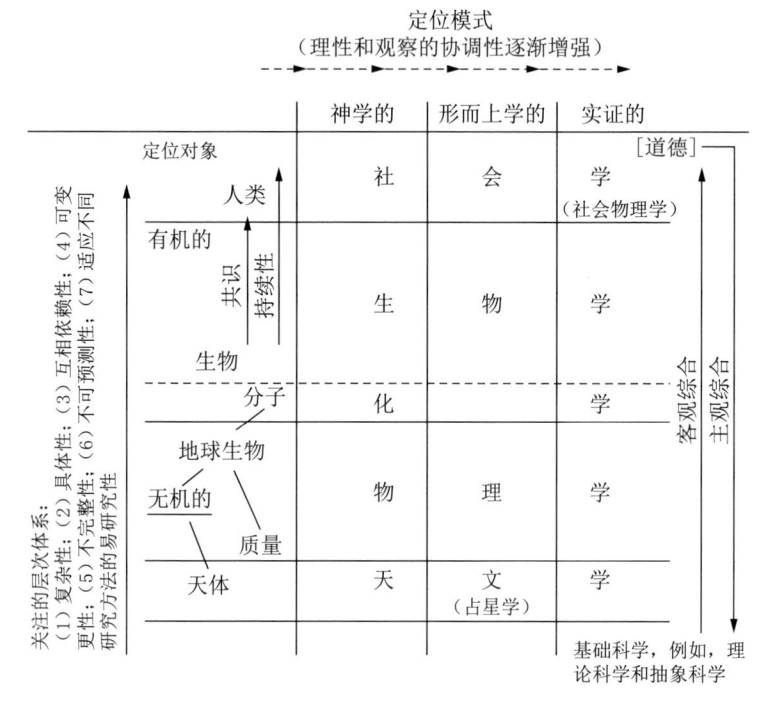

	定位模式 (理性和观察的协调性逐渐增强)		
定位对象	神学的	形而上学的	实证的
人类 — 有机的	社	会	学 [道德] (社会物理学)
共识 持续性 生物	生	物	学
分子 — 地球生物 — 无机的	化		学
质量	物	理	学
天体	天	文 (占星学)	学
			基础科学,例如,理论科学和抽象科学

关注的层次体系:
(1) 复杂性; (2) 具体性; (3) 互相依赖性; (4) 可变更性; (5) 不完整性; (6) 不可预测性; (7) 适应不同研究方法的易研究性

右侧: 客观综合 / 主观综合

图 11.2　孔德的知识理论

由于科学发展的不平衡,成熟科学的支持者们长期倾向于用适合于低阶科学的术语来解释高阶现象:数学家把力学并入微积分,物理学家将化学现象并入物理学,化学家将生物术语并入化学术语,以及最后,生物学家将社会学视为生物学纯然的必然结果。孔德将这种倾向称为唯物主义;今天我们更可能称之为简化主义。因此,每一门科学都必须经历一场长期的斗争,对抗排序在前的那门科学对它的侵蚀。社会学完成这场斗争的时间终于到来了,社会学要揭示作为主题的社会现象的不变的自然规律,而不是将其简化为生物学或任何其他更简单的科学的主题。这意味着,除了无生命和有机体的现象(对圣西门来说,这些现象是宇宙中存在的所有现象[10])外,还有另一种更复杂的现实位阶,它的事实性可以确立,它的性质就像其他顺序上的现象一样,不能简化为更低层级的存在。这个现实就是社会。

孔德对科学的实证图式化是如何解决圣西门的信仰问题的?它做到这一点,部分是通过使上帝存在的整个问题变得过时。虽然无神论在形而上学时期对消除神学信仰的最后残余非常有用,但形而上学阶段也因而延长了,原因是它寻求解决神学问题的新方案,而不是把它们当作完全无用的东西而置之不理。因为人类永远无法洞察产生现象的本质原因的奥秘,寻求的唯一有意义的知识类型就是那种可以确立现象行为规律的知识。此外,在社会需要走向一种有机的、团结的状态的时候,无神论的消极精神更偏向无政府状态而非团结状态。

可以为现代社会提供凝聚力的不是对上帝的信仰而是人性观。这个观点不是神学或者形而上学的推测,而是一种具有确定属性的存在。如果它的终极原因不能被了解,它的现实性则可以通过它展示合法则的规律这一事实来证明。它的现实因此被证明,人类从此可以作为实证政治体系中宗教敬拜的对象。由此,孔德的实证哲学消除了神学,这是伏尔泰和孔多塞所希望的,但保留了宗教,这是波纳德和迈斯特所希望的。

社会现实主义假设是孔德社会科学及其社会伦理的重要基石。孔德按照其经典形式对它加以阐述,认为"社会可以分解为个体,就像几何平面分解成线或一条线分解成点一样"(1875,II, 181)。研究这种超个体现象的科学中的主概念是共识,即社会系统所有组成部分的相互关联性。孔德从生物学中提取了共识这个概念,但他煞费苦心地将其在人类社会中的表现与在生物有机体中的表现区分开来,因为只有前者包括历史联系;也就是说,一代代人之间渐进而持续的相互影响。带着这个观念,孔德对社会科学的指导原则进行了如下阐述:

> 科学既不颂扬也不谴责政治事实,而只是把它们视为观察的对象:它审视每一种现象与共存现象的和谐相处,以及它与人类发展的前一状态和后一状态之间的联系;它致力于从这两个角度去发现连接所有社会现象的普遍关系——并且每一种社会现象都从科学层面上得到了解释,当它与当前整个形势以及之前的整个运动联系在一起时。
>
> ([1853] 2009,473)

一旦社会现实被确立为一种受静态和动态规律支配的现象,人类思想就发生了显著的转变——这一转变体现在孔德从出版《实证哲学教程》(*Course in Positive Philosophy*)([1853] 2009)到出版《实证政治体系》(*System of Positive Polity*)(1875)过程自身的转变中。理论功能的优越性现在让位于实践功能的优越性。[11]"这是我们的事情,"孔德曾主张,"去考虑顺序性,并加以完善。"([1853] 2009,II,461)通过客观方法确立的自然现象的层级安排让位于一种新的、基于孔德称为主观方法的倒置排序。这种主观综合始于旧层级中位于顶端的一门新学科：道德科学。道德为人类提供了系统性的引导，这些引导起初是建立在依附于整个人类及其渐进发展过程的基础上的。这些实践努力从此指引着每一门科学的专家们应该关注的问题。这些概念表明了孔德将社会现实主义假设与社会规范性假设联系起来的方式。规范判断的基础应该是增进社会福祉，这一点通过决定秩序和进步的通常条件的科学而为人所了解。反过来，这种观点又与社会道德假设相联系，因为确保社会秩序所需的道德倾向必须通过社会机构灌输——最明显的是家庭，它培养"依附"和"尊敬"的社会效果，以及宗教，它培养人类的爱。在孔德看来，社会在三个层面上是"必要的"：这个术语指的是一个具有本质属性的真实存在，它是建立道德准则所必需的依附对象，它是灌输维持社会秩序所需的道德价值观所必不可少的。

法国学派

由于其人道教的不同寻常性及其个性和思想行为的怪异性，孔德在1851年去世后的几十年中都一直被嘲笑，也被很多人遗忘。[12]然而半个世纪后，他的思想被载入最强大的思想体系之一，即艾米尔·涂尔干的社会学，成为现代社会科学的基础。这暗示了民族传统思想的顽强，以及它们揭示个性表达的能力。

涂尔干通过埃米尔·布特鲁（Émile Boutroux）接触到孔德的一些思想，埃米尔·布特鲁是涂尔干在师范学院的老师，他赞成孔德对不同层级的现象现实的不可简化性的强调；查尔斯·雷诺维叶(Charles Renouvier)的著作也让涂尔干接触到孔德的一些思想,查尔斯·雷诺维叶是孔德在巴黎综合理工学院的学生,他的不妥协的理性主义和将道德问题交由科学研究的决心启发了涂尔干。涂尔干也可能参与过孔德以前的追随者埃米尔·李特雷(Emile Littre)的活动,后者在涂尔干上中学的时候组织了一个社会学学会。涂尔干还通过德国的一些作家接触到了孔德的思想,最著名的是孔德的博学弟子阿尔伯特·谢夫莱(Albert Schäffle)。对他的社会学科学有更直接影响的是阿尔弗雷德·埃斯皮纳斯(Alfred Espinas),孔德的坚定追随者,他关于动物社会的论文为社会组织的自然主义研究提供了范例。因为在"最高现实"和"[作为]具体生存物的社会"中对社会良知加以考量(引自Deploige,[1911] 1938,125),以及为了构建社会事实的严谨科学而对社会现实加以研究,涂尔干认为,埃斯皮纳斯的著作是科学社会学的第一个重大成就(Lukes,1972,84)。反过来,埃斯皮纳斯通过设立教育法和社会科学的特别教席,为涂尔干的社会学项目提供了重要的支持,正是这一特别教席于1887年将涂尔干带到了波尔多。

即便如此,涂尔干对孔德思想的吸收不仅体现了他的支持者们保持其观点继续在学界活跃的持续努力,还反映了孔德思想与法国知识分子的共鸣,他们普遍倾向于把社会比喻为一个物体。这一点,再加上他顶级的智力才华,有助于解释为何涂尔干和他的思想学派能影响加布里埃尔·塔尔德(Gabriel Tarde)、雷纳·沃尔姆斯(René Worms)等思想竞争者,这两人都赞同孔德的某些观念,却基于不同的理由不肯采纳社会本质主义的核心概念。[13]虽然这种倾向基于对法国大革命的反对得到了强化,但它早在大革命之前就已经出现了,比如狄德罗将道德定义为"有助于物体社会的生存和凝聚"(Proust,1962,338)。福柯生动地描述了这个问题:法国人开始用"由意志的普遍性构成的社会体……在准医学层面需要保护的社会体"来取代对王权的想象(1980,55)。在整个19世纪,所有意识形态领域的法国人一致认为,由于个人主义的有害发展,社会秩序面临瓦解的威胁。[14]对维护法国社会健康的关注,因1871年法国被普鲁士击败后出现的全民士气低落,而进一步加剧。

因此,涂尔干思想形成期的知识和政治环境都鼓励他发展孔德的社会本质主义学说,并向他保证,如果他工作做得好,这些学说会收到积极的响应。无论如何,涂尔干对孔德思想的继承发展,成为西方社会理论史上最有成效的对话实例之一。因为如果这是真的,正如埃文斯-普里查德(Evans-Pritchard)曾经说过的,"倘若我们足够认真并坚持不懈地去寻找,没有什么[涂尔干]的著作中具有的方法论或理论重要性的东西我们在孔德的著作中找不到"(1970,19)——事实上,涂尔干自己就经常坦率地承认这种影响(Lukes,1972,68)——这绝不是一种死记硬背的复制。涂尔干不仅为孔德的学说提供了强有力的支持,而且在许多问题上,他以非凡的方式改变了孔德的观点。

关于与社会现实主义假设相关的问题:

1. 涂尔干同意孔德的观点,认为社会代表着一种与众不同的、不可简化的自然现实;但是他

a. 提倡研究社会事实组成的社会和集群,而不是一般性的"社会"或人类;

b. 在有机体的生物学研究范畴和社会的社会学研究之间插入了心理学范畴。

2. 涂尔干同意孔德提出的准则,即社会就像所有其他现象一样,应该以实证的方式进行研究,消除不受约束的推测;但是他

a. 批评伯爵的做法与这个标准格格不入,称他是形而上学和教条主义的,并且指责他的社会学是一门这样的"科学……得出某一结论却几乎没有为该结论打下基础"(引自 Lukes,1972,69);

b. 不理会孔德对于对原因进行科学探寻的拒绝,通过对社会原因的探寻来开展自己的研究计划;

c. 用有效原因和最终原因来框定社会学解释,而不是遵循孔德的整体论方法,将当前境况和以前境况当作一个整体来解释社会现象。

关于与社会规范性假设相关的问题:涂尔干与孔德一样都认为,正常社会状态的理论界定可以为实际行动提供诊断标准,以及社会健康的主要标准之一是社会足够团结,但是他

1. 不同意孔德的如下观点,即在现代工业社会中,团结应建立在广泛的共同信仰和压制个人言论自由的基础之上。相反,他认为,在现代社会中,功能的多元化要求道德的多元化,个人的现代崇拜提供了唯一的信仰体系,它可以确保这样一个社会的道德统一性。

2. 也反对孔德关于全人类单一进化轨迹的模型,支持一种演进式模型,就像一棵树,树枝朝着不同的方向伸展,每根树枝都有

自己特有的道德标准。

关于社会道德假设,涂尔干支持孔德的如下理念,即家庭、政府和宗教等社会机构的道德灌输是非常重要的,但他驳斥了孔德某些社会倾向是基于本能的观点。在这一点上,他转向了一种更为卢梭式的立场,认为人性具有极致的二元性:根植于自然有机体的完全自我主义倾向,与单独来自社会的道德倾向相对立。事实上,涂尔干认为人性的生物学方面表现为潜在无法满足的欲望,如果没有管制,将会导致像自杀这样的病态极端。

涂尔干同样修正了孔德关于许多更具体命题的观点。例如,他认同孔德将劳动分工与人口增长联系在一起的观点,但认为孔德把劳动分工的原因之一——人口增长——误当作它的后果之一。涂尔干同意孔德的观点,认为劳动分工导致精神过度专业化和道德狭隘化,但他不同意这因此会破坏社会团结。此外,他认为孔德的如下建议是不可能也不得人心的,即这种差异应该通过产生共识的社会机构来予以平衡。涂尔干也同意孔德的观点,认为某些直觉上认为不好的现象可能对社会有益,但孔德把这一点仅视为进步的代价,而涂尔干则将对社会不利的现象,例如犯罪,视为社会秩序的固有组成部分。

涂尔干以上述方式以及其他方式,改进了孔德相对粗糙的论述,为20世纪的社会学奠定了基础。然而,不要弄错了他一生研究工作的核心论证主旨。正如我在之前出版的一本书(Levine,1985,67-8)中提到的,他的主要专著可以被看作致力于证明我称为法国社会理论学界的三个重要假设的有效性。社会现实主义假设显然是包括自杀的主题,它始于将被解释项(自杀率)界定为构成一种事实(这一事实在它的恒定性和可变性上,都具有独特的属性,这些属性只能在分析的社会层面加以认定),并终于作出断言,举出确切社会原因的解释具有已被证实的优越性。

社会规范性假设成为社会劳动分工的论证焦点。涂尔干认为每一门生命科学的主要目标都是定义和解释正常状态,并将它们与病理状态区分开来,因此,涂尔干试图在他的第一部独立专著中去回答高水平的专业化在道德上是否可接受的问题。他的做法是询问劳动分工是否有助于社会福祉,以及那些与劳动分工相关的通常被认为有害的现象代表的是正常状况还是病态状况。涂尔干上述研究的目的是,证明道德问题可以通过实证科学来优先论述,实证科学将考察各种类型的社会并界定它们的正常和病理状态。

涂尔干开始主张,正如社会提供了宗教符号最终指向的对象,并且提供了使人们倾向于创造和崇拜这种符号象征的力量,社会构成了道德信仰和情感的参照点,以及在其他非道德有机体中灌输这些信仰和情感的机构。

除了让法国思想界的研究主题登上了表达上的顶峰外,涂尔干还在其他方面被认为是法国思想界的集大成者。首先,他承担了一种公民的角色,对图 11.1 中所列的跨代对话的几乎所有参与者都加以认可。就孟德斯鸠、卢梭、圣西门和孔德而言,他花费了大量笔墨盛赞他们对法国思想界作出的贡献。

其次,他反复认定,最终导致社会学产生的研究领域是由法国具体开创的。在1895年的一份官方报告中,他断言社会学只有在以下两个条件都满足的情况下才能发展——思想上不满足于过分简单化的理念,以及将科学方法应用于复杂事物的倾向——并且这些条件只存在于法国。在1900年为《蓝色评论》(*Revue Blue*)写的一篇文章中,他宣称:

> 要确定法国在19世纪社会学的进步中所起的作用,就要在很大程度上回顾这门科学的历史。因为它诞生于我们国家,诞生于本世纪的进程中,它本质上一直是一种法国的科学。
>
> (Durkheim,[1900] 1973,3)

最后,涂尔干有时通过与哲学中的其他观点进行对比来澄清和捍卫他自己的观点。这种做法给我的叙述带来了一个新维度:动态的跨国对话。

12
康德和黑格尔

康德的三重革命

在西方哲学史上，没有人比伊曼努尔·康德(1726—1804)对理性世俗伦理的探究更狂热，对这一探究进程的改变更深远。在道德哲学领域的转变过程中，康德提出的思想和研究论题激发了一系列德国社会科学的开创性著作的出现。

像那些拒绝原子自然主义的法国学者一样，康德在其职业生涯初期也深受英国思想家的影响。康德对牛顿的成就充满敬畏，将早期的研究重点放在自然科学上。他在柯尼斯堡大学讲授物理学、数学和自然地理学，并撰写了大量有关宇宙学和自然哲学的文章和书籍。在18世纪60年代，康德仍然认可英国思想家的观点，认为牛顿的科学可以为诚信伦理提供基础。他称赞沙夫茨伯里、哈奇森和休谟在探索所有道德的首要原则方面取得了最大的进展。在他五十多岁的时候，康德通过《纯粹理性批判》和《实践理性批判》发展了一种新的方法来探讨哲学问题。

在这些著作中,康德认为自己带来了一场与哥白尼革命一样意义重大的知识革命。实际上,他带来的不是单一的革命,而是三重革命。首先,康德推翻了如下理念:指代自然现象所需的所有概念都可以通过观察外部事件而获取。相反,他强调我们对现象的理解是有条件的:它必须由直觉的形式和人类主体提供的理解范畴构成,从而来指代他们所观察到的事物。

康德还提出要对自然世界和自由世界进行区分,它们是由两种截然不同的角度来界定的领域。前者是一个表象或现象的世界,后者是一个超感官现实的世界,他称之为本体。对康德来说,是自由世界,而不是自然现象的世界,构成了道德的基础。于是,因为他的第三重革命,康德成为西方第一个否认以生物的自然属性作为善的标准的可能性的世俗哲学家。

带着对 18 世纪 80 年代的批判,康德提出了一种更能表达德国宗教文化世界观的立场,由于虔诚主义和马丁·路德教义的根深蒂固,它保持了自然约束和内在自由、正义体验之间的对立。[1]法国社会哲学家拒绝了"原子"但保留了"自然主义",康德走得更远,他连自然主义都一并拒绝了。他不是在自然倾向的表达中去寻找善,而是在履行义务中去寻找,他把履行义务定义为遵守个人理性和自由地为自己构建的道德法则。他对美德的定义既不是自然情感的表达,也不是社会灌输习惯的习得,而是自由的能动者抵制自身具有的与道德倾向对立的自然因素的能力和目标的坚定性。

康德反对道德可以建立在自然的基础上的观点,原因有很多。有些与自然科学的缺陷有关,其他则与自然作为道德原则的缺陷有关。像霍布斯和孔德一样,康德致力于开发现代理性的资源,以确保道德判断的基础可以克服党派之争和邪恶诱惑。但是康德不同意霍布斯、孔德和他们的追随者认为自然科学提供了实现这一可靠基础的模型。一方面,康德认为诚信伦理必须是绝对和无条件有效的,并且自然科学能提供的与行为有关的那些类型的知识是有条件的。自然科学可以指出达到既定目标的最有效手段,但是这种知识的效用性以对既定目的付出和投入为条件。关于目的的确定,自然科学可以指出是什么样的经验目的促使人们采取行动,但是不同的民族和不同的情况下目的也大不相同,以至于了解这些目的并不能提供一个可靠的普遍标准。

在《道德形而上学基础》一书中寻找一种无条件的、普遍的道德标准的过程中,康德([1785]1964)将善良意志当作世界上唯一可以想到的能无条件地被称为良善的东西。当他分析善良意志的构成时,康德提出,根据善良意志行事就意味着为了遵守义务而遵守义务。通过欲望和利己的冲动,自然不断抛出诱惑以阻止人们按照义务行事。此外,即使自然促使人们慷慨行事,这也并不能使行为具有道德性,因为它们不是为了履行义务而从事的。康德进一步批判将自然作为道德基础的观点,认为自然是决定性因果关系的唯一舞台,而道德唯一可靠的基础——善良意志——则要求人类自由能动性提供那种只有理性的存在才能制定并自己遵循的法则。此外,自然哲学永远不能证明自由的存在,也不能证明善良意志的存在,要事实符合伦理的行为就必须假定善良意志的现实性。

基于以上思考,康德提出了一种世俗伦理,其前提是实现善需要超越自然,以及这种超越和实现这种超越的手段的必要性都来自人类主体的独特属性。以这样或那样的方式,康德关于超越主体的观点成为后续所有德国道德哲学的基础。

在彻底区分自然领域和道德价值领域时,康德提出了一种构建理论与实践之间关系的新模式。康德构建的实践哲学学科与理论哲学学科完全独立和完全分离。他没有像亚里士多德那样把理论上的理解作为确定一系列人类自然潜力的方式,人类自然潜力的实现是实践哲学某门独有学科的研究内容;也没有像英国和法国的社会理论家那样把理论上的理解看作如下观点的反面,即将实践知识视为对理论学科建立的原则和命题的直接应用。

康德对自然世界和自由世界的彻底区分体现了其思维方式深深植根于德国文化,因此他的思想也被成百上千的德国哲学家们和诗人们所接受和再加工。[2]他对有意识的和具有自我决定权的主体不可简化的现实性的阐述成为德国思想界学者们的研究主旨。这一主旨可以从康德曾经的学生约翰·戈特弗里德·赫尔德(Johann Gottfried von Herder)出版的作品中看出来,这些作品在其他方面与康德的作品形成了鲜明对比。

赫尔德的浪漫主义革命

赫尔德在康德发表划时代的批判之前,曾跟随康德学习。因此,赫尔德有可能既向他在柯尼斯堡大学的教授表明赤诚衷心,但又走上一条不同的道路。[3]很难想象有哪两种哲学思想之间的不同会比康德哲学思想和赫尔德哲学思想上的不同更为显著。

康德推崇理性,赫尔德则赞美情感。康德树立了道德和正义的普遍标准,赫尔德则支持文化相对主义。康德把个人作为认知形式和伦理法则的根源,赫尔德则把集体描绘成形塑创造力的母体。并且,康德的论证精确而有逻辑,而赫尔德的风格则是感染力强和用词华丽。[4]

尽管如此,赫尔德还是对人类独特的自由和理性能力称赞有加。[5]赫尔德将人类与其他动物进行对比,称后者为"蹲伏的奴隶",它们的灵魂没有发展出理性,因此被迫服从蛮横的本能。人类直立行走;他们可以自由地进行考察和作出选择。虽然他们和其他动物一样,天生具有动物本能,但他们会培养和获得理性从而抑制这些本能。他们内心对话的能力体现了一种非凡的"自我创造的精神内在感官"(Herder, 1969, 141)。即使当人滥用他的自由时,他仍然是王者。

然而,当康德发现自己在逻辑上受到限制,只能通过将自由领域与自然领域进行区分来展现人类主体的唯意志论时,赫尔德把理性和自由置于自然自身的领域之内(从而也让他自己容易受到自相矛盾这样的批评:他强烈主张的自然主义决定论与其主张的人们可以而且应当抵制自然冲动和自然力量的理念之间有冲突)。他将"人是一种自由的、有思想的、有创造力的生物"(153)当作一种自然法则来描述,并且思考"在把理性和自由这两种伟大礼物……交托给人类这样一个虚弱的、复杂的、世俗的生物之前,自然是多么犹豫不决"(Herder, [1784] 1887, 146)。在康德为实践理性的坚定的反自然主义伦理学奠定基础的那些年里,赫尔德正忙于从事另一种类型的革命。

康德把超越野蛮本能的能力定位在理性能力的运用上。虽然赫尔德也称赞人类理性，但他认为情感的表达是人类超越的首要媒介。他把人类的情感视为人类最大的官能优势之一，它是发明和艺术的源泉，对我们思想的启迪作用比我们想象的要大得多。在大自然赋予人类表达情感的天赋中，赫尔德特别注意到了歌唱的天赋，儿童和最简单的人才拥有这种天赋。自我表达的自由和自发形式满足了人性的真正需求。

对于赫尔德而言，这些自我表达的形式不是单个个人的成果，而是整个社群的创造。最重要的是，它们借助这个民族的语言出现；它们体现了该民族的历史经验、整个的心灵和灵魂，赫尔德是最早提出该观点的欧洲思想家之一（在 1770 年的一篇获奖论文中提出）。特别是，人类的创造性表达也出现在一个民族的音乐和艺术中、出现在他们的神话和宗教形式中。赫尔德将这些文化表达的整体称为"民族精神"（volksgeist）。

由于每一种文化或每一个历史时期都具有其独特性，赫尔德认为，试图将这些现象解析为统一要素的组合或将它们纳入普遍规则之下，往往会精准地抹杀掉构成这些现象的那些关键特性，正如孟德斯鸠的普遍性科学以荒诞的方式所展示的那样。[6] 从这个角度上看，对普遍性价值标准的探究看起来一定是徒劳的。只有具有独特性，才是值得普遍效仿的卓越成就。如此一来，

> 以下推论并不能成立：因为雅典有杰出的雄辩家，所以它的政府形式也必须同样是最好的；或者中国人的道德教化如此出色，所以他们的国家必须成为所有其他国家的模式。

每一种[文化]本身都有其完美的标准,完全无需与其他文化进行比较。

(Herder,[1784] 1968,100,98)

通过推翻启蒙运动对满足普遍标准的理想理性个体的追求,赫尔德唤起了基于一系列情感的集体表达的善的愿景,这种情感的集体表达体现了一种整体美学。人类生活在自然单元中,从而获得美好的生活,所以在超越自然环境限制的社会中,人们通过创造和谐的共同文化来实现美好的生活。那么,他提出的伦理的核心,就是要求大家尊重不同民族显示出来的不同文化的命令。这让赫尔德很早就对欧洲帝国主义提出了批评,因为它压迫文明程度较低的那些民族。事实上,这导致他对所有形式的政治压制持批评态度。赫尔德成为专制主义的坚决反对者,不管这种专制主义有多开明;更具体地说,他对现代国家表达了某种敌意。讽刺的是,黑格尔,这位大力宣扬赫尔德民族精神理念的哲学家,却是现代政治理论的主要支持者,将国家视为超越的历史媒介。

从康德到黑格尔

19世纪,德国社会思想开始致力于一系列尝试,把伦理建立在人类主体各种独特的创造性上。那就避不开对康德和赫尔德的思想遗产的研究和思考。尽管他们之间有很多不同之处,但二者也有一系列观点是相同的,且与德国传统思想截然不同,这些观点可以用我在论述英国和法国传统思想时使用的类似术语来表达。关于人类经验事实如何被构建和解释的问题,他们通过主观意义假设作出回应:人类现象的最佳理解途径是掌握行为人赋予其行为的意义。这涉及一种理解方法,这种理解方法原则上不同于用来理解自然现象的方法。对康德而言,这是通过 vernunft 来直接理解自己的立法活动,vernunft 指实践理性能力,与 vestand 相对,后者是指理解和解释自然现象的能力。对于赫尔德而言,它是一种移情式的想象方法,他把这种方法与自然科学中使用的抽象方法和具体化方法进行了对比。

关于世俗思想如何能够为道德判断提供理性基础的问题,他们以规范性自主决定假设作出回应:规范性判断的基础不是行为人之外的某种能动性,而是作为个体或集体的自由人类能动者为自己颁布的法规。这需要作出规定,必须无条件地尊重其他人类能动者的自由表达,康德将其表述为绝对命令,赫尔德将其表述为唯一的绝对道德。

对于人类道德倾向的根源问题,他们以主观唯意志论假设作出回应:人类道德倾向源自人类辨别善恶以及在善恶中作出选择的特有能力。

尽管康德和赫尔德明确表达了德国人对以自主主体的自然超越性为中心的伦理的渴望,但他们的著作也有足够明显的矛盾,所以一代又一代的思想家们不断地背离他们的哲学。第一个解决这些矛盾的伟大哲学家是约翰·费希特(Johann Fichte)。费希特试图修正康德哲学中的错误,即他认为康德在区分自由的形而上学和自然的形而上学上犯下了错误。他探寻一种令人振奋的世俗理想,这引导他走向了康德的义务伦理学,他将其转化为一种命令,通过不断增强的对自己精神理想的忠诚,来实现日益增长的自由。由于要实现自己的理想需要一个可以在其上行动的客体世界,原始的"道德意志"构建起现象世界,以其作为道德活动自我客体化所需要的领域。费希特认同,自我必须安排一个非自我,即自然,作为其基本的运行领域,他将本体的"自身之物"定位于人类心灵的超验活动,以寻求完成康德的研究。赫尔德通过把理性和自由视为特殊的"自然的礼物"克服了自然与自由之间的鸿沟,费希特则是将自然视为人类精神的外化从而克服了这一鸿沟:历史因此成为人类理想不断与自然本能的压力抗争的故事。

费希特被认为是18世纪90年代后期德国最重要的哲学家,他在耶拿大学的年轻同事弗里德里希·谢林(Friedrich von Schelling)深受其影响。但谢林逐渐摆脱了费希特的主观唯心主义,不仅认为自然世界和自我世界一样真实和重要,而且认为自然产生意识,这正是赫尔德所持的观点。即便如此,谢林坚持对费希特唯意志论的信仰,认为,用他那个时代的人都熟悉的话来说,"所有哲学的起点和终点都是——自由。"

因此,谢林的哲学用自然力的概念取代了作为哲学最高原则的自我的概念。在《关于自然哲学的一般观念》(*Ideas for a Philosophy of Nature*)一书中,谢林([1797] 2001)主张,机械力、化学力、电力和生命力是同一基本宇宙力的不同表现形式,是一种不断寻求实现自我的纯粹活动。他后来构建了知识阶段理论:从感觉和知觉到反应和意志。对谢林而言,人类的意志成为被理解为创造性能量的一个世界中可见的、具有自我意识的那一部分;在人类之前,精神在沉睡;在人类身上,自然获得了意识。真实是世界朝着实现终极真理的最后和统一表达而发展的理性过程。可以通过追溯自然和历史运动的逻辑过程来认识世界。自我决定是所有意识的基本条件。历史进程包括人类自我决定的发展,这依靠的是法律的逐步实现,最终形成一个由所有主权国家组成的主权世界联邦,所有人都是其公民。

谢林与费希特一起,传递给他的朋友奥尔格·威廉·弗里德里希·黑格尔可以用来弥合康德和赫尔德分歧的思想。继康德之后,黑格尔认识到自然领域和精神领域之间的明显对立。"自然,"他写道,"在它的存在中没有表现出自由,而只表现出必然性和偶然性"(Hegel,[1830]2004,17,§248);精神,因其自我意识和自我存在,在本质上是自由的。自然是周期性的,且无休止地重复,而精神是不断进步和不断创新的。尽管理性存在于自然中,但它不具有自我意识,而是"僵化的智慧"〔他引用谢林的话(Hegel,[1830]1975,37,§24)〕;由于精神,人类与动物不同,不仅仅在于人类会思考,还在于人类有能力形成自我意识的思想。黑格尔毕生致力于找到一种把自然和自由联系起来的方法,这种方法必须比康德找到的方法更合理。他通过将这个问题看作历史发展的问题来完成这一任务。

虽然康德对诚信伦理的探究是通过形而上学而不是历史分析来进行的,但他在《世界公民观点之下的普遍历史观念》(*Idea for a Universal History from a Cosmopolitan Point of View*)(Kant,[1784]1963)中对历史的简短思考为黑格尔的研究奠定了基础。康德于1784年发表了该文,此后不久,他就找到了他新的哲学立场。震惊于人类历史记载——一幕幕充斥着虚荣、愚蠢、恶意和破坏的情景——康德很好奇,针对人类这样在发展进程中充满愚昧行为的物种,自然是否有着某种更大的计划或目的。他提出,尽管人类这一动物与其他动物的区分点就是拥有理性,但这种能力不可能在自然赋予人类的短暂寿命期限内得到发展;人类理性能力的充分发展需要经过数不清的世世代代。为了达到这个目的,自然依赖于人们相互之间的对抗——他们的"非社会的社交性",一种彼此联系和彼此对抗的倾向。持续不断的社会冲突首先把人类从懒惰中唤醒,因此他们发展自己的力量;它通过创造一个法治的普遍公民社会来最终完善他们的自律。虽然康德提出的理性和自由体制中的人类终极目的观是一种"安慰性的未来观",但他同时也警告说,大自然为达到这个目的所提供的手段明显是不道德的:"然而,一切不是建立在道德良善倾向基础上的善都是虚伪和苦难。"([1784] 1963,25,21)

为了寻找一种方法将人类自由从自然主义决定论中分离出来,康德制造了德国道德哲学基础上令人痛苦的冲突。绝对命令要求人们自主行动——其基础是从自身理性活动中得出的道德法则。然而,无论对自己的行为或他人的行为进行多少查究,也无法确定上述条件是否已经达到。更糟糕的是,人类未来可能会达到一个更合乎道德的境界这一鼓舞人心的观点,是建立在似乎是认可现在绝对被禁止的不道德行为的历史观之上。[7]这带来的只能是绝望。

康德的论文可以作为一个模板,黑格尔用这个模板提出了他自己的历史化哲学。⁸ 在他的《普遍历史观念》一文中，康德（1784）公开邀请了一些哲学后辈来解决历史计划的谜团，他只是提供了一个线索——后来者对前人研究的完善（就像牛顿对开普勒定律的完善）。黑格尔愉快地接受了邀请，尽管他最终效仿康德，称自己了解历史宏伟设计的尝试仅仅是开普勒式的（Hegel，1988，68）。为了得出解决方案，黑格尔融合了同时代的学者身上的许多理念，包括赫尔德关于民族精神的观念以及费希特和谢林关于精神的历史演进最终达到法治的观念。⁹

像康德一样，黑格尔承认，对人类事件通常过程的研究会使人士气低落，历史是一个"屠宰台，在上面牺牲了国家的幸福、国家的智慧和个人的美德"(24)。此外，再次像康德一样，黑格尔看到了隐藏在历史中的一个潜在目标——人类理性和自由能力的逐步实现，并主张实现这一目标的手段不是个人的道德意图，而是自私的利益和社会冲突。最后，黑格尔还认为，历史戏剧的高潮就是普遍自由的实现，它的出现不是通过无节制的放纵，而是通过遵守自己制定的法律。

在阐述这些观点时，黑格尔试图消除困扰康德的自相矛盾。他首先质疑康德的如下理念：人的感官本性是道德上可疑的，并不包含任何富有教义的力量。黑格尔追随赫尔德宣称，激情是人类体验中最重要的创造力。他将其称为世界历史这一巨大织锦画上的纬纱，是可以独自实现理性的驱动力。他追随赫尔德、费希特和谢林，认为非理性表达，比如神话、图像和宗教，是人性自我实现中的自我表达进程的一部分。他认为历史上人类自我实现的能动者不是个人，而是民族，在这一点上，他也背离了康德，追随的是赫尔德。他把赫尔德对民族有机发展的比喻作为一种把对个人道德和幸福的考虑放低一个等级的方式（尽管他的《法哲学原理》强调，主观满足的个人权利是现代性的区分性特征）。然而，黑格尔在对待民族国家的态度上，与赫尔德有所不同。赫尔德将人类的超越性定位于文化，批判了国家对文化的压迫立场，黑格尔——以费希特和谢林的思想为基础——认为文化只有步入国家成立的发展阶段，才能达到全盛。

在上述调整的基础上，黑格尔试图解决康德哲学提出的道德困境。他将自然视为一种有根本缺陷的存在模式，将其置于人类自由之下，同时肯定自然激情是历史中理性和自由的有效原因，从而扭转了自然-自由的二元论。他否认道德是世界上最高级的东西，从而淡化了对个人道德的疑虑，并且认可在某些情况下，采用形式上不道德的手段是服务于人类进步的伟大目标的。他基于道德不可能存在于历史之外这一理由，对康德的形式道德和理性构成了永恒有效的道德标准这一观点提出异议，从而证明了上述观点。相反，黑格尔将理性和道德予以历史化。也就是说，他认为理性和道德是在随着时间而逐渐展开的过程中形成的，一个人的伦理反映了他的民族在某一特定发展阶段的伦理，而道德只有在自由达到完全客观的现代状态下才能完全实现。黑格尔否定了反对现实的康德普遍主义道德以及与特定文化形态联系的赫尔德的相对化道德，提出了第三种方式。他把所有的历史道德形态都看作通往普遍约束伦理的道路上的必经阶段，这种普遍约束伦理只有在它变成现实时才有效，即在历史进程的顶点。

带着他对客观心智的理解，黑格尔成功地综合了前半个世纪德国思想的两大主要运动的思想:德国启蒙运动思想,将国家视为实现其成员道德的包容性共同体,这集中体现在康德的法律秩序理念中;以及后来被称为德国历史学派的思想,即它关于共同体的共同精神的观点。黑格尔的综合思想主导了德国哲学自1815年拿破仑战败之后的近四分之一个世纪。在黑格尔1831年去世后的十年间,各色黑格尔派人士在为其思想进行辩护或校订时,提出了各种不同的观点(Toews,1980)。他对那个时代德国知识分子的影响的广泛性和力度,经常被比作一场宗教运动。

13
欧美和亚洲社会思潮中的冲突观

西方社会思潮中的社会冲突哲学观,包括四种普遍观点,可通过如下两组交叉分类的变量予以描述:(1)冲突被视为是必然的或偶然的;(2)冲突主要被视为一种消极的现象或积极的现象。"悲观主义者"认为冲突是消极的和必然的;"乐观主义者"认为冲突是必然的和积极的。"审慎性"的观点认为冲突是偶然的和完全消极的;最后,"煽动性"观点认为,冲突肯定是积极的,但需要加以推动。

这些观点可以与有关人类攻击的身体基础的观点联系起来。必然的冲突观将身体视为利己主义冲动的来源,这种冲动会滋生和引发攻击行为;偶然的冲突观将身体视为逃避或恐惧的来源。审慎性观点的一个变种将身体视为韧性可塑能量的来源。相比之下,某些亚洲传统思想认为,身体既不受侵略本能的支配,也不是相互冲突的驱动力的争斗场,也不彻底缺乏自然结构。尤其是印度的瑜伽派以及日本的合气道派,通过身体与心智和精神的统一,将身体描绘为一种冷静和宁静的状态。因为合气道中对攻击的反应可以是化解,而不是反击或屈服,冲突不一定是攻击的结果。为了减少冲突,审慎观依靠的不是外部的社会安排,而是内部的练习,这些练习能够冷静心智,促进自我和他人之间的和谐。

社会冲突理论包括了大量经过共识验证的命题,这些命题涉及人际冲突和群体间冲突的原因、形式、级别、动态、解决方法以及后果。然而,关于冲突的哲学前提仍然存在巨大争议,尽管就冲突现象的那些经验上更具可查明性的问题达成了一致。我将通过构建冲突观的四种理想类型(悲观主义的、乐观主义的、审慎的和煽动性的)来详细阐述其中的一些差异。[1]在讨论了每种观点的本质特征及其一些显著表现之后,我将分析这些观点与自然人类身体的观点之间的关系。这一分析将引出开场白,借由这个开场白,亚洲思想中的某些观点可以被纳入关于冲突的论述中。

必然的社会冲突

悲观主义的社会冲突观深深植根于基督教神学基础上。人类本质上是罪恶的生物,倾向于攻击他们的邻居,引起痛苦和折磨。伊曼努尔·康德提出了该观点的世俗版。康德认为,参与冲突的倾向始终存在,并且天生不道德。[2]

康德的哲学人类学的教义已经通过心理学、动物行为学和政治学中的传统思想进入了现代社会科学。弗洛伊德心理学,尽管有关本能的思想几经变迁,倾向于认为,人类具有天生的导致冲突的攻击倾向,以及个人内部冲突具有不竭的储藏,其溢出通过外部化和投射,成为人际冲突。弗洛伊德认为,暴力冲突对人类体验来说具有独特性——它既是解决利益冲突的手段,也是本能渴望的表达——是"仇恨和毁灭的积极本能"([1932]1939,90)。他悲叹于现代战争的破坏性,但不认为后天培养的对战争的反感能克服深深植根于人类生物构造中的攻击倾向。他从理论上对这个问题进行了说明,提出了自我毁灭的"死亡本能"概念,正是这一本能产生了持续不断的冲突能量。大多数精神分析学家将破坏本能视为性本能的极端对立面。这让他们融合了弗洛伊德关于攻击的悲观主义观点,而不必认同他们认为令人难以置信的超心理学观念。

动物行为学家尼可拉斯·廷伯根基于基因传播的本能的观点,提出了物种内冲突的普遍倾向。然而,将人类的攻击与其他动物的攻击相比较,他发现人类的攻击性的特点在于它具有社会破坏性:"人类是唯一实施大屠杀的物种,唯一不能融入自己社会的物种。"(Tinbergen,1968,180)这种情况来自本能、文化和技术因素的结合。在人类早期,以及在其他物种中,战斗的冲动被恐惧的反应所抵消。现在人类创造了各种文化环境,以抑制逃离战斗的冲动,而实现远距离战斗的技术则消除了面对面交战时个人接触所产生的控制效果。廷伯根对这些根深蒂固的倾向感到灰心丧气,这些倾向威胁着以破坏性战争来震撼现代社会,他认同人口密度的增加对战斗冲动的影响,并承认参与战斗的内在冲动即使不是不可能消除的,也是很难消除的。早在半个世纪前,威廉·詹姆斯也作出过类似的诊断。尽管大家都承认现代战争的恐怖,但现代人继承了攻击的本性和对荣誉的热爱,他们不可避免地滋养了战争;詹姆斯在第一次世界大战前夕写道,"我们的

祖先把好斗性灌输到我们的骨髓里,数千年的和平也不能把它从我们身上带走。"([1910]1974,314)

支持"政治现实主义"立场的政治学家们表达了相对悲观的立场。作为长期持有这一立场的杰出代言人,汉斯·摩根索认为,社会世界产生于人性中的天生力量,这种力量使它成为"一个充斥着对立利益及对立利益冲突的世界"(1960,4)。这些冲突是不可避免的,摩根索认为没有必要美化它们或者将它们视为良性的。事实上,他提醒社会学家们不要把从这个角度出发而制定的政策规定误认为是道德的。摩根索认为将道德视为一系列理想是很重要的,但他也敦促社会学家们和决策者们认识到,现实中存在着那些从道德角度无法被理解也无法被调解的利益冲突。

另一方面,乐观主义立场则吸收了如下哲学观点,即冲突是人类福祉不可动摇且必不可少的源泉。它的支持者称颂赫拉克利特的格言"战争是万物之父,万物之王"。赫拉克利特批判了那些梦想从神与人之间消除纷争的人;事物只有在它们体现了对立者之间的紧张关系时才得以存在,而人类的善也只有通过纷争才能产生。

在人种学家中,康拉德·劳伦兹是将冲突视为积极但必然的观点的重要支持者。冲突提供了适应性优势,例如平衡同一物种成员的生态分布,通过对手间的斗争选择最适合的类型,确定复杂组织所需的排名顺序,以及启动促进社会联结的仪式。他认为,攻击"远远不是古典精神分析所理解的邪恶、破坏性的原则,实际上它是本能中生命维持组织的重要组成部分"(Lorenz,1966,48)。如果不是战争,那么至少也是冲突应该被称为"万物之父"。独立的冲动来源之间的冲突可以带来紧张局势,使系统更加坚固,就像桅杆的支索通过相反方向的拉力使其更加稳定一样(95)。

乐观主义立场通过格奥尔格·齐美尔的开创性著作(1904a，1904b，1904c，[1908]1971)在古典社会学中得到了发展。齐美尔认为冲突不仅是人类社会生活的必然特征，而且是一个具有良性后果的过程。也就是说，齐美尔将冲突概念化为社会结构的基本构成特征。这是因为对立所维系的距离对稳定的社会结构必不可少，冲突的表达则维持着在其他情况下可能已经断绝关系的各方之间的联系。齐美尔认为，相互厌恶是小型亲密群体(成员间的关系形式是多种多样的，但都至关重要)和现代都市中大量聚集人群的不可或缺的组成部分。他认为容纳冲突的能力是亲密关系活力的标志。

齐美尔的经典分析在半个世纪后被刘易斯·科塞发现。在《社会冲突的功能》(*The Functions of Social Conflict*)一书中，科塞(1956)对齐美尔的思想加以提炼，以独立的、清晰表达的命题的形式对它们进行论述，将它们与精神分析、心理学和社会心理学的相关素材进行对比，展示它们是如何受中介变量的插入的限制的。虽然科塞认为，群体内部和群体间的冲突只有在特定情况下才能促进社会团结，但他也确认了冲突情绪的表达得以增强群体的有效性和长期稳定性的几种方式。

偶然的社会冲突

尽管存在以上差异，悲观主义观点和乐观主义观点都认为社会冲突具有普遍性和必然性。那些认为社会冲突可以避免或最小化的学者们则持不同观点。在这些学者中,有一组人认为冲突的性质和后果在本质上都是消极的。因此,这些学者认为,社会冲突可以而且应该通过适当的社会干预来予以控制或预防。审慎观点有两个主要的变体:其中一个观点的经典代表人物是托马斯·霍布斯,另一个观点由文化心理学家玛格丽特·米德(Margaret Mead)和艾瑞克·弗洛姆提出。

霍布斯式观点认为,对个人利益的追求使得所有人类行为者迟早都会卷入社会冲突。这既源于自豪感的促使,也源于获得权力以保护自己的财产不受他人侵犯的需要。无节制的社会冲突会导致"每个人对每个人的战争",这是霍布斯对这一情形的非常著名的描述,在这种情形下,人们生活在长期的恐惧和痛苦中。为了应对这种始终存在的可能性,恐惧的人类建立了主权机关。为了换取这些权力机关提供的保护,保护他们免受无政府状态和内乱的伤害,公民转移了他们的自卫权。更具体地说,霍布斯式观点认为冲突虽然一直是潜在的,但实际上的发生却是偶然的。可以而且应该通过建立适当的管辖机关来预防冲突的发生。

还有一些学者持有这种观点的另一种变体,他们认为,冲突的倾向不是人类环境中固有的,而是来自人们是如何被抚养成人以及他们之间的关系是如何组织起来的。玛格丽特·米德(1937)也许是第一个从多种文化角度考察这一变量的文化人类学家。她发现原始社会包含从高度竞争到高度合作的各种形态,决定人们行为是竞争的还是合作的的主要因素是他们所经历的文化熏陶。艾瑞克·弗洛姆(1973)对这一问题的研究更加深入,从攻击性与和平性的角度考察了30个原始社会。弗洛姆发现一些人——比如阿芝特克人、多布人和干达人——在部落内和对其他部落都挑起和实施了大量人际攻击和暴力行为。这些社会中的生活氛围是真正的霍布斯式的,一种持续的恐惧和紧张的状态。另一方面,弗洛姆也发现许多原始社会表现出了恰恰相反的品质。例如,在祖尼普韦布洛印第安人、山区阿拉佩什人和姆布蒂人中,他发现只有少量的敌对和暴力,少量的嫉妒和剥削,几乎没有战争,几乎没有犯罪,以及普遍具有的合作和友好态度。弗洛姆进一步分析了易于引起攻击性反应的特定社会条件,攻击性反应包括两种,其中一种是生物性适应反应,他称之为防御性攻击,另一种是非适应性的、纯粹破坏性的攻击反应,他称之为恶性攻击。行为主义学派的心理学家们,比如沃森和斯金纳,也都认为冲突是偶然的。由于攻击代表了对挫败经历的反应,它可以通过适当强化非攻击性的倾向来加以抑制。无论学科取向如何,这种审慎观点的变体认为,冲突是可以通过使人的本性与非冲突模式相协调的做法来根除的。

还有一种观点与审慎观点恰恰相反,它主张社会干预不是为了消除冲突,而是为了激发冲突,即煽动性观点。持有这一观点的最极端思想的学者们赞扬战争的美德,并严厉指责他们同时代的人不够好战。尼采的《查拉图斯特拉如是说》中,查拉图斯特拉问道:"你说正是因为有正当理由,战争才变得神圣?"并评论道:"我要告诉你们:正义的战争使任何理由都显得神圣。"——然而,尼采却认为人类懦弱得令人讨厌。社会思想家中,乔治·索雷尔(Georges Sorel)在他的《论暴力》(*Réflexions sur la Violence*)一书中也持这一观点。尽管索雷尔是从激进的社会主义角度来进行研究，但他的观点却可以普遍化和一般化，事实上，他的观点就被许多持不同意识形态立场的发言人所使用。索雷尔主张强调战争崇高性的战争观。他认为，整个古典史都为英雄式的战争理念所支配。这一观点称赞武器专业是精英的职业，这一职业体现了伟大战斗可以提供的机会：接受力量的考验和对荣耀情感的诉求。自愿参战和与战斗有关的神话激发了最崇高的道德信念。

索雷尔思想出现在20世纪对殖民扩张和反殖民暴力的辩护中。贝尼托·墨索里尼（Benito Mussolini）引用了索雷尔的祖先蒲鲁东（Proudhon）的话，声称战争的"起源是神圣的"。永久的和平会令人沮丧，也会破坏人类的基本美德，而和平主义代表的是面对牺牲的懦弱。尽管法西斯主义是因机会主义理由而被接受，但它拒绝一切旨在确保和平的国际结构。墨索里尼宣称，战争独自"承载了人类所有能量的张力最大化，并给那些具有面对它的美德的人们盖上了崇高的印章。所有其他的测试都是替代品，从来没有把人放在他自己前面进行测试"（Borgese，1938，392）。

精神病学家弗朗茨·法农（Frantz Fanon）在论述帝国主义瓜分的另一方时，提到了索雷尔与资本主义压迫作斗争的言外之意，以此来宣告参与反抗殖民统治的暴力斗争的崇高性。法农认为，只有在"两方进行了血腥而具有决定性的斗争"后，才有可能实现解放（1963，37）。他批评那些允许避免暴力的社会形态，它们或者将正当的战斗能量通过沉溺于舞蹈、灵魂附身或者自我毁灭性的病症等出口发泄掉，或者通过宗教、人权哲学、非暴力伦理或妥协政治学等反战概念形式来予以化解。政治对立的非暴力形式——少数行业的停工、大规模示威、抵制公共汽车或进口商品——仅仅是其他形式的让人们发泄精力的行为,从而成为一种"冬眠疗法"(66)。暴力战斗本身就可以消灭殖民主义、地区主义和部落主义,从而将共同事业、国家命运和集体历史的思想引入社会意识中。在个人人格层面上,"暴力是一种净化力量。它让当地人从自卑情结、绝望和不作为中解放出来;它让人无所畏惧,并重建其自尊。"(94)

然而,有关冲突的煽动性观点不一定都是支持身体暴力的;有人可能会表达而且已经有人表达了这种观点,他们认为,语言冲突的增加可以作为促进社会变革的手段或了解真相的首选手段。赫伯特·马尔库塞(Herbert Marcuse)帮助说服了一整代知识分子遵循否定伦理,理由是观点一致是反解放的。韦恩·布思(Wayne Booth)论述了文学批评家中善辩者的立场,他们认为"冲突越激烈,评论界就越健康"(1979,4)。那些认为冲突是掌握真理的最佳方式的人也持这种观点。沃尔特·沃森(1985)将这种认识论立场命名为论战法。沃森称赞马基雅维利将论战法应用于政治并主张冲突各方的对立是维护自由之所需。

攻击和不攻击的身体基础

像许多的社会学论述一样,冲突理论也可以变得高度抽象。然而,它与身体战斗的实际情况的紧密相连性使得其很容易将社会冲突的讨论与物质身体的互动联系起来。为冲突的存在或不存在引用生物学倾向作为证据的趋势,促使我们思考对冲突的不同观点是如何与对人类身体的不同观点联系起来的。

悲观主义观点倾向于认为，人类身体是一个一直在沸腾的大锅，里面装满了自私自利和攻击的冲动，最终会溢出锅外，发展成为斗争行为。这一身体意象是这种观点的基础，在古典精神分析学中已有提及。弗洛伊德认为人类有机体是天生能量不断再生的源泉，这种天生能量不断涌现并导致内心上的不安定，直到它们被释放。心理和躯体病症表明个人在释放天生斗争情绪能力上的失败，最终这种斗争情绪通过间接渠道得到释放。人类的攻击性直接或间接地代表了一种不断流动的冲动，这种冲动来自人类身体，使得人类永远无法逃脱消灭自己或他人的倾向。

虽然劳伦兹对冲突持更为积极的观点，但他也支持机械-液压的攻击观，把攻击比作不断被泵进容器内的气体。在劳伦兹的理念中，特定行为的能量在神经中枢不断累积，从而导致动物和人类寻找刺激来触发这些能量的释放。虽然齐美尔淡化了天生的攻击能量作为冲突根源的显著性，但他认为调动这种能量可以用来解决冲突。即便如此，齐美尔承认存在一种纯粹的敌意驱动力，格斗性比赛的设立很好地体现了这一点。

因为抱有攻击和冲突来源于身体的想法，那些认为冲突具有必然性的人倾向于将身体视为一种定期产生攻击能量的机制。认为冲突具有偶然性的那些学者们则有一套不同的意象：他们或者认为身体会产生掩盖攻击本能的其他冲动，或者认为攻击行为不是基于本能。

霍布斯是前一种观点的代表。如果不是激发了一种更强烈的自然倾向：希望避免暴力死亡，那么所有人都有的倾向，即对权力的永恒和不停歇的追求将必然导致持续的内乱。人类还受以下愿望的驱动:借由只有和平政权下才能获得的便利条件过上舒适的生活。因此,攻击他人的冲动会屈从于和平共处的愿望,这一状态可以通过建立主权政治机关来获得。可以对霍布斯的论证逻辑进行修改以涵盖旨在预防冲突的各种社会安排。但是他关于行为身体基础的逻辑可以完整地保留下来:身体是包括攻击性在内的各种冲动的发源地,但是攻击性可以通过其他倾向加以抑制,这些倾向是预防冲突制度性安排的支撑。身体的这一意象和我们在尼采和索雷尔这样的学者的论述中发现的不一样。后者将人类的自然倾向想象为凶猛好斗,这种倾向会被恐惧和对便利的渴望所击败,从而将斗争冲动转向无害渠道予以释放。

那些否定任何形式的本能决定论的学者们对身体的看法构成第三种观点。在这种观点模型中,生物体的基因编程程度是如此之低,以至于它只能涵盖一般反应能力。如果没有文化模式来赋予人类生活某种特定的形态,"人类的行为将几乎无法控制,完全是无意义行为引起的混乱……他的体验也几乎没有任何条理可言。"(Geertz,1973,46)玛格丽特·米德第一个将文化人类学家的这一观点应用到冲突与合作的变量上。身体参与战斗的倾向反映了好斗文化所推崇的象征符号的内化和习惯的培养,但和平文化也可以一样成功地创造非攻击性倾向。

关于身体、攻击和冲突的亚洲观点

尽管涉及身体治疗的有关学科最近开始考察"非西方"技艺可能有哪些贡献,但欧美社会科学很少有机会借鉴其他国家学界对这一问题的见解和理解。然而,很可能,某些亚洲传统提供了关于冲突的、难以被现有欧美模式涵盖的思维方式,而最直接深入这些传统的机会来自对它们关于身体和攻击的独特观点的研究。接下来,我将讨论印度的瑜伽思想和日本的合气道思想,尽管在中国道教思想和韩国花郎道思想的某些方面也可以找到类似的观点。

我想提出的总的观点是,这些思想都认为,身体既不受攻击本能的支配,也不是相互冲突的驱动力的争斗场,也不彻底缺乏自然结构。相反,被欲望压倒的状态,无论是有序的还是混乱的,都代表了不成熟的人性。成熟人类的身体内在是统一的,身体与思想也是统一的,这个身体是一个生活在内在和谐之中、几乎没有侵犯他人的倾向的存在。

两千年前,梵语经典《薄伽梵歌》描绘了由安抚心灵和平息激情的练习带给人类的一种快乐和满足的状态。通过瑜伽练习,让身体与灵魂、个人自我与宇宙精神合为一体,这涉及一整套方法,不仅有精神方法和冥想方法,还有身体上的方法。其中包括体位法,即保持精心设计的姿势的一门科目,以及呼吸控制法,即练习有节奏地控制呼吸。这些不是超乎寻常的练习,不是杰出精英或者超人类生物的特权,而是任何愿意为之努力的人都可以练习的。体位法锻炼身体里的每一处肌肉、神经和腺体,保证了一个良好的体格,一个充满活力、柔软、强壮但肌肉并不粗大的体格。它们旨在为大家带来一种极好的身体健康状态,这种状态被理解为身体、思想和精神的完全平衡状态。

在瑜伽练习原则被编纂成册的一千年后,合气道——亚洲的另一练习科目——出现了,其同样认为,人类有潜力生活在身心的和谐中。合气道由武术家、宗教家植芝盛平在20世纪30年代和40年代间开创发展,借鉴了多门亚洲学科,包括新儒学、神道教和武道。这门艺术最重要的就是通过正确的姿势来协调整个身体系统的理念,以及通过将注意力集中在身体重心上,使身体和心灵合二为一的理念。内行们学习的应对身体攻击的动作要求身心系统以上述方式为中心,另外也设计了特定的练习来增强身心的和谐。用创始人的话来说,合气道"是一种协调思想、身体和精神的方法"(Saotome,1989,33)。

就社会冲突,瑜伽和合气道传达的身体意象暗示了什么呢?当瑜伽和合气道的学生以练习所要求的放松和集中姿势站立或坐着时,他们体验到一种平静的状态。从中,他们得出一个信念,不存在天生的或必然的力量驱使所有人彼此攻击。他们也知道,与他们经历的平静状态相比,攻击是令人不快的——即使人们是为了自卫而实施攻击行为。当他们感受到主动或被动攻击的冲动时,他们会将其与一种已经可以被克服的原始反应联系起来。瑜伽或合气道的身体状态证实了冲突既不是必然的也不是为人所渴求的,在这一点上,他们与支持审慎观点的学者们保持一致。然而,与霍布斯的审慎观点相比,他们并没有将攻击性的克制建立在对恐惧的依赖上。处于放松和协调状态的身体感知到自己不具攻击性,不管文化模式是如何规定的。

瑜伽和合气道认为它们的教义所促进的身体和谐是成熟人类机能运作的典范,从而也是正常生活的典范。它们还把它和人际冲突的教义联系起来。它们视上述冲突为内心不和谐的副产品,它既不是必然的,也不是人类美好生活所必需的。瑜伽通过各种培养与他人之间和谐相处状态的"制戒",即伦理戒律,来加强内在和谐的状态。其中包括不杀生或非暴力戒律。不杀生是一个命令,以此来表明对所有生物的尊重。与此密切相关的是无畏原则,即摆脱恐惧。正如同时代一位杰出的瑜伽哲学专家所言,"暴力源于恐惧、软弱、无知和不安。要抑制暴力,就需要摆脱恐惧。"(Iyengar,1973,32)这种经典印度教思想没有将对社会生活的理解建立在攻击性和恐惧这种本能是不可根除的这一观点之上,逐渐形成了健康的人类机能的理念,恐惧和好斗性都是可以避免的。

将瑜伽原则应用在当代冲突社会思想中的卓越代表圣雄甘地。甘地接受了瑜伽思想中一些著名的理念,包括不杀生和真实。[3]他把它们改造成一种解决冲突的方法:拒绝以回击应对攻击。甘地遵循瑜伽哲学,强调,与作恶者身上的恶对立而不是与作恶者对立是可能的——也是更有效的。

合气道的创始人植芝盛平也提出了类似的观点。虽然植芝盛平开创的是一个武术学派,他还是强调,在他这种特殊形式的武道中"没有敌人"。唯一的敌人是不成熟自我的利己和攻击企图,因此唯一值得追求的胜利就是战胜不成熟的自我。植芝盛平将他的武道的目标描述为不杀生,即一种爱护所有生物的精神。他的合气道致力于追求促进全世界和平与和谐的理想。

这并不意味着合气道认为世界上完全不存在攻击。合气道的教义的确认为,有些人,时不时地,有意无意地,通过身体或语言攻击他人或侵入他人的空间。但合气道也同样认为,回应的选择并不局限于反击、逃跑或投降等冲动所驱动的那些（如果这样做了，就为怨恨和后来的冲突埋下了种子）。合气道立场提供了第四种选择：通过化解攻击者的攻击，可以避免冲突。被攻击的人或群体可以用合气道方式作出反应，即融合攻击者的能量，保持重心，以保护受害人同时尊重攻击者的方式对上述能量重新加以利用。

瑜伽、非暴力不合作思想和合气道将一种新的观点列入了社会思想中有关冲突观点的清单里。与其他审慎类观点一样，他们认为冲突并不好，因为人类生活并不是通过纷争来做到自我实现的。攻击他人显示的是不成熟的自我表达以及对每个人所展现的真实的不尊重——更不用说本世纪的战争所带来的恐怖了。冲突支持者所拥护的勇气、自尊和真实的美德，可以通过不涉及对他人的攻击的自信模式来实现。

与审慎性观点的其他两种变体相比，此处所讨论的亚洲思想并不期待外部机构来抑制冲突。可以肯定的是，他们不会否定霍布斯和其他人支持的正式政治安排，也不会否定文化人类学家们讨论的良性文化环境的影响。然而，他们的首要重点放在内在的练习，以让心灵保持平静，让身体和精神合二为一。这种做法促进了自然的和谐，加强了非冲突式互动，并得到了支持与他人之间形成相互尊重关系的学说的强化。也许关于社会冲突的当代讨论，可以从仔细思考这一亚洲社会思想的含义和影响中获益。

14
一城两说

利本·加布雷·埃塞俄比亚①

关于2005年埃塞俄比亚当时的政治事态,一位见多识广、知识渊博的记者在亚的斯对我说:"这里的人常年都在彼此互相攻击。但他们从不讨论让他们真正生气的事情。"他的评论让我若有所思。我们不都知道,家庭成员也是对着一些不是真正原因的事情争吵,以此代替了他们真正感到受伤和生气的事情吗?

在10月,政府和反对党再一次马上就要达成一致了,它本来可以阻止11月的暴力事件和接下来的监禁。如果可能的话,让我们暂且把谁是罪魁祸首的问题放在一边。让我们作一个这样的假设:不管政府安全人员对团结民主联盟党(Coalition for Unity and Democracy)领导人实施了什么样的无缘无故的骚扰,也不管政府对反对党的起义野心持有何种看法,总有某种不确定的东西

---

① Liben Gebre Etyopiya,埃塞俄比亚人对唐纳德·莱文的爱称。——译注

使谈判——总理曾一度保证，所有的事都放到谈判桌上来谈——破裂。他们一直在讨论议会程序、接触媒体，等等。但是双方到底为什么生气呢？

自从1991年德格政府被推翻以来，我听到不同立场的埃塞俄比亚人互相大声辱骂，互相指责对方动机卑鄙，做的事情也让他们之间的鸿沟越来越深。从那时起，我就在想，什么时候才能面对和解决导致他们不满的根本问题。也许是2005年的杀戮和监禁让大家意识到这一问题，从而让许多不同立场的埃塞俄比亚人用新的方式思考，并思考出新的方法。

这需要努力：跳出悲伤和受伤的情感，尽管悲伤和伤害无处不在；不再互相指责，尽管有许多事情值得责备。也许这种努力还包括意识到，一直以来都至关重要的，是两个看似不相容的关于他们国家历史的故事。

故事一

1. 现代埃塞俄比亚是一个由皇帝孟尼利克二世（Menilek II）领导下的阿姆哈拉（Amhara）①统治精英创建的帝国，孟尼利克二世征服和统治了这个地区中所有历史上分离和独立的少数民族。

2. 曾经统治它的统治阶级必须被推翻，并且也要阻止其在被征服的领土上重新获得权力或者控制农民的土地。

---

① 阿姆哈拉族是东北非埃塞俄比亚的主要哈比沙民族群体，主要分布在埃塞俄比亚高原中部和北部。从政治方面看，该族在埃国历史上曾长期占据主导地位。——译注

3. 德格政府是一个冷酷的中间派政权,通过对埃塞俄比亚公民实施威吓统治而存续。

4. 提格雷人民解放阵线(Tigray People's Liberation Front)的部队,在厄立特里亚人民解放阵线(Eritrean People's Liberation Front)的支持下,是唯一可以推翻德格政府的反对力量。大约有17年时间,他们一直作为游击队战士进行战斗,在经历了巨大的牺牲和痛苦之后,成功地打败了德格政府,迫使其备受憎恨的领导人逃离。

5. 尽管在那些年里,他们举着马克思列宁主义提格雷联盟的旗号作战,但随着冷战的结束,他们抛弃了共产主义意识形态,正式接受了西方的"自由民主"。

6. 在经历了所有的牺牲和痛苦之后,当他们凯旋进入首都时,遭到了那些在德格时代相对舒适的人的敌视,他们感到被亏待了。

7. 他们一执政便着手创立一个新型的民族联邦制,以确保所有埃塞俄比亚人民的尊严,并通过土地和许多产业的继续国有化,防止私人财阀统治的复苏。

8. 为了确保他们的计划顺利进行,他们不得不在全国各地建立一个由埃塞俄比亚人民革命民主阵线(Ethiopian People's Revolutionary Democratic Front)干部组成的网络。

故事二

1. 现代的埃塞俄比亚是根植于阿克苏姆、有着两千年历史的政体的自然发展结果。多亏了皇帝特沃德罗斯二世(Tewodros II)、约翰尼斯四世(Yohannes IV)和孟尼利克二世的领导,它才得以统一并保持独立。

2. 在皇帝海尔·塞拉西一世(Haile Selassie I)的领导下,它的发展取得成果,海尔·塞拉西一世推进了国家的中央集权,设立了政府部门和常备军队。尽管大部分都是绍阿的阿姆哈拉人,但周围都是绍阿贵族,其中包括厄立特里亚人、提格雷人、奥罗莫人(Oromo)以及他培养的其他国家精英。

3. 德格政府是一个冷酷的中间派政权,通过对埃塞俄比亚公民实施威吓统治而存续。

4. 尽管埃塞俄比亚民主联盟(Ethiopian Democratic Union)和厄立特里亚人民革命解放阵线曾一度都有对抗力量,但在大约15年的时间里,提格雷人民解放阵线一直是唯一有效的反抗德格政府的力量,并最终击败了它,且迫使其令人厌恶的领导人下台。

5. 提格雷人民解放阵线的部队在马克思列宁主义提格雷联盟的领导下作战。虽然他们在冷战结束时抛弃了共产主义意识形态,但他们从未真正充分接受西方"自由民主"的原则。

6. 由于担心提格雷人民解放阵线反阿姆哈拉情绪的复仇主义倾向、他们将少数民族的地位提高到埃塞俄比亚民族之上的提议、他们的"列宁主义"政治风格,以及他们不愿取消土地集体化,推翻德格政府的喜悦被减弱了。

7. 他们一执政就把其他少数民族排除在中心之外,强加了一个没有广泛的民族共识的民族联邦制度,并且继续保持土地和许多产业的国有化。为了维护这些变革,他们不断骚扰反对党,压制新闻自由,阻止司法独立。

8. 为了确保政治控制,他们在全国各地建立了一个由埃塞俄比亚人民革命民主阵线干部组成的网络,这些干部年复一年地滥用文官的权力,几乎没有促进经济发展。

1991年显露出来的问题以及在制定宪法过程中出现的问题,从未进行过公开讨论,也一直没有得到解决。除了2005年各党派领导人对执政权的争夺外,正是这些有关过去的不同认识以及这些认识所反映出的埃塞俄比亚的不同未来所隐含的对立,为现在的地下纷争火上浇油。

这种表达问题的方式,是我从一位经验丰富的学者在柏林作的一个讲座中了解的。他在那次讲座中对巴以冲突的本质进行了探讨。他指出,以色列人和巴勒斯坦人之间的长期敌对状态,源于他们对过去的不同叙述。犹太人对过去的描述中,他们是不幸的受害者,被残忍的巴比伦和罗马征服者剥夺了他们神圣的土地,在此后的几千年里流亡各地,被当地社会虐待,并且遭到了旨在灭绝的大屠杀,如此骇人听闻,以至于产生了人类犯罪的一个新概念,即种族灭绝。巴勒斯坦人对过去的描述中,他们自古以来就居住在自己的土地上,自豪地照看着基督教和伊斯兰教圣地,然后出现了大量的移民人口,这些移民人口开始侵入他们的土地并定居在此,并且——借助灾难——把许多人吓得永远地离开了家园,从而最终在他们的家园领土上统治了他们。这位演讲者指出,对过去的认识如此截然不相容的人们似乎看起来是不可能和谐相处的,除了法国和德国之间那不相容的叙述——很长一段时间这些不相容的叙述也对它们有主导性作用,并在一个世纪内让它们发生了三次可怕的战争,但它们现在是友好邻邦。

可以肯定的是,犹太人和巴勒斯坦人长达几个世纪的历史,的确与成立几十年的政党之间的对立不完全是一回事。因此,在对他们过去的叙述进行对比之外,我们必须找到其他因素。或许这就是康斯坦丁诺斯(B. T. Constantinos)博士在回应我的第二篇研究报告——《监狱中的埃塞俄比亚人》(Ethiopians in Prison)时给出的建议所要表达的,他评论道,埃塞俄比亚的政治精英们已经在如下框架内辩论过埃塞俄比亚的民主问题:

> 在源于激进学生运动的特定政治思想、争论和斗争中;在上述运动催生的"民族解放""阶级斗争""民族民主解放"思潮中;在对当前政治僵局具有决定性影响的马克思列宁主义政治思想、阐述和行动中。当这一传统在前第二世界的大部分地区,包括后德格时代的埃塞俄比亚,似乎已经失去作用的时候,一种经过淡化处理和在一定程度上重建的版本,似乎重新获得了国内外埃塞俄比亚政治精英的青睐。

尽管康斯坦丁斯博士和我对这一判断的某些细节内容可能不能达成一致,但我们就上述传统的特点达成了一致:机智的语言表达,傲慢,妖魔化他人,用严密的套话术语陈述一些无法用其他方式进行表述和传播的前提条件,城市居民的起义性,以及用"人民"的善和意志来鉴别个人立场。

从这个意义上说，问题不在于超越埃塞俄比亚传统思想，而在于恢复礼貌、宽恕、睦邻以及互相尊重等丰富的传统思想。为此，埃塞俄比亚人最好的做法应该是回归，例如，回归体现在埃塞俄比亚非凡传统中的政治文化，即博洛南人（Borana）和古吉人（Guji）的民众议会，该议会在每次辩论开始时，都会提醒大家，不要为了攻击他人的观点和赢得辩论去寻找他人发言中最差的那部分东西，而是要去寻找他们所能提供的最好的东西，以便找到共同的基础：

> 这不是说俏皮话的地方。聪明人不应该把他们的聪明才智用在这个地方。

对于今天的政治精英们来说，这将意味着倾听彼此的叙述，也许还包括学到一些东西。

15

社会知识的形式和功能

自从开始思考我们是如何获取知识以来,我们就一直在研究如何找到一种优先于对世界的常识性认识和理解的知识。对这一研究探索的结果的记载,提供了对人类推断史上重要时刻的总结。善的理念、启示的权威、几何学清晰明了的真理、实验科学研究的可控结果、人类对人类工程的自我理解、对真实历史力量的非神秘化理解、度量运算的量化、对无意识表达的分析、训练有素的冥想带来的启蒙——这些都是历史上有望获得优先地位的众所周知的一些备选项。

在西方过去的两个世纪里,以及逐渐覆盖到全世界,唯一最受欢迎的备选项被统称为"科学"。毫无疑问,为一个命题设立至高担保的最成功的修辞手法是声称它是科学的,并且其他竞争者应该被取消竞争资格,因为它们只是常识、是伪科学或不够科学的科学。然而,这一备选项的成功并没有平息这一历史性探索背后的纠纷。正如科学史和科学哲学过去半个世纪的辩论所显示的那样,关于科学研究工作的科学性从何而来,人们几乎没有达成共识。从亨佩尔(Hempel)到波普尔(Popper),从库恩(Kuhn)到图尔敏(Toulmin),从拉卡托斯(Lakatos)到费耶阿本德(Feyerabend),我们见证了一系列为科学性与否建立区分标志的尝试性努力。在这一点上,也许大家会认同,"科学"的理念本身就属于加利(W. B. Gallie)称为"本质上有争议的概念"的心理构造范畴——这些概念与实质性问题的紧张辩论、规范性问题和历史背景都密切相关,因此其含义绝不可能被限定在一个单一清晰的定义上(1964,157-91)。

然而,即使没有对这些尝试性努力的记录——即使没有大量的证据来证明拉卡托斯的主张,即"几乎没有就理论的科学性的普遍标准达成一致"(1978,124)——人们本也可以预测到任何此类努力的徒劳。认为认知价值存在某种单一绝对的标准的理念,否定了过去两个世纪社会科学的一项重大智力成就——人们坚定地认识到,所有人类表达方式都受制于它们在多大程度上根植于人类行为的紧迫性。尝试为科学找到一种单一的区分标志,就像在更一般意义上去寻找某种优先型的知识,它必须是非决定性的,因为存在各种不可简化的实施各种(深思熟虑的以及意动性或实践性)行为的价值观、规范和动机。

然而,承认这一事实,并不一定意味着主张不存在任何形式的优先知识。相反,它是指,纯粹地坚持普遍科学性的单一标准是将自己投身于一个争议性立场,否定其他类型的知识的正当要求。继续下去的另一种方法是接受知识的优先形式具有不可简化的多元性这一理念。

一

虽然我应该最后才从社会学家称为行为理论的角度来阐述这个观点,但首先请让我从哲学的角度来论述它。越来越多的人意识到其他备选项主张认知优先的合理性,这就产生了各种各样的哲学尝试来处理我们这个时代中竞争性的思想观点之间的争议。在研究文学批评领域中的这一问题时,韦恩·布思列出了"当我们试图决定在今天如何听取批评家们的实际批评时"(1979,4)的五种常见反应,但他发现没有一种是令人满意的。在此,我结合了他的分析,遵循他的类型学,但是稍微改变了一下他的表述。

1. 善辩者的反应——就让所有人都畅所欲言,然后开始争论,因为世界需要的是更多地对自得自满和循规蹈矩进行批判——不可接受,因为它会产生破坏性和浪费性的交流,助长错误解读人们思想上的对手的想法的恶习。

2. 语义学家的反应——只要让思想上的对手指出他们术语所指代的东西,从而消除模棱两可,表面的分歧就会消失——是不可接受的,因为它假定竞争性思想观点之间唯一的真正差异是微不足道的,也因为它否认许多概念具有不可改变的模棱两可性,从而贬低了那些因这些模棱两可性产生的争议所激发的成果丰硕的研究。

3. 一元论者的反应是将这些竞争性思想观点中的一种视为有效的,并将其他观点描述为错误的、误导的或不重要的。还有一些人所持的观点为这种反应的宽容版,他们认为其他观点在历史上是有效的但目前已过时,或认为是当前真理性观点演变的必要阶段。然而,这种反应不能确保大家都一致同意所有其他观点是无效的或价值较低的。

4. 怀疑主义(或相对主义,或虚无主义)的反应,是质疑任何观点都能得出具有真理价值的论述的可能性。这种观点的理由千差万别;它的支持者可能诉诸所观察现象难以应付的复杂性,或者诉诸观察者不可避免的局限性,或者诉诸在多个认识者之间达成相互理解或主体相互认证的不可能性。这种观点最终是站不住脚的,因为它的基础既有逻辑上的矛盾(确定无疑地宣称,确信无疑的论述是不可能存在的),又需要实践性的条件(抑制对真理的不可抑制的追求)。

5. 折中主义的回应承认竞争性观点或思想的主张都是有效的,并使用非常简单的方式处理它们直接明显的不相容性,即将其他人的研究工作切割成碎片,再把这些碎片中任何看起来有用的部分捡起来并连接起来。这种回应的缺陷在于,它未能保留对立主张的上下文含义。

与这些回应不同,布思提出了这样一种他称为"方法论多元主义"的可能性,即认为"两个或两个以上相互冲突的观点是可以完全接受的"(1979,24)。布思并没有从头开始来发展这一观点的内在结构,而是讨论了另外三位批评家的研究,在他看来,这三位批评家堪称支持方法论多元主义的典范。

在哲学学科本身,方法论多元主义立场的许多基本要素在过去半个世纪里已经由一位学者提出并发展成熟了,这位学者就是理查德·麦基翁，他既是布思的导师，也是我的导师。麦基翁为多元主义立场奠定了基础，他从历史角度展示了方法论观点的几轮周期发展是如何推进研究的（1966），同时从系统角度展示了替代性方法阐明诸如自由和历史等普遍理念的力量（1952）。虽然方法论多元主义立场在一些社会科学家的著作中表现得不明显或仅出现了一个雏形，但我不知道有什么努力可以与布思和麦基翁在社会科学文献中去论述上述立场的基本原理、内容及影响的努力相提并论。也有少数社会科学家试图阐明上述特征，他们包括社会学领域的罗伯特·默顿（1976）和亚瑟·斯汀康比（Arthur Stinchcombe）（1968）、经济学领域的亨利·布里夫斯（Henry Briefs）（1960）与人类学领域的阿斯马洛姆·莱盖塞（Asmarom Legesse）（1973）。

我自己过去三十年的研究工作受旨在为社会科学中站得住脚的多元主义立场提供一个框架的项目影响。我的博士论文（Levine,［1957］1980）阐述了格奥尔格·齐美尔和塔尔科特·帕森斯研究工作中所体现的不同原则和方法的结构和含义，他们二人的研究工作呈现了两种可以接受但又大相径庭的社会研究方法。我有关于埃塞俄比亚的专题论文和著作试图去阐明，首先，将多元化的观察风格和描述性方式应用到阿姆哈拉传统和埃塞俄比亚现代化的研究上的效果，其次，将多元化的解释逻辑应用到埃塞俄比亚作为一个独立国家在历史上的生存问题上的效果（Levine, 1974）。多年来，我一直在研究这些问题，现在我要强调三点注意事项，它们也许超出了布思和其他方法多元主义倡导者的分析。

二

我要强调,将我们对多元主义的倡导或分析局限于那些用诸如"知识方法"或"方法论倾向"术语来表示的相当难以理解的对象,已不再富有成效。只要研究者或思想学派维持一个相对独特和前后一致的取向,它必然包括许多独立的认知内容。尽管这些内容在特定人或学派的研究工作中展现出彼此之间的相似性,它们并不一定相互密切相关,并且事实上它们通常表现出独立的易变性。没能意识到这一点已经带来了无休止的混乱,这些混乱表现在称某人为实证主义者、马克思主义者、经验主义者、历史主义者、弗洛伊德主义者、涂尔干主义者,等等。例如,称某人为涂尔干主义者,是否意味着他追随涂尔干大师使用汇总统计数字而不是调查资料,分析环境影响而不是个人特性,谈论失范而不是异化,假定道德规范的相对性而不是道德规范的普遍性,寻求功能性解释而不是构成性解释?

为了消除这种混淆,我认为对"方法"和认知"特征"加以区分是很有帮助的,前者是一个学者或一个研究项目的总的具体定位,后者是方法的构成要素。每个特征代表了研究的一个独立方面或时刻。什么是独立的认知特征本身就是一个需要判断或会引起争议的问题,但在我过去 20 年的研究工作中,以下这些特征是作为一定会有的类别出现的:

1. 范畴框架——确定社会现象的单位以及如何在结合体中去理解这些单位的概念形式

2. 经验程序——使人们能够进行观察的运行形式

3. 描述模式——具体说明人们应该进行观察的类型的概念形式

4. 解释逻辑——指明在自变量和因变量之间的关系中如何对各组观察进行解读的概念形式

5. 认知方法——构建研究行为或研究计划的策略模式的概念形式

6. 解释——指明如何将对现象的观察与实在的理念联系起来的概念形式

7. 认知产品——组织和公布研究结果的修辞形式

不同方法之间的一些差异反映了各种不同的特征权重上的差异。因此,调查研究突出了经验程序的特征,"理性选择"研究把范畴框架放在首位,而民族学方法论则注重被称为"解释"的特征。更为复杂的方法,如马克思主义、弗洛伊德主义或韦伯主义社会科学,非常重视许多特征——这就是为什么他们的支持者会经常对他们各自方法的真正本质进行争论的原因之一。

此外,每一个认知特征都可以通过多种方式来实现,我将其称为"形态"。因此,解释的特征可以采取成因、结构、构成或者是功能的形态。社会科学中的大多数变异和争议源于形态之间的分歧。正如人们发现,"经验主义者"和"理论家"互相谴责对方所从事的不是"真正的科学",因为他们各自的时间和精力是投入在认知过程的不同特征或方面,所以人们发现即便是同一特征的不同形态的支持者也会以相似的方式贬低彼此的研究工作。然而,从我所提倡的多元主义立场出发会得出如下结论,即通过任何形态获得的知识都是有效的,而且事实上可以构成一种优先知识,如果它是在特殊训练和体验的基础上获得的。我给这类知识起的名字是"学科性的"知识。

除了将对不同方法的一般性多元理解转化为对不同特征和形态的理解之外,我还要强调,各种形态之间的关系问题确实是一个开放性的问题。在这一点上,至少我找不到任何理由来提出如下的先验观点,即任何两种不同形态之间的关系在适用于任何问题时,都必然是单一类型的。这种关系可以而且也的确采取了许多可能的形态。有时,各种形态之间没有任何联系,比如当它们面对完全不同的问题来界定和论述自己时。有时,它们互相交叉,比如当因为给相似的问题进行不同的定义时。有时,它们是相互竞争的,比如当它们面对类似的问题却得出不同的解决方案的时候。在协作模式中,它们可能是相互关联的,比如当它们处理同一问题的不同部分时。或者,当它们处理同一个问题的不同方面时,我们可以把它们的关系看作互补的。最后,当它们似乎是在执行不同的任务,而这些任务在特定等级或次序结构中是一个整体或可整合的时,我们可以将它们之间的关系视为存在于同一系统化综合中。

三

在阐明多元主义立场时,我要强调的第三个注意事项是,要把一系列认知形态带回到人类行为的语境中。虽然对形态的分析本身可以带来清晰的理解和增强相互理解的可能性,但如果最终没有与涉及人类目的的形态重要性的某个方面联系在一起,它仍然是没有实际价值的。这反映在两个层面。为了理解作为历史产物的形态,我们必须考察创造和使用它们的演变背景。这不仅使它们更容易被彻底理解,而且也使我们能够问一问,我们承继下来的形态是否仍然是为之前那些原始目的服务的,还是为那些取代了之前目的的其他目的服务的,或根本不存在正当目的。此外,与当前正当目的的联系为评估每一种认知形态以及事实上决定以何种顺序主张生成现在据说可以掌握的优先知识提供了核心标准。

于是,完整的多元主义程序必须包括像开列一份认知形态的清单那样努力开列一份记载一系列有合理理由的人类目的清单。与后一种情况一样,任何图表式清单都必须将自己限制在少数几个相当广泛的类别中,这些类别包括在某种程度上可以说是武断的判断因素,完全不能具体一一说明。在考虑到社会知识的学科形态在某一方面或其他方面所服务的一系列目的时,我发现可以很方便地通过诉诸塔尔科特·帕森斯和他的许多同事制定的"行动的一般理论"的既定范畴对它们进行排序。帕森斯理论的核心内容包括以下观点:(1)所有行动都是为了达到目的而实施的;(2)行动是由四个层次的边界维持系统构成的,即行为系统、个性系统、社会系统和文化系统四个层次;(3)这些系统中的每一个依次都是为了实现四个基本的系统功能而构建起来的:收集适应性资源、协调能量以达到目的、整合系统要素以及为维持系统的价值模式提供支持。

基于上述考虑,我制定了下列有关社会知识的形态和功能的范式。[1]

评估社会知识的形态和功能的行为-理论范式

(I) 研究和评估社会科学工作的可选类型的框架

(A) 研究主题：社会科学的形态(人们如何了解学科资源？)

1. 每个特征的性质是什么？它和什么类型的问题有关？

2. 每种形态的特性是什么？它有哪些优点？它有哪些缺点？

3. 它和其他形态之间的关系如何？它在多大程度上是独立变量？它与其他特征的形态之间有什么可选择的相似性/不兼容性？

(B) 研究主题：不同形态之间的关系

1. 互相没有任何联系(完全不同的问题)

2. 交叉(相似问题的不同定义)

3. 竞争(类似的问题，不同的解决方案)

4. 协作(同一个问题，不同部分)

5. 互补(同一个问题，不同方面)

6. 系统化(不同的任务，按等级或次序整合)

(C) 研究主题：社会科学的功能(人们如何产生非异化的社会知识？)

1. 社会科学研究的正当目标是什么？它们是如何论证其正当性的？

2. 每个功能最合适的特征和形态是什么？

(D) 对特征和形态的批判性评估(人们如何确定优秀、合宜、浪费、异化或有害的社会科学？)

1. 有效性标准：a.准确性；b.逻辑一致性；c.明确性；d.完整性或范围

2. 重要性的标准：a.启发性价值；b.研究内容的适当性；c.研究目的的适当性；d.相关目的和价值观的优质性

3. 执行质量的标准：a.形态得到适当或良好实现的程度；b.形态保持与正当目的相联系的程度

（Ⅱ）致力于开列一份学科式社会知识的形态的批判性清单

（A）范畴框架（人们是如何将社会现象的单位和结构概念化的？）

1. 选择与市场（Smith，Becker）

2. 控制和等级（Marx，Dahrendorf）

3. 影响和连接（Simmel，Bales）

4. 信仰和共识（Durkheim，Benedict）

5. 需求和机制（Spencer，Parsons）

6. 主题和模式（Kroeber，Levi-Strauss）

7. 意图和关联行动（Toennies，Weber）

（B）经验程序（人们如何进行观察？）

1. 非干扰式—非诱导性的（直接观察、内容分析）

2. 非干扰式—诱导性的（问卷调查、隐蔽实验）

3. 干扰式—非诱导性的（参与式观察）

4. 干扰式—诱导性的（深度访谈、实验室实验）

（C）描述模式（人们观察什么？）

1. 外部因素（行为、人为现象）/内部因素（思想、情感）

2. 简单属性/丰富细节

3. 主导趋势/对立趋势

4. 组成部分/要素

5. 微观/中观/宏观

6. 行为系统/人格/社会系统/文化

7. 社会事实的类型：a.全球性的；b.分析性的；c.互动性的；d.制度性的

8. 第一人称/第二人称/第三人称描述

（D）解释逻辑（人们是如何将各组观察描述为独立变量/因变量的？）

1. 成因的（根据某种先行进程或事件来解释 y）

2. 构成的（根据其构成要素的性质来解释 y）

3. 结构的（根据它在一系列有序关系中的位置来解释 y）

4. 功能的（通过它满足 x 的需要来解释 y）

（E）认知方法（人们从哪里开始，朝着什么前进，以及如何前进？）

1. 逻辑——通过建构和分解

2. 辩证法——通过同化和举例

3. 问题式——通过解决方案和质疑

4. 操作性——通过辨别和假设

（F）解释（人们如何将对现象的观察与实在的理念联系起来？）

1. 本体论的：现实是超越的，表象是其不完美的表现（Plato，Hegel）

2. 实体论的：现实是潜在的自然，表象是其二级衍生物（Marx，Freud，Levi Strauss）

3. 本质主义的：现实是现象、属性和原因，它们是自然的功能或习得的条件（Durkheim，Malinowski）

4. 存在主义的：现实是现象的，是社会建构的（Schutz）

（G）认知产品（人们是如何组织和呈现发现的？）

1. 案例研究

2. 叙事

3. 图、表

4. 命题

5. 理想类型

6. 模型

7. 公理化系统

8. 话语综合

（III）致力于开列一份学科式社会知识的功能的批判性清单

（A）文化功能

1. 构建世界观（Marx）

2. 构建规范标准（Durkheim）

3. 提供美学上的象征意义（Nisbet）

4. 提供经验理解：a.对普遍性和变量的理解；b.对自我体验和他人的理解

（B）社会系统功能

1. 技术知识（Spencer，Coleman）

2. 对统治者/起义者的建议（Machiavelli，Lenin）

3. 共同的信仰/强化的交流（Comte，Dewey）

4. 明确集体价值观并加强其传播（Lasswell，Skinner）

（C）人格功能

1. 提高对自我和自我处境的意识（Berger）

2. 提高自身价值观的明确性(Weber)
(D) 行为系统功能
1. 增强认知能力

四

现在,这种范式的潜在作用是什么?首先,它通过迫使我们识别和找到某一特定方法核心本质特征的形态使我们能够更高效地分析该特定方法的结构。其次,它可以促进不同方法的支持者之间的建设性沟通,并为他们提供一个不那么容易引起争议的方式来谈论他们的分歧。最重要的是,它为批评家们评估不同类型的社会知识的价值提供了一种更为前后一致的方式——指出哪些类型的社会知识可以正当地主张其优先地位及其原因。

范式第(I)(D)部分简单罗列了三组合适的标准。这里并没有机械地用数字来表明这些标准的相对权重。这是一个价值判断的问题,会随着每个批评家的背景和目的的不同而变化。范式的该部分所能做的就是迫使批评家意识到正当标准的范围比他们愿意承认的更广泛,并促使他们在捍卫他们选择去强调的标准时表达更加清晰。

有一组标准涉及认知尝试的有效性。这些是科学家们所熟悉的标准,然而,科学家们并不总是清楚,这些标准在相互之间存在着激烈的竞争。学科式的研究工作根据所有这些标准排序较高,在其真理价值方面享有非常特别的优先主张权。然而,有效性从来不是给科学研究工作赋予特殊价值的唯一普遍标准。不仅有效性标准可以为其他标准牺牲——就像准确性为逻辑一致性牺牲，或范围为准确性牺牲一样——而且其他类型的标准也可以或者说应当被激活。所谓的重要性标准也变得更举足轻重。这些包括：(1)某一特定的发现、想法或研究计划在多大程度上开辟了新的研究领域或开创了看待世界某一部分的新方式；(2)某一特定的认知形态对被研究的现象来说有多合适；(3)某一特定的认知形态对研究目的来说有多合适；(4)研究计划体现或促进的目的和价值观的优质性。

最后，还有一些与所谓的项目执行质量有关的标准。执行质量的两个主要标准彼此长期处于紧张状态中。一方面，要考虑某种特定形态在实践中的实现程度。它的完整性在多大程度上得到了维持？对它加以利用的技术能力水平如何？它的脚本运行得有多简洁优美？另一方面，还要考虑形态的执行与正当目的之间的联系有多紧密。通常的情况是，形态的完整性会为了某一特定目的而牺牲；也许更常见的情况是，目的的完整性会为了形态的内在要求而牺牲。然而，不解决这两个问题，最终就无法去主张优先知识。

这些论述很抽象，很严谨。我希望它们已经足够清楚和具有提示性，可以获得大家对其核心主旨的支持：在社会科学中阐明自我意识的多元主义研究项目的时机已经成熟，其中，重点不是要取消区分性项目，而是要使它更精细。

注 释

对话、争论、排斥和争议动机

1. 当我 2015 年 3 月中旬到芝加哥与唐纳德讨论如何完成这本书的时候,唐纳德正处于极大的痛苦中并将不久于人世。3 月 15 日是星期天,那天他向我和玛丽·柯蒂斯朗读了这几段文字。它们应该被看作他对未完成的打算命名为"对话、争论和排斥"的第 4 章的最终想法。在接下来的几个星期里,我和唐纳德都清楚地意识到,他不能完成这一关键章节了。与其让它空在那儿——让这本书成为真正意义上的不完整——唐纳德请求我完成需要被完成的事,实际上就是指为他完成该章,或者更好的表达是,代替他完成该章。现在它呈现在你们的面前,这是我对于唐纳德就对话与争议所要表达的内容的最好诠释。
2. 伯克将"桥接工具"定义为"一种象征性结构,人们借此以各种方式'超越'冲突"(1984,224)。

1 引言:对话思想

1. 该演讲是为位于美因河畔法兰克福的德国图书贸易协会而作。

3 对抗性思维的转变：日本武术和美国诉讼

1. 日本武士在德川时期(1603—1868)所穿的七褶裙象征着武士的七种美德。
2. 加藤大人进一步规定："人们应该在凌晨四点起床,练习剑术,吃饭,训练弓术、枪术和马术。……当人们拔出剑时,他脑海想的是砍人。"(Wilson, 1982, 130)
3. 精通短刀、阔剑、弓箭、空手格斗,最重要的是精通长剑和短剑。
4. 由于英国直到议会 1819 年因阿什福德诉桑顿案(Ashford v Thornton) (1818)才废除决斗断讼法,而且由于独立后的美国没有任何法院处理过这个问题,比武审判在美国是否仍然是有效的民事诉讼替代方式这一问题并没有答案,至少理论上是这样。
5. 我认为路易斯·克里斯伯格的《建设性冲突：从冲突升级到冲突解决》(*Constructive Conflicts: From Escalation to Resolution*)(2007)对这一领域的论述特别有价值,尤其是它对破坏性冲突和建设性冲突的区分非常重要。
6. 那门课程的教学大纲已经作为我的《思维的力量：美国通识教育的革新》(Levine, 2005 a)一书的附录公开发布。
7. "合气"(Aiki)翻译过来就是能量的结合,或者说和谐。"Ai"还有个谐音,意思是爱。
8. 近几十年来,关于调解技能的文献大量增加。著名的论述包括《调解：倡导者和中立者的角色》(*Mediation: The Roles of Advocate and Neutral*) (Folberg 和 Golann, 2011)和《成功调解者的秘密》(*The Secrets of Successful Mediators*)(Goldberg, 2005)。

4 文明、冲突与和谐

1. 正如最近的神经科学所证实的,这些需求刻在了人类这一物种的天性中(Smith 和 Stevens, 2002)。
2. 成功与否不是这里的标准。伊凡·莫里斯(Ivan Morris)(1975)认为,失败也可以提高诚的行动价值。格里森(Gleason)(1995)描述了诚的其他方面。

5 法国启蒙思想家和俄罗斯知识分子中的普遍主义

1. 这一区分借鉴自伯姆(Boehm)(1931)一篇关于"世界主义"的文章。
2. 以下是埃赫纳顿赞美诗的节选(《大英百科全书》,1949, XII, 79):唯一的神啊……你按照你的心创造了地球……人类、所有的大大小小的牲畜、地球上的一切……其他国家、叙利亚和库施、埃及的土地,你让每个人各居其所,你提供他们生活必需品。说话的语言多种多样,他们的身体形态相似,但肤色不同。
3. 例如,蒙布伦(Monbron)的《世界公民》(*Le Cosmopolite ou le Citoyen du Monde*);谢弗里耶(Chevrier)的《世界主义的矛盾》(*Le Cosmopolite ou les Contradictions*)(引自 Boehm, 1931)。
4. 孔多塞提倡使用世界通用语言,其目的有二:一是加强人与人之间的交流;二是使人类对事物的理解更加精确。
5. 大多数俄罗斯人停止在对旧信仰正当性的否定上(参见 Haumant, 1913, chap. xii)。
6. 柯瓦雷(Koyré)评论道:"有意思的是,我们顺带注意到,我们的作家中很少有人会忘记那些让他们年轻时代充满热情的表述。人和公民!"
7. "使命"思想的另一种表现是裂教(raskol),它发生在 17 世纪 60 年代的教会中。专横的牧首尼康对外来仪式的采用,引起了许多神职人员和民众的极端反应,他们认为传统的礼拜仪式是神圣的,是第三罗马使命的象征。这些"旧信徒"表达了反创新和排外的态度和观点,之后斯拉夫派继承了这一观点。
8. 有意思的是,第一个明确宣称自己为俄罗斯普遍主义者的人,本应该从启蒙思想家的反对者,法国传统主义思想家波纳德、迈斯特那儿获取来自西方的灵感。他们反对危险的个人主义原则,推崇赋予社会意义和促进社会团结的历史传统制度。
9. 巴枯宁身上体现了俄罗斯思想的全部矛盾之处。他将对所有权威的无政府主义式仇恨和对严格组织纪律的要求结合起来;他将其分权式民主的理想和后革命时期对专政的需要并列起来。与他晚年激进的国际主义一同出现的是其源源不断的反犹太主义和反德情绪。
10. 霍米亚科夫理想中的教会与现实的教会之间存在的差异,表现在这个"自由社会"并不容忍他的作品的出现。

11. 米尔是农民公社,其思想原理是共同责任。它们认为财产是上帝赐予的,因此也要服务于共同的利益。它们定期重新划分土地,并对损失和税收承担集体责任。但由于其经济优势,以及其显示了俄罗斯内在的社会主义倾向,米尔也为西方派所推崇。
12. 索洛维约夫将此种三重本质与绝对本体论联系起来。事实上,三重原则渗透到了其神学和形而上学的许多内容中。
13. 索洛维约夫关于教派的论述:"如果我们先肯定[基督教]的教派特点,我们就剥夺了它的逻辑基础和道德意义,使它成为人类精神再生的障碍。"(1918,273)
14. 包含一切的统一性是索洛维约夫世界通用语言概念中越来越重要的内容。世界语不是一种单一的语言,而是包括了所有现存的语言。

6 帕森斯、齐美尔和默顿作品中的道德社会学

1. 虽然《结构》一书经常被认为是帕森斯写作生涯的起点,但实际上在它之前帕森斯已经发表了一系列重要的论文(Camie, 1997)。
2. 我们不能忘记,帕森斯使用实证主义(和功利主义)概念的方式反映了历史上存在的误解,这些误解产生了基于语义融合的混同。正如孔德及其追随者所定义的那样,实证主义这个术语仅指代一种方法论原则,而不是对人类行为的特定观点(实际上,孔德的动机观包括了评估、情感和利他主义——他创造的另一个术语——以及工具理性等要素)(参见Levine,[1957] 1980,xii-xv)。
3. 该书的题词引用了马克斯·韦伯的一句话:"对有意义的人类行为的终极因素的任何深刻反思,其出发点都被限定在'目的'和'手段'这两类范畴中。"
4. 因为一些读者可能会对这一阐述不屑一顾(理由是采用社会变迁的理念如果不是不合法的,也必然是可疑的),作者强调了这些修订的重要性。在修订的过程中,帕森斯从罗伯特·贝拉的开创性论文《宗教的演变》(Religious Evolution)(1964)中获益良多,并在维克多·利兹(Victor Lidz)的帮助下,充实了他不断演变的理论构想。贝拉(2011)出版的关于宗教进化的著作提供了对这一理论迄今为止最为全面的认识。
5. 这个问题已经在许多出版的书籍和发表的论文上讨论过,包括莱文([1957] 1980,1991b,1994a,1994b)、利兹(1993)以及亚历山大

(1993)所作的讨论。
6. 有关这方面的重要开创性论述,参见帕特森(1991)。
7. 说它是后期的论文,是指它是齐美尔最后一次对社会化形式进行的原创性论述,并在他1971年再版的社会学文选中得以重印。
8. 除了亲自表达了对齐美尔的深深感激之情的默顿之外,我们还可以将他两位杰出学生科塞(1956)和卡普洛(Caplow)(1968)的著作包括进来。关于对齐美尔影响的完整论述,参见莱文等人的研究(1976a,1976b)。

7 帕森斯和麦基翁的理论与实践

1. 该文的早期版本于1992年3月13日至14日在芝加哥大学举行的"当代文化中的多元主义和客观性:以理查德·麦基翁的理论为出发点"研讨会上发表。感谢克雷格·卡尔霍恩和道格·米切尔(Doug Mitchell)对该文修订版的帮助。
2. 除了关于它们价值持久性的争论外,两人的作品还深陷在何种程度上它们是统一的以及何种程度上它们是不统一的的争议。沃森以双重悖论的形式描述了这个问题:麦基翁的著作是分阶段问世的,受其激励和影响的学生们身上明显地体现了每个阶段的研究重点,然而麦基翁声称他的研究工作从始至终都是一样的,并且只有当他在其他时候提到其研究的不断发展和创新时,才会引发自相矛盾。类似地,帕森斯的追随者也主要从事其某个阶段的思想的研究工作,其中一些人指责他存在学术上的背叛,因为他在发展新思想的过程中放弃了早期的立场和观点。帕森斯自己声称,他毕生致力于形成全面的行动理论,其本质上是统一的,尽管随着他的理论的发展,他不断指出这一理论有了他所谓的激进的新见解和根本性的突破。
3. 然而,亚历山大(1983,460-2)提供了有力的证据证明沃纳(Warner)夸大了这种批评。
4. 虽然下面的分类法是我自己提出的,不是麦基翁提出的,但它所体现的思维方式显然是受到麦基翁的启发。
5. 亚里士多德,《尼各马可伦理学》,2,6,1106b20-24;2,9,1109a25-29。
6. 同上,6,1141b 14-22,1142a 23-28。
7. 另见《一个哲学家对发现的沉思》(A Philosopher Mediates on Discovery)(McKeon,[1952] 1987)。

8. 莱文(1995)将这一循环模式应用在另一场景中——用于解释社会学家们在20世纪中使用的叙事类型的一连串改变——包括帕森斯的《社会行动的结构》——它们代表了这一学科传统的历史。
9. 在这一点上,我对弗洛伊德图式的诠释与帕森斯的阐释截然不同。

8 弗洛伊德和植芝盛平:治疗性人类互动的先驱

1. 详见柴田(Shibata)2004年关于"取方"一词相关问题的论述。
2. 谢普利(Ciepley)(2006)详细论述了上半个世纪美国经济主义世界观复苏背后的社会因素和意识形态因素。
3. 然而,在《宗教》一文中,齐美尔通过在人际体验的某些类型和时刻中追溯宗教具体化的种子,为布伯的对话神圣化指明了道路。
4. 布伯从费尔巴哈《未来哲学原理》中引用了这段话。该书出版于1843年,比他最著名的著作《基督教的本质》晚两年。他的这本早期著作为马克思在《关于费尔巴哈的提纲》第六条中作出的著名批判提供了素材。马克思对费尔巴哈严加批判,指出:费尔巴哈将宗教本质归结为人的本质。但是人类的本质并不是每个独立个体内在的抽象。实际上,它是社会关系的总和。费尔巴哈没有对这种真正的本质进行论述,因此不得不对历史进程进行抽象,将宗教情感视为其自身,并假设人类个体是抽象的——孤立的(引自 Tucker,1972,109)。将马克思1845年所发表的观点与刚才引用的费尔巴哈1843年所发表的观点进行对比,可以发现非常具有讽刺意味。布伯引用的费尔巴哈的原始文本如下:Der einzelne Mensch fürsich hat das Wesen des Menschen nicht in sich, weder in sich als moralischem, noch in sich als denkendem Wesen. Das Wesen des Menschen ist nur in der Gemeinschaft, in der Einheit des Menschen enthalten—eine Einheit, die sich aber nur auf die Realität des Unterscheids von Ich und Du stützt. ... Selbst der Denkakt kann nur aus dieser Einheit begriffen und abgeleitet werden(Feuerbach,[1843] 1903,318)。通过检索这些文字,布伯进一步得出:"费尔巴哈在他后期的著作中并没有详细阐述这些文字的含义。"(Buber,1965,148)

9 芝加哥时期的杜威和哈钦斯

1. 尽管哈钦斯、阿德勒和杜威对彼此的智识能力都有很高的评价,但某种矛盾心理确实不时地影响着他们之间的关系。早在1924年阿德勒还是杜威在哥伦比亚大学的学生时，他在一次哲学会议上朗读了一篇论文，其中他批评杜威的哲学概念没有考虑到经验的非属人维度。在那次大会上，杜威一反常态，摔了他的椅子并突然离开了房间。即便如此，三年后，杜威还是特意为阿德勒的第一本书《辩证法》（*Dialectic*）（Adler, 1977，49）写了一篇评论性文章；并且，在不同场合，哈钦斯和阿德勒也都表达了他们对实用主义哲学家研究工作的钦佩和赞赏。

2. 当米德和其他老师威胁要辞职时，哈钦斯回复道："他完全认可系里面有权进行人事变动"，如果其他人要求的话，他不会让阿德勒或布坎南留在系里，并且他会根据塔夫茨的建议给系里加薪。此后不久，米德辞职并生病，哈钦斯告诉米德，他很难过米德提出辞职，并推迟了向学校董事会通报其辞职的时间，希望两人能够和解。

3. 知识分子们对杜威这种一反常态的争议激化表示惊讶，杜威在几乎所有其他的争议中都是保持着一个平和、镇定、绅士的模范形象。事实上，争议和对抗一直存在于其后杜威与哈钦斯及其拥护者亚历山大·米克尔约翰（Alexander Meiklejohn）的交流中，直到1945年（Martin，2002，452-8）。除了1931年哲学系中发生的事件导致的某些挥之不去的情感因素之外，下面这些似乎也是其中的原因：与杜威有密切联系的两所大学，哥伦比亚大学和芝加哥大学，被视为回归通识学习传统形式的前沿阵地；杜威的年轻追随者在《社会前沿》杂志上进行煽动，而《社会前沿》是哥伦比亚大学师范学院那些激进的、进步的教育工作者发声的平台；可能杜威与宗教的终身斗争引发了其对哈钦斯所引人物的厌恶，例如奥古斯丁和阿奎林。本文稍后所讨论的，有关从智识上为民主进行恰当辩护的问题，可能激起了大部分人的热情。这些可能的解释都是菲利普·杰克森（Philip Jackson）于2003年3月3日在某次口头交流中提出来的。

4. 杜威和哈钦斯之间分歧的夸大和对立的升级可以作为一个正好的例子来说明，即使是才华横溢和受过良好教育的人，即使有关各方极力推崇对话的价值，要进行不偏激不极端的交流，有多么难。

5. 有关民主辩论更广阔背景的讨论，详见 Ciepley（2001）。

6. 他们两人主要通过援引第一次世界大战对民主自由的侵蚀效果来让大家关注到第一次世界大战的灾难性后果。"完全可以想象，这个国家再参加一次战争之后，我们将会得到一个半军事、半金融的独裁政权……[以及]对所有民主价值观的压迫，而我们表面上正是为了保护这些民主价值观而参与了战争。"(Dewey 1939，11)"当我们回忆起一场短暂的战争会对四大自由(言论自由、信仰自由、免于匮乏的自由和免于恐惧的自由)产生什么样的影响时，我们就一定会意识到，这些自由在即将到来的全面战争中将面临灭绝。"(Robert Hutchins, "Untitled, re: Our present society," 10 March 1940, Folder 4, Box 25, Robert M. Hutchins Papers, University Archives, Special Collections, Joseph Regenstein Library, University of Chicago, Chicago)

7. 他们与芝加哥大学的关系的相似之处，按编年体式的描述，包括：他们在年纪较轻时就来到了这所大学——杜威是35岁来的，哈钦斯是30岁；他们来到芝加哥大学时周围的人都特别兴奋；他们离开时大家都比较伤感(杜威11年后离开的,哈钦斯22年之后)，当时那些曾经反对或冒犯他们的人都竭力挽留他们。

8. 哈珀对杜威的支持隐藏在导致杜威离开的敌对态度之下。事实上，让杜威恼火的是，关于实验学校是否聘任他妻子的行政争议，与哈珀完全没有关系，而且哈珀十分热情地想让杜威留在芝加哥大学。

9. 1929年，哈钦斯从通识教育委员会获得了一笔相当巨大的拨款用于从事该研究。

10. 在这个问题上，和其他问题一样，他们之间的差异被夸大了，从而扭曲了他们的真实观点。杜威非常反对美国的传统体育教育；哈钦斯虽然公开鄙弃体育锻炼，但他自己却经常打网球。除此之外，"哈钦斯学院"开发了各种不同形式的体能训练。在其著名的"人文学科1"课程中，它也给予学生各种机会去创作绘画、诗歌和音乐(Ward, [1950] 1992, chap. 3)。

11. 哈钦斯曾含沙射影地暗示，音乐、雕塑或绘画并不能算是一门"大学学科"(1936，93-4)。

10　霍布斯和洛克

1. 近代学术界倾向于淡化霍布斯的开创性，将他的思想置于他那个时期的普遍思想运动中。然而，这并没有动摇霍布斯作为思想界标杆的中心地位。

2. 这一点在《利维坦》中有详细论述；并且，我相信在自然哲学中，几乎没有什么比现在被称为亚里士多德的形而上学更荒谬的说法了；也没有比他在他的《政治学》一书中所说的大部分内容更令政府反感的东西了；也没有比他的《伦理学》中的大部分内容更无知的东西了(Hobbes,[1651]1909,ch. 46,par. 11,522)。

3. 关于国家的这篇论文最早以《法律要义》(Elements of Law)为名完成于1640年;它以手稿形式流传,直到1650年才出版。霍布斯在1642年以拉丁语以《论公民》(De Cive)为名发表了《要义》部分内容的扩展版,他后来对此进行改写并在1651年以英文出版,名为《利维坦》。《论物体》(De Corpore)完成于1655年,《论人》(De Homine)完成于1658年(不过直到1972年才被翻译成英文)。

4. 虽然霍布斯没有为我们提供一种独立于神学的政治理论,但把其理论中的神学部分剔除掉,该理论并没有什么本质上的缺失。他还明确表示,上帝对人没有任何要求,如果没有上帝,人们彼此之间还是会互相有所要求。无神论者,和其他人一样,可以发现自然法则也是规则,为了每个人的利益,应该得到普遍遵守,并且具有同样强大的动机去创造最有利于规则被遵守的条件。

5. "利维坦"这个词出现在洛克的《政府论(下篇)》中,其中有些短语和整个的论证,让人想起霍布斯的观点,并且在某种意义上可以看作对它们的评论。此外,霍布斯的思想对洛克而言具有体系上的重要性,并且对洛克理论的渗透程度大大超过了政见分歧会有的程度。……他似乎处于一种奇怪的位置上,吸收了霍布斯的观点、霍布斯的措辞,却不知道它们是从何来;他的早期阅读,也许从来没有再次读过;或者其他人的书和对霍布斯的一般性讨论;或者两者兼而有之(Laslett,1960,81,85-6)。

6. "哦,荣耀的自然!至高无上的公平,至高无上的良善!啊,了不起的自然!天意的英明替代者!……我歌颂万物中存在的自然秩序,赞颂自然中体现了一切美和完美的源泉和原则的美好事物。"(Shaftsbury,[1711]1900,ii,98)

7. 这些观点影响了艾利·哈列维(Elie Halévy)认为逻辑上截然不同的三种学说,这三种学说被功利主义思想家们用来调和个人利益与普遍效用或公共利益之间的矛盾——这三种学说分别是,利益的人为同一性、利益的自然同一性和利益的融合。尽管这些观点看起来有些矛盾,但所有这三种观点都以某种形式出现在每一个功利主义学说中(Halévy,[1901-4]1966,13-18)。

8. 然而,哈奇森的确区分了"不管其动机如何,使公众受益的实质良善行为与基于各种不同动机而带来公众受益的形式良善行为"(Horne,

1978，90)。
9. 斯密是如此致力于用自然倾向来解释社会形态，以至于他进行了诸如研究鸟类行为这样的自然主义式研究。关于斯密的自然主义及其建立在哈奇森和其他英国前辈们的自然主义神学的基础上的详细阐述，请参考Brown(1994)。

11 孟德斯鸠和涂尔干

1. 卢梭称孟德斯鸠为"现代唯一有能力将创立这一伟大的[社会]科学的人"([1762] 1979，458)。孔德评论道，"孟德斯鸠必须享有这一盛誉：最早直接尝试将政治作为一门事实科学加以论述的人。"([1822] 1974，157)涂尔干断言，孟德斯鸠使"我们的科学"意识到它的主题、性质和方法，并为其奠定了基础([1892] 1960，2)。
2. 孟德斯鸠直到1729年至1731年访问英国之后，才与自由的理想之间产生了联系。更早的时候，他表达了孔德会在一个世纪后予以呼应的情感，贬低了自由的人相对于其他人的优势，并且对大众争论以及对言论自由的时新迷恋表达了他的蔑视之情(Shackelton, 1961, 284)。
3. 卢梭自己也曾暗示，他的部分使命是完善孟德斯鸠的一些表述，他评论后者道，"这位伟大的天才往往缺乏精确性，有时缺乏清晰性。"([1762] 1987，56)
4. 像阿贝·西哀士这样的革命前檄文执笔者、讨论国民权利的国民议会议员、恐怖时期的工程师们等都支持简化版的卢梭教义。对有关卢梭对于法国大革命的影响这一长期争论问题的近期文献的精彩评论，参见Starobinski(1990)。
5. 这些指控实际上出现在圣西门的最后一部作品《新基督教》(New Christianity)中，在该文中，他违背了他早期的理性主义，去确认基督教的启示性，并宣称在"履行神圣的使命[去唤起]国家和国王们真正的基督教精神"的时候，上帝的旨意借由他之口说出([1825]1964，114-16)。
6. 圣西门改动了波纳德和迈斯特的论点，他们认为，本质上人类并不希望与地位较高的那些人变得平等，而是希望在与生俱来的角色中表达自己；换句话说，人们天生希望表达自己内在的生理能力。这些能力包括不同的功能性机能——划分为知觉、意愿和感觉——以及不同的能力水平(Manuel, 1962, 126-7)。

7. 圣西门促进了技术进步,也扩大了社会组织。"18 世纪的哲学是批判性和革命性的,19 世纪的哲学将是创造性和组织性的",这是他设想的科学知识百科全书的题词。圣西门的思想激励了工程师的骨干队伍,包括第一批在苏伊士运河工作的人,以及联邦欧洲的拥护者。《圣西门选集》(*Saint-Simon's Oeuvres Choisies*)(1859)的编者,雷蒙尼尔(Lemonnier)创立了一个和平联盟。受其启发,才萌发了国际联盟的想法(Saint-Simon,[1952] 1964, xxi, xxxiii, xliii)。

8. "在[孔德的]思想形成期,对圣西门或孔德就他们共同提出的思想的所有权进行划分,与对马克思和恩格斯进行同样的划分一样,是不可能的。"(Manuel, 1962, 259)

9. 孔德反感圣西门在他快二十五六岁的时候仍然打算继续担任他的守护人。并且,孔德也为他日益衰老的老师的精神状况而感到困扰——智力停滞、明显转向神学、可怜的自杀企图。对于如何实施这个实证研究计划,两人也有不同的看法:圣西门希望毫不拖延地将他划时代的发现应用到当代事务中,而孔德则认为有必要通过完成实证知识的新整合来首先确保更坚实的知识基础。1822 年由于孔德的重要论文《社会重组所必需的科学工作计划》(Plan of the Scientific Operations Necessary for Reorganizing Society)([1822] 1974)的出版的管理权争议,他们之间的紧张关系达到了白热化,这促使圣西门与他断绝关系。

10. "没有任何一种现象属于天文学、化学、生理学或心理学范畴之外。"(Saint-Simon, [1952] 1964, 21)

11. 从他的第一批出版作品,孔德就背离了圣西门的观点,孔德坚持对理论知识和实践知识加以区分,并坚持有必要将后者认定为前者的应用。在《实证哲学教程》一书中,孔德断定理论知识具有优先性,不仅是因为它提供了实践知识产生之前的必要基础,还因为它尊重其主题的尊严:"无论科学对工业的贡献有多大……我们决不能忘记,科学还有一个更高的目的……那就是满足我们了解现象规律的强烈愿望。要感受这种需求的深刻性和紧迫性,我们只需要花一点点时间思考一下惊恐的生理作用;并且记住,我们能够产生的最可怕的感觉,就是当某个现象似乎违反了我们熟悉的自然法则时我们所经历的感觉。"([1853] 2009, 40)在《实证政治体系》一书中,他颠倒了这一排序,强调实证哲学对实践生活的贡献,并提出"它立刻指向一个远远高于满足我们科学好奇心的目标,即组织人类生活的目标"(Comte, 1875, I, 46)。

12. 伊波利特·泰纳(Hippolyre Taine)经常被认为是孔德的追随者,他的评论具有典型性:"[孔德的]思想似乎在所有方面都是绝对的、排外的、狭隘的,强有力且不可逆转地沉浸在它自己的演进之中,受制于有限的视野和单一的理念。"(引自 Simon,1963,130)

13. 克拉克(Clark)在许多场合都为塔尔德的才华以及他的观点优于涂尔干的观点而辩护,但他也认为他的作品差在它"与那个时代占主导地位的思想氛围不一致"(1968,508)。具体而言,克拉克提到了塔尔德的自发性和脱离这两种价值观,以与涂尔干的笛卡尔式的理性主义和参与理念相比较(1969,7-18)。但这两人之间的核心实质性分歧集中在方法论的个人主义与社会本质主义的问题上。似乎可以公平地说,塔尔德的唯名论与涂尔干的社会背景论也有冲突。塔尔德在社会上相当孤立,而沃尔姆斯,则和涂尔干一样,深度参与了社会学的体系化,他创办了一本杂志,建立了社会科学图书馆、巴黎社会学学会和国际社会学研究所。然而,沃尔姆斯未能激发思想上的追随,很大一部分原因是他抛弃了孔德的教义,即社会的独特属性在现实的有机体层面上无法找到。关于塔尔德和沃尔姆斯身上的孔德倾向,参见 Simon(1963);关于涂尔干的制度性影响,参见 Clark(1973)。

14. 史蒂文·卢克斯(Steven Lukes)对这一情况的总结描述值得全文引用:社会瓦解的主题在 19 世纪的法国思想中是一个普遍存在的主题。……保守主义者、天主教徒、圣西门主义者、实证主义者、自由主义者和社会主义者以不同的侧重点提出了这一问题。所有人都一致同意谴责可恶的个人主义——自私自利的个人在社会、道德和政治上的孤立,不依恋社会理想,不顺服社会控制;他们认为是个人主义导致了社会团结的瓦解。对一些人来说,它存在于危险的思想中;对一些人来说,它是社会或经济的无政府状态,缺乏必要的制度和规范;然而对另一些人来说,它是个体中普遍存在的自私自利的态度。它可以分别追溯到宗教改革、文艺复兴,大革命和启蒙运动的"消极"思想所引起的思想无政府状态,追溯到贵族或教会或传统宗教的衰落,追溯到工业革命,追溯到资本主义或民主的发展。然而,几乎所有人都一致同意将其视为对社会秩序的威胁——无论这种秩序是以传统派和等级制度的方式构想出来的,还是作为一种有组织的专家治国制度,或者本质上是自由主义和多元主义的,或者如社会主义者所设想的,作为一种理想的"联合"和"和谐"的合作秩序。……简而言之,涂尔干的"利己主义"和"失范"理念植根于广泛而普遍的对迫在眉睫的社会解体的原因和避免这种解体所需的实际措施的讨论的传统——这是一种横跨极右派到极左派的传统(1972,195-8)。

12　康德和黑格尔

1. 路德强调"人具有双重性,一个精神性和一个身体性"(1957,7),并认为内在人的特征就是正义和自由。他认为外在的东西对正义或自由以及不正义或奴役的产生都不会有任何影响。因此,路德认为,善举不能造就一个良善的人,而是"一个人自己[必须]是良善的,然后才会有善举,善举是紧跟着良善的人,由良善的人实施的"(7,24)。虔诚主义是基督教一种宗教信仰形式,它反对教会机构与强调内在体验、感觉、参与和内省的正统智识主义。它在17世纪的德国被组织成一项宗教运动,虽然它起源于中世纪德国文化所持的观点。
2. 至18世纪90年代早期,康德已经成为德国的主要文化力量。十年后,大约发表了三千篇关于他的独立文章。即使是歌德,他的研究完全是一个不同的方向,最终也认识到康德的批判性著作与之相适应。诗人荷尔德林(Hoelderlin)称康德为德意志民族的摩西(Sheehan,1989,182;Ermarth,1978,40)。
3. 我有幸认识了一位哲学家。他是我的老师。……任何政治派系、任何学术流派、任何偏见、任何声名欲望都不能诱惑他分毫,让他放弃对真相的探索和阐释。他鼓励并温和地迫使他人为他们自己思考;他的思想中不存在专制。我以最大的感激和尊敬,说出他的名字,这个人就是伊曼努尔·康德(Kant,1963,xxviii)。
4. 早在赫尔德发表《纯粹理性批判之元批判》一文,指责康德试图将理性与其他人类力量区分开来之前,赫尔德对康德哲学方法的背离,康德作为他以前的导师就再清楚不过了。在审查《人类历史哲学的思想》(*Ideen zur Philosophie der Geschichte der Menschheit*)第一部分时,康德注意到,赫尔德在概念的定义或原则的严格遵守方面,没有做到逻辑上的精确性,而是呈现了一种转瞬即逝的、笼统的观点以及找出类比的熟练性,并且在类比的运用上,他表现出了大胆的想象力。这与聪明机智结合起来,从而通过情感和感觉为他的主题——日益模糊和遥远——寻求共鸣(Kant,1963,27)。
5. 以赛亚·伯林(Isaiah Berlin)写道:虽然巨大的思想鸿沟将康德和赫尔德

分离开来,但是他们也有共同点:对精神自决的渴望,反对在半清醒意识下跟随着不受批判的教条(无论是神学的还是科学的)随波逐流;对道德独立(无论是个人还是团体)的渴望,最重要的是对道德救赎的渴望(1976,152)。伯林将他们对精神生命的强调(只有精神生命才将人类从血肉和自然的约束中解放出来),与虔诚主义运动的内观性传统联系起来,这一传统在康德和赫尔德成长的东普鲁士尤为有影响。

6. "三种可悲的概括归纳!……所有时代和所有民族的历史,它们的接续是上帝伟大的、活生生的作品,现在沦为废墟,整齐地分为三堆。……啊,孟德斯鸠!"(Herder, 1969, 217)

7. 这种困境与马克斯·韦伯所描述的加尔文主义者的困境相似:不管他们做了什么善举,他们永远都不会知道他们是否被选中成为被拯救的选民。

8. 在《康德与历史问题》(*Kant and the Problem of History*)一书中,盖尔斯顿(Galston)(1975)令人信服地指出黑格尔的历史观是通过对影响了康德历史观的一些原则的修改而形成的。

9. 费希特的异化和辩证法思想是黑格尔体系的重要组成部分。

13 欧美和亚洲社会思潮中的冲突观

1. 把这些结构称为理想类型意味着我打算以简化的形式表达观点,作出澄清。尤其是,我注意到两个极端的简化:该文没有对冲突和其他含义有所重叠的术语,例如对立、竞争和战斗,作出清晰的区分;将冲突观点之间的对立主要分为积极的和消极的,它有可能被认为似乎支持博尔丁精确描述的"错误的观念……即不管大小,冲突本身要么是坏的,要么是好的"([1962] 1988, 306)。

2. 从出生那天起,人类的利己主义就不受约束地持续加强。人类预料会遭遇所有各方的对立,因为他们从内心深处知道他们倾向于站在所有其他人的对立面。因此,人类历史的画面是由幼稚的虚荣心、恶意和破坏性编织而成的。可以肯定的是,康德用一种世俗版本的天意掩盖了这种对人类境况的悲观主义,这种天意在人类的"非社会的社交性"中找到了通往公民秩序和最终世界状态的动力。

3. 甘地开始把他设计的政治行动技术称为非暴力不合作,其力量源于真理。他为致力于非暴力而辩护,理由是真理是绝对的,相当于上帝,而且

"人没有了解绝对真理的能力,因此也就没有资格去惩罚"(Bondurant,1988,16)。

15 社会知识的形式和功能

1. (Ⅱ)(C)7部分呈现的类型划分来自 Lazarsfeld 和 Menzel (1961)。(Ⅱ)(D)部分的类型划分可以被看作亚里士多德提出的四个原因的变体。(Ⅱ)(E)还有(Ⅱ)(F)的类型划分改编自 McKeon([1966] 1998)。

参考文献

Adler, Mortimer J. 1948. "War and Peace in Western Thought." *Common Cause, I*, pp. 407–411.
Adler, Mortimer J. 1977. *Philosopher at Large: An Intellectual Autobiography*. New York: Macmillan.
Al-Ghazali. 1995. *Al-Ghazali, On Disciplining the Soul [KitabRiyadat al-nafs] and On Breaking of the Two Desires [KitabKasr al-Shahwatayn]: Books XXII and XXIII of the Revival of the Religious Sciences [IhyaUlum al-Din]*. Trans. T. J. Winter. Cambridge: Islamic Texts Society.
Albert Einstein Institution. 2014. "About Us." www.aeinstein.org/about/.
Alexander, Jeffrey C. 1983. *The Modern Reconstruction of Classical Thought: Talcott Parsons*. Berkeley, CA: University of California Press.
Alexander, Jeffery C. 1993. "'Formal Sociology' is not Multidimensional: Breaking the 'Code' in Parsons' Fragment on Simmel." *Teoria Sociologica* 1(3): 101–114.
Anno, Motomichi. 1999. "Interview with Motomichi Anno Sensei." Conducted by Susan Perry, translated by Mary Heiny and Linda Holiday. *Aikido Today Magazine*July 11.
Arendt, Hannah. 1978. *The Life of the Mind/Thinking*. New York: Harcourt, Brace, Jovanovich.
Aristotle. 1984. *The Politics*. Trans. Carnes Lord. Chicago: University of Chicago Press.
Aron, Raymond. [1970] 1978. "On the Historical Condition of the Sociologist." In *Politics and History: Selected Essays*, trans. and ed. M. B. Conant. New York: Free Press, pp. 62–82.
Aubrey, John. 1949. *Brief Lives and Other Selected Writings*. Ed. Anthony Powell. London: The Cresset Press.
Baker, Keith M. 1975. *Condorcet: From National Philosophy to Social Mathematics*. Chicago: University of Chicago Press.
Barker, E. 1934. "Stoicism." *Encyclopedia of the Social Sciences*, XII. New York: Macmillan, pp. 407–410.
Beaulieu, Søren. 2005. *After O'Sensei: On the Dynamics of Succession to a Charismatic Innovator*. Unpublished Master's thesis. University of Chicago, Master of Arts Program in Social Science.

Becker, Carl. 1932. *The Heavenly City of the Eighteenth Century Philosophers*. New Haven, CT: Yale University Press.
Bellah, Robert. 1957. *Tokugawa Religion*. Glencoe, IL: Free Press.
Bellah, Robert. 1964. "Religious Evolution." *American Sociological Review* 29(3): 358–374.
Bellah, Robert. 2011. *Religion in Human Evolution*. Cambridge, MA: Harvard University Press.
Benedict, Ruth. 1934. *Patterns of Culture*. New York: Houghton Mifflin.
Berdyaev, Nicolas. 1948. *The Russian Idea*. New York: Macmillan.
Berdyaev, Nicolas. [1937] 1960. *The Origin of Russian Communism*. Ann Arbor, MI: The University of Michigan Press.
Berlin, Isaiah. 1976. *Vico and Herder: Two Studies in the History of Ideas*. New York: Vintage.
Berlin, Isaiah. 1990. "Joseph de Maistre and the Origins of Fascism: III." *The New York Review of Books*, October 25: 61–65.
Blanc, Louis. 1847. *Histoire de la révolution française*. Brussels: Société typographique Belge.
Bloom, Allan. 1987. *The Closing of the American Mind: How Higher Education Has Failed Democracy and Impoverished the Souls of Today's Students*. New York: Simon and Shuster.
Boehm, Max. 1931. "Cosmopolitanism." *Encyclopedia of the Social Sciences*, IV. New York: Macmillan, pp. 457–461.
Bondurant, Joan V. 1988. *Conquest of Violence: The Gandhian Philosophy of Conflict*. Rev. ed. Princeton, NJ: Princeton University Press.
Bonhoeffer, Dietrich. 1963. *The Communion of Saints: A Dogmatic Inquiry into the Sociology of the Church*. Trans. R. Gregor Smith. New York: Harper & Row.
Booth, Wayne C. 1979. *Critical Understanding: The Powers and Limits of Pluralism*. Chicago: University of Chicago Press.
Borgese, G. A. 1938. *The March of Fascism*. London: Victor Gollancz.
Boulding, Kenneth. [1962] 1988. *Conflict and Defense: A General Theory*. Lanham, MD: University Press of America.
Bowen, Murray. 1978. *Family Therapy in Clinical Practice*. New York: Aronson.
Brailsford, H. N. 1932. "Internationalism." *Encyclopedia of the Social Sciences*, VIII. New York: Macmillan, pp. 214–218.
Briefs, H. W. 1960. *Three Views of Method in Economics*. Georgetown Economic Studies. Washington, DC: Georgetown University Press.
Brown, Kevin L. 1994. *Fleshing out Economic Man: The "Utilitarian Dilemma" in Historical Perspective*. Ph.D. dissertation, University of Chicago.
Buber, Martin. 1957a. "Genuine Dialogue and the Possibilities of Peace." In *Pointing the Way: Collected Essays*, ed. and trans. M. Friedman. New York: Harper & Brothers, pp. 232–239.
Buber, Martin. 1957b. "The Demand of the Spirit and Historical Reality." In *Pointing the Way: Collected Essays*, ed. and trans. M. Friedman. New York: Harper & Brothers, pp. 177–191.
Buber, Martin. 1957c. "What Is To Be Done?" In M. Friedman, ed. and trans., *Pointing the Way: Collected Essays*. New York: Harper & Brothers, pp. 109–111.
Buber, Martin. [1938] 1965. *Between Man and Man*. Trans. Ronald Smith. New York: Macmillan.
Buber, Martin. 1992. *On Intersubjectivity and Cultural Creativity*. Ed. S. N. Eisenstadt. Chicago: University of Chicago Press.
Buber, Martin. [1923] 2004. *I and Thou*. New York: Scribner.
Burke, Kenneth. 1945. *A Grammar of Motives*. New York: Prentice Hall.
Burke, Kenneth. 1965. *Permanence and Change: An Anatomy of Purpose*. New York: Bobbs-Merrill.

Burke, Kenneth. 1984. *Attitudes Toward History*. Berkeley, CA: University of California Press.
Camic, Charles. 1989. "Structure after 50 Years: The Anatomy of a Charter." *American Journal of Sociology* 95(1): 38–107.
Camic, Charles, ed. 1997. *Reclaiming the Sociological Classics: The State of the Scholarship*. Malden, MA: Blackwell Publishers.
Caplow, Theodore. 1968. *Two Against One: Coalitions in Triads*. Englewood Cliffs, NJ: Prentice-Hall.
Carroll, James. 2001. *Constantine's Sword: The Church and the Jews—A History*. New York: Houghton Mifflin.
Chaadaev, Peter. 1913. "Lettres sur le philosophie d'histoire, I and II," and "Apologie d'un fou," in *Sochinenia i pis'ma*, ed. M. Gershenzon. Moscow.
Ciepley, David. 2006. *Liberalism in the Shadow of Totalitarianism*. Cambridge, MA: Harvard University Press.
Coleman, James S. 1957. *Community Conflict*. Glencoe, IL: The Free Press.
Comte, Auguste. 1875. *System of Positive Polity*. 4 vols. London: Longmans, Green, and Co.
Comte, Auguste. [1822] 1974. "Plan of the Scientific Operations Necessary for Reorganizing Society." In *The Crisis of Industrial Civilization: The Early Essays of Auguste Comte*, ed. Ronald Fletcher. London: Heinemann, pp. 111–181.
Comte, Auguste. [1825] 1974. "Philosophical Considerations on the Sciences and Savants." In *The Crisis of Industrial Civilization: The Early Essays of Auguste Comte*, ed. Ronald Fletcher. London: Heinemann, pp. 182–213.
Comte, Auguste. 1974. *The Crisis of Industrial Civilization: The Early Essays of Auguste Comte*. Ed. Ronald Fletcher. London: Heinemann.
Comte, Auguste. [1853] 2009. *The Positive Philosophy of Auguste Comte*. 2 vols. Trans. Harriet Martineau. New York: Cosimo Classics.
Condorcet, M. J. A. N. de Caritat, Marquis. 1802. *Outlines of an Historical View of the Progress of the Human Mind*. Baltimore, MD: Fryer.
Coser, Lewis. 1956. *The Functions of Social Conflict*. Glencoe, IL: The Free Press.
Coser, Lewis. 1967. *Continuities in the Study of Social Conflict*. New York: The Free Press.
Dahrendorf, Ralf. 1959. *Class and Class Conflict in Industrial Society*. Stanford, CA: Stanford University Press.
Deploige, Simon. [1911] 1938. *The Conflict between Ethics and Sociology*. Trans. C. Miltner. London and St. Louis: Herder.
Dewey, John. 1916. *Democracy and Education*. New York: Macmillan.
Dewey, John. 1925. *Experience and Nature*. Chicago: Open Court.
Dewey, John. 1937a. "President Hutchins' Proposal to Remake Higher Education." *The Social Frontier* 3(22): 103–104.
Dewey, John. 1937b. "Higher Learning in America." *The Social Frontier* 3(24): 167–169.
Dewey, John. 1939. "No Matter What Happens—Stay Out." *Common Sense* 8(3): 11.
Dewey, John. 1969. *The Learning Society*. New York: New American Library.
Dewey, John. [1922] 1988. *Human Nature and Conduct*. New York: Holt.
Dewey, John. [1915] 1990. *The School and Society*. Rev. ed. Chicago: University of Chicago Press.
Dostoevski, Fyodor. [n.d.] *The Brothers Karamazov*. New York: Modern Library.
Dostoevski, Fyodor. [1872] 1936. *The Possessed*. New York: Modern Library.
Dostoevski, Fyodor. 1949. *The Diary of a Writer*, Vol. II. New York: Charles Scribner's Sons.
Dollard, J., Doob, L. W., Miller, N. E., Mowrer, O. H., and Sears, R. R. 1939. *Frustration and Aggression*. New Haven, CT: Yale University Press.
Durkheim, Emile. [1892] 1960. *Montesquieu and Rousseau*. Trans. Ralph Manheim. Ann Arbor, MI: University of Michigan Press.

Durkheim, Emile. [1898] 1973. "Individualism and the Intellectuals." In *Emile Durkheim On Morality and Society*, ed. Robert N. Bellah. Chicago: University of Chicago Press, pp. 43–57.
Durkheim, Emile. [1899] 1973. *Two Laws of Penal Evolution*. Chicago: University of Chicago Press.
Durkheim, Emile. [1900] 1973. "Sociology in France in the Nineteenth Century." In *On Morality and Society*, ed. Robert N. Bellah. Chicago: University of Chicago Press, pp. 3–22.
Durkheim, Emile. [1893] 1984. *The Division of Labor in Society*. New York: The Free Press.
Easwaran, Eknath. 1999. *Nonviolent Soldier of Islam: Badshah Khan, a Man to Match His Mountains*. Tomales, CA: Nilgiri Press.
Eidelson, Roy J. and Eidelson, Judy I. 2008. "Dangerous Ideas: Five Beliefs that Propel Groups Toward Conflict." *American Psychologist* 58(3): 182–192.
Einstein, Albert and Freud, Sigmund. [1932] 2010. *Why War?* Los Angeles: Sequoia Free Press.
Eisenstadt, S. N. 1992. *Jewish Civilization: The Jewish Historical Experience in a Comparative Perspective*. Albany, NY: State University of New York Press.
Eisenstadt, S. N. 1996. *Japanese Civilization: A Comparative View*. Chicago: University of Chicago Press.
Eisenstadt, S. N. 2003. *Comparative Civilizations and Multiple Modernities*. Leiden: Brill.
Eisler, Riane. 1987. *The Chalice and The Blade: Our History, Our Future*. New York: Harper & Row.
Elias, Norbert. [1939] 2000. *The Civilizing Process: Sociogenetic and Psychogenetic Investigations*. Rev. ed. Oxford: Blackwell Publishing.
Ermarth, Michael. 1978. *Wilhelm Dilthey: The Critique of Historical Reason*. Chicago: University of Chicago Press.
Evans-Pritchard, E. E. 1970. *The Sociology of Comte: An Appreciation*. Manchester: Manchester University Press.
Fanon, Franz. 1963. *The Wretched of the Earth*. New York: Grove Press.
Feuerbach, Ludwig. [1843] 1903. "Grundsätze der Philosophie der Zukunft." In *Sämmtliche Werke*, Vol. II, ed. Wilhelm Bolin and Friedrich Jodl. Stuttgart: Fr. Fromanns Verlag.
Fisher, Robert, Ury, William, and Paton, William. 1991. *Getting to Yes*. 2nd ed. Boston, MA: Houghton Mifflin.
Folberg, Jay and Golann, Dwight. 2011. *Mediation: The Roles of Advocate and Neutral*. New York: Aspen Publishers.
Folberg, Jay and Taylor, Alison. 1984. *Mediation: A Comprehensive Guide to Resolving Conflicts Without Litigation*. San Francisco, CA: Jossey Bass.
Foucault, Michel. 1980. *Power, Knowledge: Selected Interviews and Other Writings 1972–1977*. Ed. Colin Gordon. New York: Pantheon.
Freud, Sigmund. [1932] 1939. "Letter to Albert Einstein." In *Civilization, War and Death: Psycho-Analytical Epitomes*, No. 4, ed. John Rickman. London: Hogarth Press.
Frisby, David, ed. 1994. *Georg Simmel: Critical Assessments*. 3 vols. New York: Routledge.
Fromm, Erich. 1973. *The Anatomy of Human Destructiveness*. New York: Holt, Rinehart and Winston.
Fujimura, J. H., Blick, D. A., Rajagopalan, R., Kaufman, J. S., Lewontin, R. C., Duster, T., Ossorio, P., and Marks, J. 2014. "Clines without Classes: How to Make Sense of Human Variation." *Sociological Theory* 32(3): 208–228.
Gallie, W. B. 1964. *Philosophy and the Historical Understanding*. London: Chatto and Windus.
Galston, William A. 1975. *Kant and the Problem of History*. Chicago: University of Chicago Press.
Geertz, Clifford. 1973. *The Interpretation of Cultures*. New York: Basic Books.
Gelles, Richard J. and Straus, Murray. 1979. "Determinants of Family Violence: Toward a Theoretical Integration." In *Contemporary Theories About the Family*, ed. Wesley R. Burr, Reuben Hill, F. Ivan Nye, and Ira L. Regiss. New York: The Free Press, pp. 549–581.

Gleason, William. 1995. *The Spiritual Foundations of Aikido*. Rochester, VT: Destiny Books.
Goldberg, Steven. 2005. "The Secrets of Successful Mediators." *Negotiation Journal*, 21(3) 365–376.
Gorski, Philip. 2003. *The Disciplinary Revolution*. Chicago: University of Chicago Press.
Habermas, Jürgen. 1984. *The Theory of Communicative Action*. Vol. I. Trans. T. McCarthy. Boston: Beacon Press.
Halévy, Elie. [1901–4] 1966. *The Growth of Philosophic Radicalism*. Trans. Mary Morris. Boston: Beacon Press.
Haumant, Émile. 1913. *La Culture Française en Russie, 1700–1900*. Paris: Hachette & Cie.
Hecht, David. 1947. *Russian Radicals Look to America*. Cambridge, MA: Harvard University Press.
Hegel, G. W. F. [1830] 1975. *Hegel's Logic: Being Part One of the Encyclopaedia of the Philosophical Sciences*. Trans. W. Wallace. Oxford: Clarendon Press.
Hegel, G. W. F. 1988. *Introduction to the Philosophy of History*. Trans. Leo Rauch. Indianapolis, IN: Hackett.
Hegel, G. W. F. [1830] 2004. *Philosophy of Nature: Being Part Two of the Encyclopaedia of the Philosophical Sciences*. Trans. A. V. Miller. Oxford: Oxford University Press.
Hensler, Deborah R. 2003. "Our Courts, Ourselves: How the Alternative Dispute Resolution Movement Is Re-Shaping Our Legal System." *Pennsylvania State Law Review* 108(1): 165–179.
Herder, Johannes G. [1784–91] 1887. *Sammtliche Werke*. Vol. XIII. Berlin: Weicimannsche.
Herder, Johannes G. [1784] 1968. *Reflections on the Philosophy of the History of Mankind*. Chicago: University of Chicago Press.
Herder, Johannes G. 1969. *Herder on Social and Political Culture*. Ed. and trans. F. M. Barnard. Cambridge: Cambridge University Press.
Hirschman, A. O. 1977. *The Passions and the Interests*. Princeton, NJ: Princeton University Press.
Hobbes, Thomas. [1861] 1909. *Leviathan*. Oxford: Clarendon Press.
Hobbes, Thomas. [1843] 1966. *The English Works of Thomas Hobbes of Melmesbury*. Ed. Sir William Molesworth. 11 vols. Darmstadt: Scientia Verlag Aalen.
Hobbes, Thomas. [1642] 1972. "The Citizen" [De Cive]. In *Man and Citizen*, ed. Bernard Gert. Garden City, NY: Doubleday.
Hobbes, Thomas. [1658] 1972. "On Man" [De Homine]. In *Man and Citizen*, ed. Bernard Gert. Garden City, NY: Doubleday.
Horne, Thomas A. 1978. *The Social Thought of Bernard Mandeville: Virtue and Commerce in Early Eighteenth-Century England*. New York: Columbia University Press.
Howard, Michael. 1991. *The Lessons of History*. New Haven, CT: Yale University Press.
Hume, David. [1751] 1975. *An Inquiry Concerning the Principles of Morals*. In *Hume: Moral and Political Philosophy*, ed. Henry D. Aiken. New York: Hefner Press.
Huntington, Samuel. 1993. "The Clash of Civilizations." *Foreign Affairs* 72(3): 22–49.
Hutcheson, Francis. 1755. *A System of Moral Philosophy*. Vol. I. London: A. Millar; Glasgow: Robert & Andrew Foulis.
Hutcheson, Francis. [1725] 1971. *An Inquiry into the Original of our Ideas of Beauty and Virtue*. New York: Garland Publishing.
Hutcheson, Francis. [1728] 1971. *Illustrations on the Moral Sense*. Ed. Bernard Peach. Cambridge, MA: Harvard University Press.
Hutchins, Robert M. 1930. "Inaugural Address: 19 November 1929." *University Record* 16: 8–14.
Hutchins, Robert M. 1931. "The Chicago Plan." *Educational Record* 12: 24–29.
Hutchins, Robert M. 1935. *The University of Utopia*. Chicago: University of Chicago Press.

Hutchins, Robert M. [1934] 1936. "The Higher Learning II." In *No Friendly Voice*. Chicago: University of Chicago Press.
Hutchins, Robert M. 1936. *No Friendly Voice*. Chicago: University of Chicago Press.
Hutchins, Robert M. 1937. "Grammar, Rhetoric, and Mr. Dewey." *Social Frontier* 3(23): 137–139.
Hutchins, Robert M. 1943. *Education for Freedom*. Baton Rouge, LA: Louisiana State University Press.
Hutchins, Robert M. 1969. *The Learning Society*. New York: New American Library.
Ikegami, Eiko. 1995. *The Taming of the Samurai*. Cambridge, MA: Harvard University Press.
Iswolsky, Helene. 1943. *Soul of Russia*. New York: Sheed & Ward.
Iyengar, B. K. 1973. *Light on Yoga*. New York: Schocken Books.
James, William. [1910] 1974. "The Moral Equivalent of War." In *Essays on Faith and Morals*, ed. R. B. Perry. New York: New American Library, pp. 311–328.
Janowitz, Morris. [1968] 1991. "Theory and Policy Engineering versus Enlightenment Models." In *Morris Janowitz on Social Organization and Social Control*, ed. James Burk. Chicago: University of Chicago Press, pp. 86–96. Originally "Sociological Models and Social Policy," Archives for Philosophy of Law and Social Philosophy LV (1969): 307–319.
Joas, Hans. 2013. *The Sacredness of the Person: A New Genealogy of Human Rights*. Washington, DC: Georgetown University Press.
Kagan, Robert A. 2001. *Adversarial Legalism: The American Way of Law*. Cambridge, MA: Harvard University Press.
Kano, Jigoro. 1932. "The Contribution of Judo to Education." *Journal of Health and Physical Education* 3, 37–40, 58.
Kano, Jigoro. 1990. "The Life of Jigoro Kano." *AikiNews*, 85.
Kant, Immanuel. [1784] 1963. Idea for a Universal History from a Cosmopolitan Point of View. In *On History*, ed. Lewis White Beck. Indianapolis, IN: Bobbs-Merrill, pp. 11–26.
Kant, Immanuel. [1785] 1964. *The Moral Law: Groundwork of the Metaphysics of Morals* (Grundelgung zur Metaphysik der Sitten). Trans. H. J. Paton. New York: Harper & Row.
Keeley, Lawrence. 1996. *War Before Civilization*. New York: Oxford University Press.
Kerr, Michale. 1988. "Chronic Anxiety and Defining a Self." *The Atlantic Monthly*, September: 35–58.
Kotev, Stephen. 2001. *Aikido and Conflict Resolution*. Unpublished.
Koyré, Alexandre. 1927. "Russia's Place in the World: Peter Chaadaev and the Slavophils." *Slavonic and East European Review* 5(15): 594–608.
Koyré, Alexandre. 1929. *La Philosophie et le problème national en Russie au début du XIXe siècle*. Paris: Champion.
Kriesberg, Louis. 2007. *Constructive Conflicts: From Escalation to Resolution*. Lanham, MD: Rowman and Littlefield.
Kriesberg, Louis. [1998] 2014. *Constructive Conflicts: From Escalation to Resolution*. Lanham, MD: Rowman and Littlefield.
Lakatos, I. 1978. *The Methodology of Scientific Research Programs*. Cambridge: Cambridge University Press.
Lampert, E. 1947. "Some Trends in Russian Social Thought of the Nineteenth Century." In *Russian Review III*. London: Penguin.
Laslett, Peter, ed. 1960. "Introduction." In *Two Treatises of Government* by John Locke. New York: New American Library.
Lazarsfeld, P. F. and Menzel, H. 1961. "On the Relation between Individual and Collective Properties." In *A Comparative Analysis of Complex Organizations*, ed. A. Etzioni. New York: Holt, Reinhart and Winston, pp. 422–440.

Lear, Jonathan. 2000. *Happiness, Death, and the Remainder of Life.* Cambridge, MA: Harvard University Press.
Legesse, A. 1973. *Gada: Three Approaches to the Study of African Society.* New York: Free Press.
Lepenies, Wolf. 1988. *Between Literature and Science: The Rise of Sociology.* Cambridge: Cambridge University Press.
Levenson, Edgar. 1983. *The Ambiguity of Change.* New York: Basic Books.
Levine, Donald N. 1974. *Greater Ethiopia: The Evolution of a Multiethnic Society.* Chicago: University of Chicago Press.
Levine, Donald N. 1978. "Book Review of Robert K. Merton, *Sociological Ambivalence and other Essays.*" *American Journal of Sociology* 83(5): 1277–1280.
Levine, Donald N. [1957] 1980. *Simmel and Parsons: Two Approaches to the Study of Society.* With a new introduction. New York: Arno Press.
Levine, Donald N. 1985. *The Flight from Ambiguity.* Chicago: University of Chicago Press.
Levine, Donald N. 1991a. "Martial Arts as a Resource for Liberal Education: The Case of Aikido." In *The Body: Social Process and Cultural Theory,* ed. M. Featherstone, M. Hepworth, and B. S. Turner. London: Sage, pp. 209–224.
Levine, Donald N. 1991b. "Simmel and Parsons Reconsidered." *American Journal of Sociology* 96(5): 1097–1116.
Levine, Donald N. 1994a. "Simmel e Parsons riconsiderate/Simmel und Parsons neu betrachtet." *Annali di Sociologia/Soziologisches Jahrbuch* 10. Translation of "Simmel and Parsons Reconsidered," 1991.
Levine, Donald N. 1994b. "Further Comments Regarding Parson's Chapter on Simmel and Tönnies: A Response to Teoria Sociologica 1(93), 13–156." *Teoria Sociologica* 2(94): 360–374.
Levine, Donald N. 1995. *Visions of the Sociological Tradition.* Chicago: University of Chicago Press.
Levine, Donald N. 2005a. *Powers of the Mind: The Reinvention of Liberal Learning in America.* Chicago: University of Chicago Press.
Levine, Donald N. 2005b. "Putting Voluntarism back into a Voluntaristic Theory of Action." In *Die Ordnun der Gesellschaft: Festschrift Geburtstag von Richard Münch,* ed. H.-J. Aretz and C. Lahusen. Frankfurt am Main: Peter Lang, pp. 161–178.
Levine, Donald N. 2006a. "The Masculinity Ethic and the Spirit of Warriorhood in Ethiopian and Japanese Cultures." *International Journal of Ethiopian Studies* 2(1/2): 161–177.
Levine, Donald N. 2006b. "Somatic Elements in Social Conflict." In *Embodying Sociology: Retrospect, Progress, and Prospects,* ed. Chris Shilling. London: Wiley, 37–49.
Levine, Donald N. 2006c. "Merton's Ambivalence Towards Autonomous Theory—and Ours." *Canadian Journal of Sociology* 31(2): 235–243.
Levine, Donald N., Carter, Ellwood B., and Gorman, Eleanor Miller. 1976a. "Simmel's Influence on American Sociology, I." *American Journal of Sociology* 81(4), 813–845.
Levine, Donald N., Carter, Ellwood B., and Gorman, Eleanor Miller. 1976b. "Simmel's Influence on American Sociology, II." *American Journal of Sociology* 81(5), 1112–1132.
LeVine, Robert A. and Campbell, Donald T. 1972. *Ethnocentrism: Theories of Conflict, Ethnic Attitudes, and Group Behavior.* New York: John Wiley and Sons.
Lichtenstein, Aaron. 1981. *The Seven Laws of Noah.* New York: The Rabbi Jacob Joseph School Press.
Lidz, V. 1993. "Parsons and Simmel: Convergence, Difference, and Missed Opportunity." *Teoria Sociologica* 1(3): 130–142.
Lively, Jack. 1971. "Introduction." In *The Works of Joseph de Maistre.* Trans. Jack Lively. New York: Schocken.
Lorenz, Konrad. 1966. *On Aggression.* New York: Harcourt, Brace, and World.

Lukes, Steven. 1972. *Emile Durkheim: His Life and Work*. New York: Harper & Row.
Luther, Martin. 1957. *Christian Liberty*. Trans. W. A. Lambert. Philadelphia: Fortress Press.
McKeon, Richard. 1952. *Freedom and History: The Semantics of Philosophical Controversies and Ideological Conflicts*. New York: Noonday Press.
McKeon, Richard. [1952] 1954. "Love and Philosophical Analysis." In *Thought, Action and Passion*. Chicago: University of Chicago Press, pp. 30–53.
McKeon, Richard. 1966. "Philosophy and the Development of Scientific Methods." *Journal of the History of Ideas* 27(1): 3–22.
McKeon, R. [1952] 1987. "A philosopher mediates on discovery." In *Rhetoric: Essays in Invention and Discovery*, ed. M. Backman. Woodbridge, CT: Ox Bow Press, pp. 194–220.
McKeon, Richard. [1956] 1990. "Dialogue and Controversy in Philosophy." In *Freedom and History*. Chicago: University of Chicago Press, pp. 103–125.
McKeon, Richard. 1990. *Freedom and History and Other Essays*. Chicago: University of Chicago Press.
McKeon, Richard. [1966] 1998. Philosophic Semantics and Philosophic Inquiry. In *Selected Writings of Richard McKeon*, Vol. I, ed. Zhava K. McKeon and William G. Swenson. Chicago: The University of Chicago Press, pp. 209–221.
McKeon, Richard. [1969] 1998. "Fact and Value in the Philosophy of Culture." In *Selected Writings of Richard McKeon*, Vol. I, ed. Zhava K. McKeon and William G. Swenson. Chicago: The University of Chicago Press, pp. 429–435.
Maistre, Joseph de. 1971. *The Works of Joseph de Maistre*. Trans. Jack Lively. New York: Schocken.
Mandeville, Bernard. [1714] 1924. *The Fable of the Bees: or, Private Vices, Publick Benefits*. Ed. F. B. Kaye. 2 vols. Oxford: Oxford University Press.
Manuel, Frank E. 1962. *The Prophets of Paris*. New York: Harper & Row.
Marriott, McKim. 2004. "Varna and Jāti." In *The Hindu World*, ed. Sushil Mittal and Gene R. Thursby. London: Routledge, pp. 357–382.
Martin, Jay. 2002. *The Education of John Dewey*. New York: Columbia University Press.
Maynard, John, Sir. 1946. *Russia in Flux*. London: Gollancz, Ltd.
Mazour, Anatole. 1937. *The First Russian Revolution, 1825*. Berkeley, CA: University of California Press.
Mead, Margaret. 1937. *Cooperation and Conflict among Primitive Peoples*. New York: McGraw-Hill.
Mearsheimer, John J. 2011. "Imperial by Design." *The National Interest*, 111 (January/February): 16–34.
Melnick, Jed. 2013. "Lost Opportunities in Mediation." *Westlaw Journal, Securities Litigation and Regulation* 19(4): 1–4.
Melzer, Arthur M. 1990. *The Natural Goodness of Man*. Chicago: University of Chicago Press.
Menand, Louis. 2001. *The Metaphysical Club*. New York: Farrar, Strauss, and Giroux.
Mendes-Flohr, Paul. 1989. *From Mysticism to Dialogue: Martin Buber's Transformation of German Social Thought*. Detroit, MI: Wayne State University Press.
Mendes-Flohr, Paul. 2004. "Die Gesellschaft: An Early Transdisciplinary Project." In *The Dialogical Turn: New Roles for Sociology in the Postdisciplinary Age*, ed. Charles Camic and Hans Joas. Lanham, MD: Rowman and Littlefield, pp. 105–114.
Merton, R. K. [1938] 1968. "Social Structure and Anomie." In *Social Theory and Social Structure*. New York: Free Press, pp. 185–214.
Merton, R. K. [1942] 1973. "The Normative Structure of Science." In *The Sociology of Science*, ed. N. Storer. Chicago: University of Chicago Press, pp. 267–280.
Merton, R. K. [1957] 1973. "Priorities in Scientific Discovery." In *The Sociology of Science*, ed. N. Storer. Chicago: University of Chicago Press, pp. 286–324.
Merton, R. K. 1973. *The Sociology of Science*, ed. N. Storer. Chicago: University of Chicago Press.

Merton, R. K. 1976. *Sociological Ambivalence*. New York: Free Press.
Milioukov, Paul, Seignobos, Charles, and Eisenmann, Louis. 1932. *Histoire de Russie*. Vol. II. Paris: Presses universitaires de France.
Mills, C. Wright. [1940] 1963. "Situated Actions and Vocabularies of Motive." In *Power, Politics and People*, ed. Irving Louis Horowitz. New York: Oxford University Press, pp. 439–452.
Morgenthau, Hans. 1960. *Politics Among Nations*. 3rd ed. New York: Knopf.
Morning, Ann. 2014. "Does Genomics Challenge the Social Construction of Race?" *Sociological Theory* 32(3): 189–207.
Morris, Ivan. 1975. *The Nobility of Failure: Tragic Heroes in the History of Japan*. New York: Holt, Rinehart, and Winston.
Mueller, John. 2004. *The Remnants of War*. Ithaca, NY: Cornell University Press.
Murata, Naoki. 2005. "From 'Jutsu to Dō: The Birth of Kōdōkan Judo." In *Budo Perspectives*, ed. Alexander Bennett. Auckland: Kendo World, pp. 147–148.
Nomad, Max. [1939] 1961. *Apostles of Revolution*. New York: Collier.
Parsons, Talcott. 1935. "The Place of Ultimate Values in Sociological Theory." *International Journal of Ethics* 45(3): 282–316.
Parsons, Talcott. 1951. *The Social System*. New York: Free Press.
Parsons, Talcott. [1939] 1954. "The Professions and Social Structure." In *Essays in Sociological Theory*. New York: Free Press, pp. 34–49.
Parsons, Talcott. [1947] 1954. "Certain Primary Sources and Patterns of Aggression in the Social Structure of the Western World." In *Essays in Sociological Theory*. New York: Free Press, pp. 298–322.
Parsons, Talcott. 1966. *Societies: Evolutionary and Comparative Perspectives*. Englewood Cliffs, NJ: Prentice-Hall.
Parsons, Talcott. [1937] 1968. *The Structure of Social Action*. 2 vols. New York: Free Press.
Parsons, Talcott. 1971. *The System of Modern Societies*. Englewood Cliffs, NJ: Prentice-Hall.
Parsons, Talcott. 1978. *Action Theory and the Human Condition*. New York: Free Press.
Parsons, Talcott. 1986. "Social Science: A Basic National Resource." In *The Nationalization of the Social Sciences*, ed. Samuel Z. Klausner and Victor M. Lidz. Philadelphia, PA: University of Pennsylvania Press, pp. 41–112.
Parsons, Talcott. 1989. "A Tentative Outline of American Values." *Theory, Culture, and Society* 6(4): 557–612.
Parsons, Talcott with Platt, G. M., and Smelser, N. J. 1973. *The American University*. Cambridge, MA: Harvard University Press.
Parsons, Talcott and Smelser, Neil. 1956. *Economy and Society*. Glencoe, IL: Free Press.
Patterson, O. 1991. *Freedom in the Making of Western Culture*. New York: Basic Books.
Peyre, Henri. 1960. "Foreword." In *Montesquieu and Rousseau* by Emile Durkheim. Trans. Ralph Manheim. Ann Arbor, MI: University of Michigan Press, pp. v–xvi.
Piazza, Antonio. 2004. *The Physics of Aikido and the Art of Mediation*. Unpublished.
Pinker, S. 2011. *The Better Angels of our Nature*. New York: Viking.
Plamenatz, John. 1963. "Introduction." In *Leviathan* by Thomas Hobbes. New York: Meridian Books.
Plochmann, George Kimball. 1990. *Richard McKeon: A Study*. Chicago: The University of Chicago Press.
Pogson Smith, W. G. 1909. "Introduction." In *Leviathan* by Thomas Hobbes. Oxford: Clarendon Press.
Proust, Jacques. 1962. *Diderot et L'Encyclopedie*. Paris: Armand Colin.
Qutb, Sayyid. 1980. *Milestones*. Beirut: The Holy Koran Publishing House.
Rhee, C. H., van, ed. 2005. *European Traditions in Civil Procedure*. Antwerpen: Intersentia.

Robertson, Roland and Turner, Bryan S., eds. 1991. *Talcott Parsons: Theorist of Modernity.* London: Sage Publications.

Rosenberg, Marshall B. 2005a. *Nonviolent Communication: A Language of Life.* Encinitas, CA: Puddle Dancer Press.

Rosenberg, Marshall B. 2005b. *Speak Peace in a World of Conflict.* Encinitas, CA: Puddle Dancer Press.

Rosenberg, Marshall B. 2012. *Living Nonviolent Communication: Practical Tools to Connect and Communicate Skillfully in Every Situation.* Louisville, CO: Sounds True.

Rousseau, J.-J. [1782] 1861. *The Confessions of Jean-Jacques Rousseau.* London: Reeves and Turner.

Rousseau, Jean Jacques. 1917. *A Lasting Peace through the Federation of Europe.* London: Constable and Co., Ltd.

Rousseau, Jean Jacques. [1772] 1947. *Considerations on the Government of Poland.* Minneapolis, MN: Minnesota Book Store.

Rousseau, Jean Jacques. [1762] 1987. *On the Social Contract.* Trans. Donald A. Cress. Indianapolis, IN: Hackett.

Rousseau, Jean Jacques. [1752] 2005. *On the Origins of Inequality.* Trans. G. D. H. Cole. New York: Cosimo Classics.

Said, Edward W. 2001. "The Clash of Ignorance." *The Nation* 273(12): 11–13.

Saint-Simon, Henri de. 1859. *Oeuvres Choisies de C.-H. de Saint-Simon.* Vol. I. Bruxelles: Van Meenen.

Saint-Simon, Henri de. [1825] 1964. "New Christianity." In *Social Organization, The Science of Man and Other Writings,* trans. and ed. Felix Markham. New York: Harper & Row, pp. 81–116.

Saint-Simon, Henri de. [1952] 1964. *Social Organization, The Science of Man and Other Writings.* Trans. and ed. Felix Markham. New York: Harper & Row.

Sandomirsky, Vera. 1949. "We Who Loved Thee, O Russia." In *Common Cause, III.*

Saotome, Mitsugi. 1989. *The Principles of Aikido.* Boston & Shaftesbury: Shambhala.

Saotome, Mitsugi. [1986] 1993. *Aikido and the Harmony of Nature.* Boston and London: Shambhala.

Saposnek, Donald. 1998. *Mediating Child Custody Disputes: A Strategic Approach.* San Francisco, CA: Jossey-Bass Inc.

Scheff, Thomas J. [1994] 2000. *Bloody Revenge: Emotions, Nationalism, and War.* Boulder, CO: Westview Press.

Schelling, F. W. J., von. [1797] 2001. *Ideas for a Philosophy of Nature as Introduction to the Study of this Science.* Cambridge: Cambridge University Press.

Schmitt, Carl. [1927] 2006. *The Concept of the Political.* Chicago: University of Chicago Press.

Schneiderman, Howard G. 2013. "Protestantism and Progress, Redux." In *Protestantism and Progress,* ed. Ernst Troeltsch. New Brunswick, NJ: Transaction, pp. vii–xix.

Schneiderman, Howard G. 2015. "Folkways and the Rise of Modern Sociology." In *On Folkways and Mores: William Graham Sumner, Then and Now,* ed. Phillip D. Manning. New Brunswick, NJ: Transaction, pp. 59–76.

Shackelton, Robert. 1961. *Montesquieu: A Critical Biography.* Oxford: Oxford University Press.

Shaftsbury, Anthony Ashley Cooper, Earl of. [1711] 1900. *Characteristicks of Men, Manners, Opinions, Times, Etc.,* ed. John M. Robertson. 2 vols. London: Grant Richards.

Sharp, Gene. 1990. *Civilian-Based Defense.* Princeton, NJ: Princeton University Press.

Sheehan, James. 1989. *German History 1770–1866.* Oxford: Oxford University Press.

Shiao, Jiannbin Lee. 2014. "Response to Hosang; Fujiura, Bolnick, Rajagopalan, Kaufman, Lewontin, Duster, Ossorio, and Marks; and Morning." *Sociological Theory* 32(3): 244–258.

Shibata, Beth. 2004. "Throw versus Release: The Effect of Language and Intention on Aikido Practice." www.aiki-extensions.org.

Sidgwick, H. [1886] 1954. *Outlines of the History of Ethics*. London: Macmillan.
Sidgwick, H. [1892] 1994. "Review of Simmel, Einleitung in die Moralwissenschaft." *Mind* 1: 434. Reprinted in *George Simmel: Critical Assessments*, Vol. I, ed. David Frisby. London: Routledge.
Simmel, Georg. 1904a. "The Sociology of Conflict, I." *American Journal of Sociology* 9(4): 490–525. Trans. Albion W. Small.
Simmel, Georg. 1904b. "The Sociology of Conflict, II." *American Journal of Sociology* 9(5): 672–689. Trans. Albion W. Small.
Simmel, Georg. 1904c. "The Sociology of Conflict, III." *American Journal of Sociology* 9(6): 798–811. Trans. Albion W. Small.
Simmel, Georg. 1906. *Die Religion*. Frankfurt am Main: Rütten & Loening.
Simmel, Georg. 1918. *Lebensanschauung: Vier metaphysische Kapitel*. München: Dunker & Humblot.
Simmel, Georg. [1907] 1971. "Exchange." In *Georg Simmel on Individuality and Social Forms*, ed. D. N. Levine. Chicago: University of Chicago Press, pp. 43–69.
Simmel, Georg. [1908] 1971. "Conflict." In *Georg Simmel: On Individuality and Social Forms*, ed. D. N. Levine. Chicago: University of Chicago Press, pp. 70–95. Translation of "Soziologie der Geselligkeit."
Simmel, Georg. [1910] 1971. "Sociability." In *Georg Simmel: On Individuality and Social Forms*, ed. D. N. Levine. Chicago: University of Chicago Press, pp. 127–140. Translation of "Soziologie der Geselligkeit," GSG 12.
Simmel, Georg. [n.d.] 1971. "Freedom and the Individual." In *Georg Simmel on Individuality and Social Forms*, ed. Donald N. Levine. Chicago: University of Chicago Press, pp. 217–226.
Simmel, Georg. [1890] 1989. "Über sociale Differenzierung." In *Georg Simmel Gesamtausgabe*. GSG 2. Frankfurt am Main: Suhrkamp.
Simmel, Georg. [1892–93] 1991. *Einleitung in die Moralwissenschaft*. 2 vols. GSG 3. Frankfurt am Main: Suhrkamp.
Simmel, Georg. [1898] 1992. *Die Selbserhaltung der Socialen Gruppe*. GSG 5. Frankfurt am Main: Suhrkamp.
Simmel, Georg. [1908] 1992. *Soziologie: Untersuchungen über die Formen der Vergellschaftung*. Ed. Otthein Rammstedt. Frankfurt am Main: Suhrkamp.
Simmons, E. J. 1940. *Doestoevksy: The Making of a Novelist*. New York: Oxford University Press.
Simmons, E. J. 1946. *Leo Tolstoy*. Boston, MA: Little, Brown, & Co.
Smith, Adam. [1776] 1976. *An Inquiry into the Nature and Causes of the Wealth of Nations*, ed. Edwin Carman. 2 vols. in 1. Chicago: University of Chicago Press.
Smith, Adam. [1759] 1982. *The Theory of Moral Sentiments*. Indianapolis, IN: Liberty Classics.
Smith, Thomas and Stevens, G. 2002. "Hyperstructures and the Biology of Interpersonal Dependence." *Sociological Theory* 20(1): 106–130.
Soloviev, Vladimir. 1918. *The Justification of the Good*. New York: Macmillan Co.
Soloviev, Vladimir. [1889] 1948. *Russia and the Universal Church*. Introduction and Part III. London: MacLelose and Co., Ltd.
Sorokin, Pitirim A. 1928. *Contemporary Sociological Theories*. New York: Harper & Brothers.
Spencer, Herbert. 1972. *On Social Evolution*. Ed. J. D. Y. Peel. Chicago: University of Chicago Press.
Starobinski, Jean. 1990. "Rousseau in the Revolution." *The New York Review of Books*, April 12, 47–50.
Steiner, Mark E. 1995. "The Lawyer as Peacemaker: Law and Community in Abraham Lincoln's Slander Cases." *Journal of the Abraham Lincoln Association* 16(2): 1–22.
Stinchcombe, A. L. 1968. *Constructing Social Theories*. New York: Harcourt, Brace and World.

Stipanowich, Thomas J. 2010. "Arbitration: The New Litigation." *University of Illinois Law Review* 1: 1–60.
Strauss, Leo. 1936. *The Political Philosophy of Hobbes: Its Basis and Its Genesis*. Trans. Elsa M. Sinclair. Oxford: Clarendon Press.
Sumner, William Graham. [1907] 2002. *Folkways: A Study of the Sociological Importance of Usages, Manners, Customs, Mores, and Morals*. Mineola, NY: Dover Publications, Inc.
Thilly, F. [1893] 1994. Review of Simmel, Einleitung in die Moralwissenschaft. Philosophical Review 3: 637–640. Reprinted in *Georg Simmel: Critical Assessments*, Vol. I, ed. David Frisby. London: Routledge.
Timmerman, David M. and Schiappa, Edward. 2010. *Classical Greek Rhetorical Theory and the Disciplining of Discourse*. New York: Cambridge University Press.
Tinbergen, N. 1968. "On War and Peace in Animals and Man: An Ethologist's Approach to the Biology of Aggression." *Science* 160(3835): 1411–1418.
Tocqueville, Alexis de. [1835] 2000. *Democracy in America*. New York: Perennial Classics.
Toews, John Edward. 1980. *Hegelianism: The Path Toward Dialectical Humanism*. Cambridge: Cambridge University Press.
Tolstoy, Leo. 1894. *Kingdom of God Is within You*. London: Scott.
Tolstoy, Leo. [1900] 1911. "Patriotism and Government." In *Essays and Letters*. Trans. Aylmer Maude. London: Oxford University Press, pp. 238–261.
Tolstoy, Leo. [1887] 1934. "On Life." In *On Life and Essays on Religion*. Trans. Aylmer Maude. London: Oxford University Press, pp. 1–167.
Tolstoy, Leo. [1904] 1934. "Church and State." In *On Life and Essays on Religion*. Trans. Aylmer Maude. London: Oxford University Press, pp. 331–346.
Tucker, Robert C., ed. 1972. *The Marx-Engels Reader*. New York: Norton.
Tuttle, Russell H. 2014. *Apes and Human Evolution*. Cambridge, MA: Harvard University Press.
Ueshiba, Kisshomahu. 1984. *The Spirit of Aikido*. Trans. TaietsuUnno. New York: Kodansha International.
Voltaire, F. M. A. de. 1935. *Dictionnaire philosophique*. With an Introduction by Julien Benda. 2 vols. Paris: Garnier.
Ward, F. Champion, ed. [1950] 1992. *The Idea and Practice of General Education: An Account of the College of the University of Chicago*. Chicago: University of Chicago Press.
Warner, Stephen R. 1978. "Toward a Redefinition of Action Theory: Paying the Cognitive Element its Due." *American Journal of Sociology* 83(6): 1317–1349.
Watson, Walter. 1985. *The Architectonics of Meaning: Foundations of the New Pluralism*. Albany, NY: State University of New York.
Watson, Walter. 1991. "McKeon: The Unity of His Thought." Paper presented at the Conference on Pluralism and Objectivity in Contemporary Culture: Departures from the Philosophy of Richard McKeon, University of Chicago, March 13–14.
Weber, M. 1968. *Economy and Society*, ed. G. Roth and C. Wittich. 3 vols. New York: Bedminster Press.
Weil, Shalva. 2010. "On Multiple Modernities, Civilizations, and Ancient Judaism: An Interview with Professor S. N. Eisenstadt." *European Societies* 12(4): 451–465.
Weinstein, Daniel. 2004. Talk to J. D. students at Northwestern School of Law. Unpublished.
Westbrook, Robert B. 1991. *John Dewey and American Democracy*. Ithaca, NY: Cornell University Press.
Wilson, William S. 1982. *Ideals of the Samurai: Writings of Japanese Warriors*. Burbank, CA: Ohara.
Wrangham, R. and Peterson, D. 1996. *Demonic Males*. Boston, MA: Houghton Mifflin.
Young, Nigel. 1984. "Why Peace Movements Fail: An Historical and Social Overview." *Social Alternatives* 4(1): 9–17.

上海社会科学院创新译丛

- 不平等简史
  米凯莱·阿拉塞维奇　安娜·索奇　著
- 超越不经济增长：经济、公平与生态困境
  乔舒亚·法利　迪帕克·马尔干　编
- 未来之城：科幻小说中的城市
  卡尔·阿博特　著
- 民俗学的宏大理论
  李·哈林　编
- 技术体系：理性的社会生活
  安德鲁·芬伯格　著
- 金融部门、金融监管和中央银行政策
  托马斯·卡吉尔　著
- 谁统治地球：社会规则如何形塑我们的星球和生活
  保罗·F.斯坦伯格　著
- 城市与文化经济
  托马斯·赫顿　著
- 先进制造：美国的新创新政策
  威廉姆·邦维利安　彼得·辛格　著
- 代码经济：从远古食谱、城市到区块链、人工智能
  菲利普·奥尔斯瓦尔德　著
- 民主侦探：调查性新闻的经济学
  詹姆斯·T.汉密尔顿　著
- 对话社会理论
  唐纳德·N.莱文　著，霍华德·G.施奈德曼　编

图书在版编目(CIP)数据

对话社会理论 /(美)唐纳德·N.莱文著 ;(美)霍华德·G.施奈德曼编;陈玲译.— 上海:上海社会科学院出版社,2022

书名原文:DIALOGICAL SOCIAL THEORY
ISBN 978-7-5520-2870-6

Ⅰ.①对… Ⅱ.①唐… ②霍… ③陈… Ⅲ.①社会学 Ⅳ.①C91

中国版本图书馆 CIP 数据核字(2021)第 208947 号

Dialogical Social Theory 1st Edition / by Donald N. Levine, Howard G. Schneiderman(editor)

Copyright © 2018 by Donald N. Levine and Howard G. Schneiderman
Authorized translation from English language edition published by Routledge, an imprint of Taylor & Francis Group LLC. All rights reserved. 本书原版由 Taylor & Francis 出版集团旗下 Routledge 出版公司出版,并经其授权翻译出版。版权所有,侵权必究。

Shanghai Academy of Social Sciences Press is authorized to publish and distribute exclusively the Chinese(Simplified Characters) language edition. This edition is authorized for sale throughout the mainland of China. No part of the publication may be reproduced or distributed by any means, or stored in a database or retrieval system, without the prior written permission of the publisher. 本书中文简体翻译版授权由上海社会科学院出版社独家出版并限在中国大陆地区销售,未经出版者书面许可,不得以任何方式复制或发行本书的任何部分。

Copies of this book sold without a Taylor & Francis sticker on the cover are unauthorized and illegal. 本书封面贴有 Taylor & Francis 公司防伪标签,无标签者不得销售。

上海市版权局著作权合同登记号 图字:09-2018-801

对话社会理论

著　者:[美]唐纳德·N.莱文
编　者:[美]霍华德·G.施奈德曼
译　者:陈　玲
策划编辑:应韶荃
责任编辑:陈慧慧
封面设计:李　廉
出版发行:上海社会科学院出版社
　　　　　上海顺昌路 622 号　邮编 200025
　　　　　电话总机 021-63315947　销售热线 021-53063575
　　　　　http://www.sassp.cn　E-mail:sassp@sassp.cn
照　排:南京理工出版信息技术有限公司
印　刷:上海雅昌艺术印刷有限公司
开　本:890 毫米×1240 毫米　1/32
印　张:11.375
字　数:238 千
版　次:2022 年 1 月第 1 版　2022 年 1 月第 1 次印刷

ISBN 978-7-5520-2870-6/C·214　　　　　　　　定价:60.00 元

版权所有　翻印必究